铁路系统职务犯罪预防丛书 ①

TIE LU XI TONG ZHI WU FAN ZUI YU FANG WEN DA

铁路系统职务犯罪预防问答

石家庄铁路运输检察院◎编

刘苏建◎主编

中国检察出版社

图书在版编目（CIP）数据

铁路系统职务犯罪预防问答 ／刘苏建主编 . —北京：中国检察出版社，2014.4

（铁路系统职务犯罪预防丛书）

ISBN 978 - 7 - 5102 - 1167 - 6

Ⅰ.①铁… Ⅱ.①刘… Ⅲ.①铁路运输 - 刑事犯罪 - 预防犯罪 - 中国 - 问题解答 Ⅳ.①D924.305

中国版本图书馆 CIP 数据核字（2014）第 058005 号

铁路系统职务犯罪预防问答

石家庄铁路运输检察院　编

刘苏建　主编

出版发行：	中国检察出版社
社　址：	北京市石景山区香山南路 111 号（100144）
网　址：	中国检察出版社（www. zgjccbs. com）
电　话：	(010)68658769(编辑)　68650015(发行)　68650029(邮购)
经　销：	新华书店
印　刷：	石家庄百斯特印刷有限公司
开　本：	720 mm ×960 mm　16 开
印　张：	15.75 印张
字　数：	284 千字
版　次：	2014 年 4 月第一版　　2014 年 4 月第一次印刷
书　号：	ISBN 978 - 7 - 5102 - 1167 - 6
定　价：	40.00 元

《铁路系统职务犯罪预防丛书》
编委会和编写人员

编委会主任：史建明

编委会副主任：刘苏建　郭成印

编委会委员：姜小菲　张保江　戴　军　姜武勇

　　　　　　赵更辰　李睿杰　刘建立　程周彪

　　　　　　李　军

《铁路系统职务犯罪预防问答》

主　　编：刘苏建

副 主 编：郭成印　张保江

编写人员：陈增印　李晓琳　闫　哲　刘光辉

编写说明

铁路作为国民经济大动脉、国家重要基础设施和大众化交通工具，在能源、原材料以及中长途旅客运输中具有重要地位。与其他交通运输方式相比，铁路每年完成的旅客周转量和货物周转量都占有绝对优势，铁路运输有效保证了国民经济平稳运行和人民群众的生产生活需要。铁路企业的国有资产数额巨大，铁路建设投入每年数以万亿计，铁路建设投资对扩大内需、拉动国民经济增长具有重要的推动作用。

建国后至今，铁路内部一直实行全国统一调度指挥的半军事化管理，并以其独立于地方政府的，由铁路局、铁路分局管辖的"铁路地区"的形式进行分片经营，体现出政企合一、垄断经营的行业特征。国家投资、封闭运营、政企不分、监督缺位等特质为铁路腐败犯罪的滋生提供了天然温床。使铁路投资和运输资源成为路内、外不法分子眼中的"肥肉"。近年来，铁路腐败案件不断被媒体曝光，特别是2011年包括原铁道部部长刘志军等铁路系统工作人员的腐败案件被曝光，更是引起了社会的强烈关注。

铁路运输检察机关作为国家专门检察机关，多年来在查办和预防铁路职务犯罪领域做出了重要贡献。但是，由于铁路运输检察机关曾设于铁路局和铁路分局内部，在查办腐败案件时掣肘于铁路内部各方关系，一定程度上影响了铁路运输检察机关查办案件的质量和效率。2012年6月，我国两级铁路运输检察机关全部纳入驻在地的省级检察院的司法管理体制内，为查办和预防铁路犯罪创造了有利的环境和条件。

石家庄铁路运输检察院是由河北省人民检察院直接领导的河北省境内唯一的铁路检察机关。河北省的铁路检察队伍是一支能战斗、擅创新、有亮点的检察队伍。这套丛书就是铁路检察机关属地化管理后河北省铁路检察队伍在预防铁路系统职务犯罪领域所做的积极创新与尝试。

　　本套丛书共三本，涵盖了法律知识问答、铁路职务犯罪典型案例评析、铁路职工常用法律汇编等内容。丛书体例新颖，取材朴实，贴近铁路，关注热点，具有很强的教育性、普及性和警示性，是近年来铁路系统预防职务犯罪领域不可多得的宣传材料。

　　本套丛书的编辑出版得到了河北省人民检察院史建明副检察长，《人民检察》杂志社徐建波社长、李和仁主任、罗欣老师、田野老师等领导和学者的指导和帮助，在丛书付梓之际我们对他们的辛勤付出表示衷心感谢。在编写过程中，我们也参考了包括报刊、网络在内的各个媒体刊载的相关文章，不再一一列明，在此我们对相关作者和媒体表示衷心地感谢！由于水平所限，疏漏之处在所难免，欢迎广大读者对我们的工作提出宝贵的意见和建议，并不吝批评指正。

编　者

2014 年 4 月

目　录

一、犯罪预防篇

二、刑事诉讼篇

一、犯罪预防篇

1. 铁路运输检察院的设置和职能是怎样的?

铁路运输检察院是根据《中华人民共和国人民检察院组织法》的规定，为保障铁路运输秩序和安全，设立在铁路运输系统的国家专门法律监督机关，属于专门检察院，是我国人民检察制度中特殊而又重要的组成部分。铁路运输检察机关始建于20世纪50年代，至80年代中期，健全为在最高人民检察院领导下，全国铁路运输检察院领导北京、广州等14个铁路运输检察分院和50多个基层检察院的完整专门检察系统。

铁路分局下设政法委员会，主管铁路公安、检察院、法院工作。从行政管理角度而言，基层铁路检察院的地位是铁路分局下设的一个单位，人事、劳资、经费全部挂靠铁路分局。铁路检察分院与铁路局的关系亦同。在检察业务方面，分院领导基层院工作，分院受路局所在地的省级人民检察院领导，最高人民检察院下设铁检厅领导全国铁路检察机关的业务工作。2005年3月，铁道部撤销59个铁路分局，实行路局直接管理站段体制。59个基层铁路检察院暂时归各自的铁路检察分院管理，形成路局直接下设两级检察机关的局面。根据中央有关工作部署，至2012年6月30日，全国17个铁路运输检察分院、59个基层铁路运输检察院已经全部分别移交给所在的29个省区市人民检察院。

铁路运输检察院是国家设置在铁路运输系统的检察机构，是我国检察机关的组成部分。铁路运输检察院由铁路运输检察分院、基层铁路运输检察院组成，由所在的省、自治区、直辖市人民检察院领导。铁路检察机关的主要任务是在铁路管辖范围内依法独立行使检察权。具体职责为:

1. 对以下案件行使侦查权:铁路运输系统国家工作人员的贪污、贿赂、挪用公款等职务犯罪案件;与铁路人员共同犯罪的职务犯罪案件;其他危害铁路资产安全、经营管理等秩序的职务犯罪案件;实行股份制的铁路控股、参股的企事业单位铁路委派人员的职务犯罪案件等。承办铁路运输系统中国家机关工作人员渎职犯罪和国家机关工作人员利用职权实施的非法拘禁、刑讯逼供、报复陷害、非法搜查、暴力取证、破坏选举等侵权犯罪。

2. 对铁路公安机关和铁路检察机关侦查部门提请批准逮捕的案件审查批准或决定是否逮捕，对铁路公安机关立案活动是否合法进行监督。对铁路公安机关侦查活动是否合法实行监督。

3. 对铁路公安机关和铁路检察机关侦查部门移送起诉或不起诉的案件审查决定是否提起公诉或不起诉。出席法庭支持公诉，对铁路法院的刑事审判活动是否合法进行监督，对确有错误的刑事判决、裁定提出抗诉等。

4. 对当事人不服铁路法院已经判决生效的民事判决、裁定依法实行监督，对确有错误的，依法提起抗诉。

5. 对刑事判决、裁定的执行和监管活动实行监督。

6. 受理、接待报案、控告和举报，接受犯罪人自首；受理不服铁路检察院不批准逮捕、不起诉、撤销案件及其他处理决定的申诉；受理不服铁路法院已经发生法律效力的刑事、民事判决、裁定的申诉；受理铁路检察院负有赔偿义务的刑事赔偿案件等工作。

2. 铁路检察工作对铁路治安和精神文明建设的意义何在？

1. 打击和预防刑事犯罪，为运输生产和职工生活创造良好治安环境。铁路检察机关通过行使批准逮捕、提起公诉的职能，及时限制危害铁路运输生产的刑事犯罪分子的人身自由，及时查明犯罪事实，将犯罪分子移交法院进行审判；通过开展侦查监督、审判监督，保证在刑事案件中不遗漏犯罪分子和犯罪事实，最终给犯罪分子正确的定罪量刑；通过在提讯、庭审、执行刑罚过程中对犯罪分子进行法制教育和思想、道德教育，向发案单位和地方提出预防犯罪的检察建议、协助有关单位和地方搞好刑事犯罪预防；通过打击和预防两种手段，有效减少影响铁路治安稳定的因素，为运输生产活动创造良好的治安环境，保护国家、集体和职工的生命财产安全。

2. 惩治、遏制贪污贿赂等经济犯罪，保护铁路资产安全，促进企业党风廉政建设。铁路检察机关通过接受职工举报、独立发现、接受移交等方式，获得贪污、贿赂、挪用公款等经济犯罪案件线索或案件，展开侦查，对经济犯罪分子及时采取必要的强制措施，及时提起公诉，依法移送审判，从而坚决打击发生在铁路企业的经济犯罪活动。同时，利用在办案中形成的信息、知识优势，积极开展法制宣传和经济犯罪预防措施宣传，开展检察建议活动，开展工程同步预防等活动，帮助有关单位建章立制、完善管理，加强对干部职工特别是一些特殊或关键岗位干部职工的教育，从源头上遏制经济犯罪，减少经济犯罪的发生和蔓延，从而保护国有资产安全，保护干部职工及其家庭免受经济犯罪的伤害，促进企业党风廉政建设。

3. 通过办案和其他职能活动宣传法制，给职工思想以积极影响，促进铁路企业精神文明建设。检察机关通过办案、出庭、提出检察建议和组织各种宣传活动，在铁路干部职工中普及法律知识，弘扬学法用法、依法办事的思想，宣传与依法办事相关联的诚实劳动、尽职负责、遵章守纪、勇于维权等道德观念，协同企业对干部职工进行教育，提高企业干部职工素质，促进企业精神文明建设和企业文化建设。

3. 铁路检察工作对于促进铁路公安司法队伍建设和企业内外部关系和谐的意义是什么？

1. 查办渎职侵权案件，监督执法活动，促进公安司法工作和队伍建设。铁路公安司法机关是维护铁路稳定、保护铁路企业合法权益的关键力量，建设一支廉洁、公正、高效的公安司法队伍是铁路改革发展稳定的重要保障。铁路检察机关通过查办发生在公安、司法机关中的刑讯逼供、徇私舞弊、枉法裁判等渎职侵权犯罪案件，通过对这些犯罪的预防活动，以及通过加强对侦查、审判活动的法律监督，及时纠正侦查、审判等执法活动中的违法问题，纯洁公安司法队伍，维护执法纪律，促进执法作风改善，维护相关人员和单位的合法利益，并为建设一支廉洁、公正、高效的公安司法队伍做出自己应有的贡献。

2. 调节铁路企业内外部社会关系，化解矛盾，促进铁路企业和谐发展。铁路检察机关通过办理刑事和职务犯罪案件，通过控告、申诉检察职能的行使，调节发生在职工、乘客、货主、企业和其他企业相关人、相关单位之间因犯罪案件发生而形成的种种关系，比如刑事案件被害人和加害人、控告人和被控告人、贪污贿赂渎职侵权等职务犯罪案件的举报人和被举报人、职务犯罪案件的嫌疑人、被告人和利益受损失的单位之间的关系；通过对侦查、监管、审判活动实施法律监督，调解犯罪嫌疑人、被告人、民事经济案件的被告人等与公安机关、检察机关、审判机关的关系；通过对民事案件诉讼活动的监督，通过抗诉等方式，有条件地介入职工、乘客、货主、企业和其他企业相关人、相关单位之间发生的经济合同纠纷和因刑事案件产生并提起诉讼的损害赔偿纠纷，为他们化解矛盾、维护合法权益提供一种有效的法律途径。从而干预和化解铁路企业内部和企业与社会的特定矛盾，促进企业和谐发展。

4. 铁路检察工作为何需要企业和职工的支持？

这是由铁路政法工作必须贯彻落实专门机关和群众路线相结合的原则决定的。

首先，只有贯彻群众路线才能获得强大的生命力。政法工作是一项十分复杂的社会工作，必须根植于群众中才有不尽的力量源泉，否则政法工作将成为无源之水、无本之木，失去生机和活力。毛泽东曾说："我们要依靠，百分之九十几的人民实行专政，没有百分之九十五到九十六的人民的专政是没有力量的，没有百分之九十几的人民起来，只靠公安机关和军队是不行的。"

其次，贯彻群众路线，还是提高办案质量、少犯错误的一个保证。办案依靠群众的支持，实际上是把政法工作置于群众的监督之下，这就有助于增强办案人员的责任心，而且群众反映如何是检验我们工作好坏的重要标志。但活动的进行是否符合法律规定、是否符合人民的利益和要求，群众看得最清楚、了解最全面。只要我们密切联系群众、广泛听取群众的意见，就可以防止主观片面，尽可能少犯错误，既使犯了错误，也容易发现和纠正。

最后，揭露犯罪、惩治犯罪、预防犯罪和改造罪犯的各项工作都必须依靠群众。因为各种犯罪分子都是活动在社会上，活动在人民群众当中，群众的眼睛是雪亮的，再狡猾的犯罪分子也逃不过群众的眼睛。只要我们把群众发动起来并提高群众的政治警惕和识别犯罪分子的能力，就足以照亮任何阴暗的角落，使一切犯罪分子都难逃群众力量组成的天罗地网。

从政法机关的历史上看，什么时候群众路线贯彻得好，什么时候政法机关就耳聪目明，工作就得力，社会治安秩序就好。什么时候群众路线贯彻得不好，什么时候政法机关就闭目塞听，工作就没有生气，犯罪分子就气焰嚣张，社会治安秩序就乱。因此要保持国家长治久安，政法机关与群众路线相结合的原则在任何时候、任何情况下都不能丢。

5. 铁路检察工作在哪些方面需要企业和职工的支持？

铁路检察机关贯彻群众路线、依靠职工群众支持的主要方面有：依靠职工群众揭露犯罪、检举犯罪；依靠职工群众调查案情核实证据；宣传法制，教育、组织群众，预防犯罪和各种违法行为；在贪污贿赂等问题较多的地区和部门以案释法，宣传、动员、号召职工群众；设立专门的控告、申诉检察机构，专门接待群众来访，受理来信，复查有关申诉案件；实行检察长接待日制度，举行新闻发布会，召开各种类型的座谈会，倾听职工群众的意见和建议等。

举报工作是人民检察院的一项业务工作，是检察机关实行法律监督与群众监督相结合的有效形式，是检察机关直接依靠广大人民群众，同国家工作人员利用职务进行犯罪作斗争的有力手段，是检察机关依法保障公民行使检举、控告权利的重要制度。根据群众举报，检察机关查处了一批又一批国家工作人员贪污、受贿等职务犯罪案件，清除了国家工作人员队伍肌体中的一些"毒瘤"。全国检察机关现在立案侦查的案件，有60%~70%都来源于群众举报，有的地方高达80%。这表明，群众举报已在检察机关对国家工作人员的职务犯罪监督中发挥了巨大的威力。

6. 铁路公安机关的设置和职能是怎样的？

铁路公安于2009年改制为国家公务员，由公安部统一管理，警衔的评定（按不同的级别）分别由公安部（或各省、市、自治区公安厅）审核，工资由中央财政负担。铁路公安系统按级别分依次为公安部第十局（原铁道部公安局）、铁路公安局、铁路公安处（铁路公安分处）、车站派出所（车站公安段副处级）。公安部第十局（原铁道部公安局）为铁路公安系统最高级别单位，在各铁路局设立铁路公安局，再下设若干个铁路公安处，铁路公安处下设铁路公安段（铁路公安分处）或铁路公安派出所。铁路公安段（铁路公安分处）一般设在二等站以上的重要车站附近。铁路公安派出所为铁路公安局的最基层单位，一般设在三等车站附近。例如：北京铁路公安局是铁道部下设的公安局，而北京铁路公安局又下设北京铁路公安处、天津铁路公安处、石家庄铁路公安处、神华铁路公安处4个铁路公安处。这4个公安处又下设若干个车站派出所或铁路公安段。如北京西铁路公安段就是北京铁路公安处下设的一个铁路公安段。

公安部第十局（原铁道部公安局）。正式成立于2001年9月，依次下辖的公安单位有：直属机构、各铁路局公安局（正局级集团公司，如：广铁集团公安局）、各铁路分局公安处（副局级铁路公司，如：广铁集团怀化铁路总公司公安处）、三等车站以上的铁路公安派出所（如：深圳铁路公安处东莞车站铁路派出所）看守所、监狱管理所、三等车站以下设立的车站警务区（室）。

铁路公安局。各铁路公安局隶属于公安部第十局（原铁道部公安局），各铁路公安局下设多个铁路公安处。例如：广州铁路公安局下设广州铁路公安处、深圳铁路公安处、肇庆铁路公安处、惠州铁路公安处、海口铁路公安处、长沙铁路公安处、衡阳铁路公安处、怀化铁路公安处8个铁路公安处。

铁路公安处。铁路公安处是铁路系统的重要部门之一，一些省会城市（重要的交通枢纽）都会设有铁路公安处。主要负责铁路系统的治安、保卫等实施警察职能的单位。铁路公安处一般内设乘警、治安、刑侦等相应的警察，其机构设置与地方公安系统无异。铁路公安处工作由所属铁路公安局与所在地公安局共同领导。如北京铁路公安局受公安部第十局（原铁道部公安局）与北京市公安局共同领导。

火车站派出所或车站公安段。火车站派出所、车站公安段隶属于铁路公安处，是铁路公安工作的最基层单位。

火车站派出所民警。火车站派出所隶属于铁路公安处，是铁路公安工作的最基层单位，火车站派出所民警主要负责火车站站内治安秩序管理，清理站内黄牛党、盗抢人员、诈骗人员等不法分子以及流浪乞讨人员，排查混在旅客中的在逃人员及违法犯罪人员，查获"三品"（危险品、易燃易爆品和毒害品）。

线路段民警。线路段民警的主要职责是维护线路治安，巡线，处理铁路沿线发生的事情。主要负责派出所管辖范围内的线路安全，对所辖的铁路线路进行巡逻巡线，查看线路安全隐患，排除线路上的危险因素，宣传教育沿线的群众等。

比如，铁路沿线居民尤其是孩子，经常在铁路上穿行，或者铁路附近有人养牛，牛会上铁路，进而存在安全隐患，身为线路段民警，就要及时对周边村民进行宣传教育，以保障村民的生命财产安全和列车的运行安全。

乘警。乘警是乘务民警的简称，是铁路人民警察的一个警种，是铁路公安机关派出的在旅客列车上担当乘务工作的具有武装性质的治安行政和刑事执法人员。乘警是旅客列车的治安保卫者，肩负着预防和打击犯罪，维护列车治安秩序，保护旅客运输生产和旅客生命财产安全的神圣职责。乘警的具体工作内容包括：车厢巡视、例行安全检查、列车治安防范、列车反扒等。主要职责是火车上的安全保卫工作：检查非法和易燃易爆等违禁物品，维持车厢秩序，保障旅客安全，对嫌疑人和每一名乘客有权查验其有效身份。

7. 铁路运输法院的设置和职能是怎样的？

铁路运输法院不同于其他地方各级人民法院。铁路运输法院是铁路运输专门审判机关，是我国人民法院体系中专门法院的组成部分。说是"专门法院"，主要指它的机构设置和案件管辖范围不同于其他人民法院。

首先，铁路运输法院的设置区别于按行政区划设置的地方各级人民法院。铁路运输法院的设置同各铁路运输企业的设置是一一对应的。拿北京铁路局来讲，分别有两级专门法院与之对应，即北京铁路局所在地设北京铁路运输中级法院；北京铁路局所辖原各铁路分局（现为各铁路办事处）所在地即北京、天津、石家庄分别设有三个基层铁路运输法院。

其次，铁路运输法院有自己专门受理案件的范围。第一，铁路运输法院作为专门法院不受理行政诉讼案件，即"民告官"的案件。第二，其受理的刑事案件多为发生在铁路系统机关、厂、站、段、所、队等单位的刑事案件；发生在旅客列车上和运行或停留的货物列车上的刑事案件；发生在铁路沿线的盗窃、破坏铁路器材和重要设施的案件等。第三，铁路运输法院不受理婚姻、家庭、继承等纯民事纠纷的案件。最高人民法院规定了12类专门由铁路运输法院管辖的民商事案件，从此明确划分了铁路运输法院与地方人民法院对案件管辖的分工，这些案件类型分别是：铁路货物运输合同纠纷案件；铁路旅客和行李、包裹运输合同纠纷案件；由铁路处理的多式联运合同纠纷案件；国际铁路联运合同纠纷案件；铁路货物运输保险合同纠纷案件；代办托运、包装整理、仓储保管、接取送达等铁路运输延伸服务合同纠纷案件；国家铁路与地方铁路、专用铁路、专用线在修建、管理和运输方面发生的合同纠纷案件；铁路在装卸作业、线路维修等方面发生的委外劳务合同纠纷案件；铁路系统内部的经济纠纷案件；违反铁路安全保护法律、法规，对铁路造成损害的侵权纠纷案件；铁路行车、调车作业造成人身、财产损害，当事人向铁路运输法院起诉的侵权纠纷案件；上级人民法院指定铁路运输法院受理的其他经济纠纷案件。随后，北京市高级人民法院根据最高人民法院的上述授权，另行指定了北京铁路运输两级法院受理民商事纠纷案件的范围。也就是在最高人民法院的上述规定外，北京铁路两级法院还应当受理铁路部门及其所属企、事业单位为一方当事人的各类合同纠纷案件；债权债务纠纷案件；侵权损害赔偿纠纷案件；房地产纠纷案件；铁路所属企业破产案件。另外，还可以受理一方当事人原为铁路部门，现仍从事铁路运输服务、铁路工程建设、铁道设备制造、铁路通信的企、事业单位发生的上述五类民商事纠纷案件。但是北京铁路运输两级法院不能受理技术合同纠纷之外的知识产权纠纷案件。

铁路运输法院作为与铁路运输密切相关的国家专门法院，它的审判工作完全独立于各铁路运输企业。当事人对基层铁路法院的一审裁判不服，可以上诉到铁路运输中级法院；对铁路运输中级法院的一审裁判不服则可以上诉到省高级人民法院。各省的高级人民法院负责监督和指导本辖区内的两级铁路运输法院的审判工作，有权纠正各级铁路运输法院审判工作中存在的问题。

8. 铁路运输法院最新案件管辖范围规定是怎样的?

2012 年 7 月 2 日最高人民法院审判委员会第 1551 次会议通过了《铁路运输法院案件管辖范围的若干规定》，对铁路法院改制划归地方后的案件管辖范围作了最新的规定。

根据该规定，铁路运输法院受理同级铁路运输检察院依法提起公诉的刑事案件。下列刑事公诉案件，由犯罪地的铁路运输法院管辖：①车站、货场、运输指挥机构等铁路工作区域发生的犯罪；②针对铁路线路、机车车辆、通讯、电力等铁路设备、设施的犯罪；③铁路运输企业职工在执行职务中发生的犯罪。

在列车上的犯罪，由犯罪发生后该列车最初停靠的车站所在地或者目的地的铁路运输法院管辖；但在国际列车上的犯罪，按照我国与相关国家签订的有关管辖协定确定管辖，没有协定的，由犯罪发生后该列车最初停靠的中国车站所在地或者目的地的铁路运输法院管辖。

以上范围内发生的刑事自诉案件，自诉人向铁路运输法院提起自诉的，铁路运输法院应当受理。

同时规定，下列涉及铁路运输、铁路安全、铁路财产的民事诉讼，由铁路运输法院管辖：①铁路旅客和行李、包裹运输合同纠纷；②铁路货物运输合同和铁路货物运输保险合同纠纷；③国际铁路联运合同和铁路运输企业作为经营人的多式联运合同纠纷；④代办托运、包装整理、仓储保管、接取送达等铁路运输延伸服务合同纠纷；⑤铁路运输企业在装卸作业、线路维修等方面发生的委外劳务、承包等合同纠纷；⑥与铁路及其附属设施的建设施工有关的合同纠纷；⑦铁路设备、设施的采购、安装、加工承揽、维护、服务等合同纠纷；⑧铁路行车事故及其他铁路运营事故造成的人身、财产损害赔偿纠纷；⑨违反铁路安全保护法律、法规，造成铁路线路、机车车辆、安全保障设施及其他财产损害的侵权纠纷；⑩因铁路建设及铁路运输引起的环境污染侵权纠纷；⑪对铁路运输企业财产权属发生争议的纠纷。

上述刑事、民事案件作出的判决、裁定，当事人提起上诉或铁路运输检察院提起抗诉的二审案件，由相应的铁路运输中级法院受理。

省、自治区、直辖市高级人民法院可以指定辖区内的铁路运输基层法院受理该规定第 3 条以外的其他第一审民事案件，并指定该铁路运输基层法院驻在地的中级人民法院或铁路运输中级法院受理对此提起上诉的案件。此类案件发生管辖权争议的，由该高级人民法院指定管辖。

省、自治区、直辖市高级人民法院可以指定辖区内的铁路运输中级法院受理对其驻在地基层人民法院一审民事判决、裁定提起上诉的案件。省、自治区、直辖市高级人民法院对本院及下级人民法院的执行案件，认为需要指定执行的，可以指定辖区内的铁路运输法院执行。

各高级人民法院指定铁路运输法院受理案件的范围，报最高人民法院批准后实施。

9. 铁路职工为什么要学习法律知识，与预防犯罪有何关系？

1. 学法才能知法、懂法、用法。我国社会主义法虽然从本质上说是工人阶级领导的全体人民意志的体现，是人民自己手中的工具和武器，而且，在制定过程中，立法者也尽量注意到使法律通俗易懂。但是任何公民要真正做到知法、懂法，还是要经过较长时间的努力学习。随着我国社会主义法制建设工作的不断深入，国家颁布的法律数量越来越多，不是人们轻而易举就能掌握的，而且法律条文里所包含的自然科学等方面的知识也比较丰富，因此给学法者理解方面也带来了一定困难。因此，人们要更好地做到知法、懂法，就需要尽可能地掌握法律条文中所包涵的丰富的科学知识，弄明白有关术语、词汇的基本意思，而要做到这一点，没有别的途径，只有花费一定的时间和精力去认真学习。

2. 学法才能培养社会主义法律意识。法律意识也称法律观，它是人们关于法律的情感、信念、观点和思想等的总称。社会主义法律意识，是一种崭新的无产阶级的法律意识。作为社会主义国家的公民，除了应该具有忠于祖国和人民，贯彻执行党和国家的方针、政策，积极投身改革，努力为四化做贡献的政治意识外，还应该逐渐培养自己的社会主义法律意识，这也是非常重要的。公民的社会主义法律意识提高了，他们热爱和拥护我国现行法律的情感、信念才能加深，并且由自发上升到自觉。他们对我国现行法律的一些基本问题的认识，也才能逐步科学化、系统化，同时，他们用法律维护自己的合法权益，规范自己在劳动、工作、生活中的所作所为，同违法现象作斗争，以及遵守法律，保证法律实施等观念，也才能不断增强。这不仅对保护国家、集体和公民个人的合法利益，巩固安定的社会秩序，而且对维护社会主义法律的尊严和权威，都具有重大意义。

3. 学法是做到守法的必要前提。大家知道，社会上经常发生一般违法行为和犯罪行为。出现这种情况的原因是多方面的，其中很重要的一条，就是许多人从来不学习国家各项法律，因而也就根本不知法、不懂法，违了法甚至犯了罪，自己还不知道究竟。例如，杀害自己的孩子，砍伐国家森林，滥捕乱杀飞禽走兽，私拆别人信件，偷听别人电话，虐待、迫害部属等类似的违法犯罪现象，却不认为是违法犯罪的人不在少数。可见，不学习国家法律，没有法律常识的人，就不会有自觉守法的观念，就难免做出违法以致犯罪的事情来。所以我们要想做一个知法、懂法、自觉守法的好公民，必须要学习法律常识，把学法、增强守法观念列入自己的议事日程，作为自己生活中一项不可缺少的内容。

10. 职工可以通过哪些途径获得法律知识？

获得法律知识的途径很多，主要有：（1）到书店购买法律类的图书，或者到图书馆借阅法律类的图书；（2）现在是网络时代，互联网上有许多法律类的网站或者法制节目的视频，我们可以到这些网站上获取需要的法律知识；（3）电视台开办的法制类节目，比如中央电视台的《今日说法》等，可以通过视频节目直观地提供法制教育；（4）收听电台开办的法制类节目；（5）参加所在单位组织的法制教育，阅读单位给职工购买的法律书籍或杂志；（6）向学习法律专业或者有法律知识的亲友、同事请教法律方面的困惑或难题，或者向律师咨询法律等。

11. 什么是职务犯罪，其危害表现在哪些方面？

职务犯罪，是指国家机关、国有公司、企业事业单位、人民团体工作人员利用已有职权，贪污、贿赂、徇私舞弊、滥用职权、玩忽职守，侵犯公民人身权利、民主权利，破坏国家对公务活动的规章规范，依照刑法应当予以刑事处罚的犯罪，包括《刑法》规定的"贪污贿赂罪"、"渎职罪"和国家机关工作人员利用职权实施的侵犯公民人身权利、民主权利犯罪。

职务犯罪严重危害国家政治稳定、经济健康发展、社会公平正义，严重损害国家机关正常的活动和公正廉洁的信誉，给公私财产造成严重损失，甚至危及人民群众生命安全，具有严重的社会危害性。由于其犯罪主体的特殊性——具有一定职务、掌握一定权力而表现出其比一般犯罪更为严重、社会危害性更大的显著特征。具体表现为：

1. 危害多数人的生命财产安全。职务意味着责任，意味着管理，其对象涉及人数多，涉及面广，如果职务行为人严重不负责任，不履行或不正确履行职责，或滥用职权，就会损害多数人生命财产的安全。如有关主管领导或工程管理人员严重不负责任，不按有关规定履行职责，或徇私舞弊、贪污受贿，就会造成工程质量差、豆腐渣工程等问题的发生，从而导致工程不能用，甚至倒塌造成人员伤亡等人民群众生命财产严重受损情况的发生。

2. 造成公共财产的大量流失。贪污、挪用等职务犯罪严重违反国家的财经纪律及有关法律法规，往往造成公共财产的大量流失，损害国家和人民的利益。因为贪污、挪用行为人往往掌握有一定职权，掌握着数额较大的公共财产管理权、使用权等，如果他们私心严重，利欲熏心，就会不择手段违法违纪，侵吞、挪用公款，就会造成大量公共财产的流失，就会造成比盗窃、抢劫、诈骗等犯罪行为更为严重的公共财产损失。

3. 腐蚀国家的肌体，危害国家的长治久安。贪污贿赂、渎职侵权等职务犯罪，不仅严重腐蚀国家肌体和人们的灵魂，败坏党风和社会风气，降低国家和政府的声誉，严重破坏社会主义精神文明建设，而且直接危害国家机关的正常活动，削弱国家的职能。同时，职务犯罪还必然阻碍社会主义民主政治建设的步伐，干扰党和国家的方针、政策、法律、法令的贯彻和实施，破坏社会主义法制的统一和尊严，破坏社会主义市场经济建设，危害国家的长治久安。

12. 当前职务犯罪高发的原因有哪些？

1. 主观世界的改造松懈是干部职务犯罪的主观原因。干部职务犯罪的滋生和蔓延，虽然有其客观的机会和条件，但主观上具有腐败的动机是起决定性作用的。首先，忽视政治学习，不努力改造主观世界。不少人头脑中"当官—发财—免罚"的官本位思想根深蒂固，要改变这些，充实学习、自我改造显得尤为重要。其次，淡漠为人民服务的宗旨信念，不能正确对待权力，致使权力的异化、滥用。

2. 转轨时期的规制缺失是干部职务犯罪的直接因素。在当前新旧体制的交替过程中，旧的没有完全破除，新的政治体制和经济体制还不够健全、完善，存在一些弊端，给少数免疫力差的干部实施职务犯罪提供了可乘之机。

3. 监督制约的形同虚设是干部职务犯罪的根本原因。对干部监督主体、监督形式均多，如有权力机关、检察机关、专门机关、舆论和群众监督，他们通过举报、检举、检查等方式进行监督，但这些大都缺乏有效的监督管理机制，或虽有制度却执行不力。实际中表现出不愿、不敢、不能监督的状态：一是上级监督下级太远；二是同级监督太软；三是下级监督上级太难。正因为如此，致使干部大权独揽，全权掌管人、财、物，大事小事一个人说了算，导致许多职务腐败案件发生。

4. 各种消极因素的共同侵蚀是干部职务犯罪的潜在原因。当前，腐朽思想侵蚀着一些人的头脑，加之社会财富的分配出现不公平状态，以及过热的消费心理刺激着每一个个体。在这种复杂的社会状态下，个别干部经受不住权力、金钱、美色的考验，利己主义、享乐主义、"一切向钱看"的思想恶性膨胀，生活中多种歪风盛行，如"有权不用，过期作废"的官本风，公款吃请、豪华消费的奢侈风及卖淫嫖娼、异性服务的色情风等，不仅严重败坏了社会风气，而且严重腐蚀着权高位重的干部的灵魂，导致意志薄弱者为追求奢侈糜烂的生活方式而涉入犯罪的深渊。

5. 司法打击不力是干部职务犯罪的重要原因。由于诸如立法不完善、地方保护主义、关系网干扰、查处力度相对薄弱、对干部职务犯罪处罚偏轻等因素影响，导致对干部职务犯罪打击不力，表现为立案少，有影响的大要案少，判决少，办案效果差等情况的发生，使得查处犯罪数与实际发案数相差很大，从而使有些人认为办案机关只敢打苍蝇，不敢打老虎；审判机关对职务犯罪量刑中缓刑、免刑较多，种种因素使诸多国家工作人员对职务犯罪心存侥幸，以身试法。

13. 应采取哪些措施预防干部职务犯罪？

1. 健全机制体制，从源头上预防干部职务犯罪。预防干部职务犯罪，须健全机制体制，注重制度建设。主要有：改革"一支笔"的签字制度，完善规范权力行为，切实把"权"管好；改革"一人说了算"的制度，确立集体领导的决议规则；改革财务管理制度，各单位资金应统一由核算中心等进行集中管理，防止私设"小金库"现象，切实把"钱"管好；改革干部选拔任用和管理制度，遵循公开、民主、竞争、公正原则，扩大党员和群众对干部选拔任用的知情权、参与权、选择权和监督权，使干部选拔不能仅凭干部说了算，切实把"人"管好；改革招投标制度，做到市场的公开、公正和公平，杜绝"暗箱操作"，把"市场"管好。

2. 强化监督制约机制，从根本上预防干部职务犯罪。建立有效的监督方法，表现为：一是加强事前监督。各行业、各部门的各个环节都要建立一套规范的、从上至下的对干部的监管机制，使每个岗位、每个职位都形成相互制约的管理，堵住任何可能犯罪的漏洞，才能防患于未然。二是完善事中监督。发挥党内监督、民主监督、群众监督、新闻舆论监督的作用，形成内外结合、上下贯通、全方位的立体监督体系；突出对其"关键时期"、"关键事项"、"关键环节"的重点监督；扩大对干部监督的领域，从"八小时之内"延伸到"八小时之外"、从本人延伸到家庭成员、从个人生活延伸到其"社交圈"，帮助他们过好"权力关"、"交友关"和"人情关"。

完善已有的监督制约机制。首先，把握正确的用人标准，严格民主推荐制度，选出可靠的人来掌权和用权；健全权力剥夺制度，对那些不称职的、滥用权力的人，及时剥夺其权力，减少损失和危害。其次，积极探索分散干部集权的方法和途径，增进权力行使中的民主成分，健全领导班子集体领导制度和议事规则，增强内部监督约束的能力。再次，改变权力"暗箱操作"，实行权力运作公开制，让人民看到"干净"的决策，以保证权力不被异化。

3. 加强学习和教育，从思想上预防干部职务犯罪。要通过思想道德、法律法规、作风纪律、党风行风等方面的教育，提高公职人员的自身素质，增强其抵制外来各种致罪因素的免疫力。实践中必须建立严格的干部教育机制，加强教育的计划性、系统性和强制性，通过理想信念教育使之提高思想道德水平，特别是廉洁自律意识，树立正确的人生观、价值观和世界观以及为人民服务的公仆意识；通过法律政策的学习，分清正当、违法与犯罪界限，从而自觉遵守法律规范；通过专业知识学习，提升自己的管理能力和水平，正确履行职责，保证各项业务工作的正常开展，避免盲目性和重大失误的发生。

4. 加大查办和惩治力度，遏制和减少干部职务犯罪。打击犯罪是遏制和减少犯罪的重要手段。要重拳出击，依法严惩，越是干部，越是位高权重者，越要从严从重处理。对干部职务犯罪要提高查处的概率，让漏网之鱼越来越少；要提高对其法律处置程度，严格控制和使用缓刑，形成对职务犯罪的高压态势；要加大其经济成本，加大追缴赃款和经济处罚的力度，不让腐败分子在经济上占便宜；要加重其精神成本，将行贿者和受贿者信息"公布于天下"，不仅使腐败者个人名誉受损，而且使其利益相关者名誉受损。

14. 铁路集体腐败的发展趋势及原因有哪些？

近些年查处的铁路贪污贿赂等经济犯罪案件，一个重要特点是集体腐败案件频发。如某机务段工程师张某等4人共同贪污一案，张某等人在一年多的时间内数次将出售废机油款47万元不入账，擅自搞"小金库"进行私分，凡参与这项业务的相关管理人员均陷入犯罪泥淖。又如某铁路小学校长陈某等5人共同贪污案，参与人员有学校书记、副校长、出纳等。

集体腐败案的特点就是在一个单位内，以相关人员或某些领导为核心，形成一个以经济利益为纽带的小圈子，内部丧失原则，"团结一致"，利益均沾，风险共担，共同实施腐败。这种案件往往涉及人员多、破坏性大，如果没有内部矛盾，还难以发现。

集体腐败之所以在一些地方日趋猖獗，原因是多方面的，既有腐败主体主观方面的原因，也有组织监督缺位等客观方面的因素。在社会转型中，法律不健全、制度有漏洞均在客观上为集体腐败提供了可乘之机。一些单位的领导上台，往往第一件事就是搞福利、办"好事"，以换取民心和选票。他们为了躲避责任，将个人意志转化为集体意志，有的甚至将腐败行为弄到会上搞集体研究，将腐败行为主体分散，又披上为大家搞"福利"、办"好事"的外衣，从而又给"腐败链"增加了抗震力。此外，随着反腐败斗争力度的不断加大和反腐败措施的不断完善，单个人腐败的难度越来越大，于是，集体联动就成了少数不法分子的选择。他们认为，内部会互相保护，腐败不易被发现，只要大家同舟共济，就上不怕组织调查，下不怕群众举报。

15. 预防集体腐败的发生有哪些措施？

1. 制度建设是第一位的。集体腐败从主观上分析，是部分党员干部思想防线崩溃、法律底线退却、金钱至上思想上升所致；从客观上来说，是制度不健全、管理太散乱、监督不到位所致。因此，制度建设是首要的，铁路部门也在重申各项工作问责制度，财经管理"十不准"、"十个明白"，收支两条线、严禁账外账、"小金库"，干部职工收入"一卡制"等。有了制度，关键要落实，动了真格，效果就明显。把落实制度放在重中之重，建立完善有效的责任机制，才是最有效的良药。只有认真落实责任机制，严肃法纪，尤其要追究领导责任，保持惩治集体腐败的高压态势，只有惩治有力，彻底铲除滋生集体腐败的土壤，才能不断增强预防集体腐败工作的成效。

2. 加强反腐倡廉教育，筑牢拒腐防变的思想道德防线。通过教育来提高人们的思想道德素质，加强对党纪国法、群众观念、优良传统的教育，加强党员干部主观世界的改造，增强领导人员的责任感、使命感和拒腐防变能力。廉洁自律真正成为社会的风尚，干干净净干事真正成为党员干部的价值取向，只有这样集体腐败才会失去其存在的思想基础。既要为腐败分子算好政治账，又要为腐败分子算好经济账，起到警示作用。

3. 加强对权力运行的制约和监督。要从根本上改变"一把手"权力过于集中的现状，"一把手"的这种权力越小，班子中民主的声音就会越大，集体腐败发生的机率就越小。坚持重大决策征求意见制度、重大事项报告审批制度，有效防范集体决策可能导致的消极腐败现象的发生。要畅通监督渠道，加强厂务公开和党务公开，解决好广大干部群众的知情权、参与权和监督权，通过建立相应的制度支持对本单位范围内重大事项决策实施的有序监督。

16. 当前铁路重点工程建设领域贪污贿赂犯罪的特点有哪些？

1. 关联性。与其他领域的贪污贿赂犯罪相比，铁路重点工程建设领域贪污贿赂案件在时间和空间上表现出一定的关联性特点。从时间上看，铁路重点工程建设领域的贪污贿赂犯罪持续的时间往往贯穿于整个工程建设，多次和连续犯罪的现象比较严重，外协施工队负责人一人向多人行贿、工程项目负责人一人收受多人贿赂的情况比较普遍，挪用铁路工程建设专项资金、套取工程建设款的行为时有发生。办案实践中，常常是查处一案，带出一窝，牵出一串。

2. 扩张性。随着国家对铁路工程建设投资力度逐步加大，铁路重点工程建设领域贪污贿赂案件呈现出一种扩张蔓延的趋势。涉案范围越来越广，主要涉及铁路基础设施建设、新开工铁路建设中的土地征用、线路改造、基建工程招标投标或者在原材料、物资设备采购、废旧物资处理等。发案环节也逐渐增多，包括工程（物资设备）招标投标、工程发包分包、变更设计调整工程概算、质量检测、验工计价、资金拨付、验收和监管等环节。

3. 隐蔽性。涉及铁路重点工程建设贪污贿赂犯罪形式通常比较隐蔽，有的通过在招投标业务中帮助建筑企业搞串标陪标、违法转包分包，或向中标单位介绍劳务施工队等，从中收受贿赂；有的则利用掌管质量监督、预算、决算等职权，进行权钱交易；有的虚拟工程合同，套取工程建设款。收受贿赂的名目和方式越来越多样化，主要表现为收受干股，以开办公司等合作投资名义收受贿赂，以赌博形式收受贿赂，特定关系人"挂名"领取薪酬，收受未办理权属变更的房屋、汽车等。

17. 治理铁路重点工程建设领域贪污贿赂犯罪的主要目标和重点是什么？

1. 确保铁路工程建设干部廉洁。要坚决贯彻标本兼治、惩防并举的方针，积极促进铁路惩治和预防腐败体系建设。认真贯彻落实党风廉政建设责任制，通过开展预防宣传教育，促使有关铁路建设单位和参建单位的各级领导干部、管理人员严格自律，风清气正。要强化源头治理，规范和完善各项监督制约制度措施，严格落实铁路建设招投标等程序，坚决堵塞管理漏洞；加强工程建设领域惩防体系建设，健全廉政风险防范机制。同时要按照预防和查处职务犯罪并重的要求，进一步加大对铁路工程建设领域职务犯罪案件的查处力度，通过办案抓预防，通过预防促办案。

2. 确保铁路工程建设管理规范。在铁路建设工程招投标过程中存在人为干预的现象。有的是领导直接打招呼，有的是通过"地下中介"干预影响招投标，有的是相关企业联合起来围标串标，已经成为铁路建设市场半公开的"潜规则"。这些做法严重违背公开、公平、公正和诚实守信的原则，严重扰乱铁路建设市场秩序，严重违反了招标投标法律法规，必须按照党中央关于工程建设领域专项治理工作的要求，进行专项整治。要积极探索在铁路工程建设重要部位、关键环节实施有效监督的方式方法和工作机制。如对重大铁路工程项目的法律文件进行审查把关，对相关工程项目的管理实施动态检查监督，促使企业强化源头治理，做到事事有流程、事事有标准、事事有责任人，促使各个铁路建设单位和参建单位在铁路工程招投标、物资设备采购、设计变更、验工计价、资金拨付等方面依法办事，按章办事，规范运作，及时堵塞管理漏洞，确保工程管理规范到位，组织运行节俭高效，重大活动阳光透明。对发现的问题苗头，要早预防、早提醒、早治理，防患于未然。对不法企业，要坚决依法查处，直至清出铁路建设市场。

3. 确保铁路工程建设资金安全。目前，铁路建设投资规模巨大，往往成为一些不法利益集团追逐的目标，而有些铁路建设、施工单位在资金管理使用方面确实存在一些安全隐患。如有的铁路建设项目设计方案、标准、措施选择不当，或不严格执行合同、擅自变更，虚假验工；有的施工单位私自多开账户，使用假发票或无发票列支成本，套取建设资金；有的建设单位存在超投资计划、超资金预算、超合同拨款和垫付应由地方负担的征拆款等现象，成为滋生、诱发职务犯罪的温床。针对这些现象，要在专项预防工作中实行必要的跟踪监督。对投资控制、资金监管环节，要真正做到监督有力，横向到边、纵向到底、全面覆盖、不留死角，保证铁路专项资金全部用于铁路建设，防止铁路建设资金被贪污、挪用、私分、挤占、骗取，确保铁路建设资金的安全。

4. 充分发挥铁检职能，确保铁路建设工程优质。百年大计，质量第一。近年来，铁路工程质量事故、安全事故时有发生。究其根源，有的是质量安全的标准、程序、规定不能全部落实到现场、落实到岗位；有的是人为干预招标、中标企业违法分包转包工程，施工队伍以次充好、偷工减料、弄虚作假。这些现象不根治，工程质量就得不到有效保障。针对以上种种情况，铁路建设单位和参建单位深入落实科学发展观，按照建设"优质、平安、绿色、和谐"铁路的要求，切实加强质量管理，确保施工质量万无一失，努力把铁路建设成为安全上的样板工程、管理上的示范工程。同时，要加强与铁路检察、公安、法院等部门的密切配合，对严重危害铁路工程建设特别是高铁建设中的各种刑事犯罪始终保持高压态势，坚决依法查办铁路工程建设背后隐藏的贪污贿赂、渎职侵权等违法犯罪行为，为工程建设创造良好的法治环境。

18. 治理铁路重点工程建设领域贪污贿赂犯罪的意义和措施有哪些？

治理铁路重点工程建设领域贪污贿赂犯罪的意义表现在：一是为铁路重大工程提供良好廉洁的建设环境，确保铁路跨越式发展目标和铁路中长期建设规划的实现，促进国民经济的全面、持续、协调发展；二是减少或者杜绝职务犯罪的发生，最大限度地爱护、保护工程建设的管理干部和工程技术人员，促进人才兴路和铁路健康发展；三是避免因为职务犯罪而造成铁路工程建筑市场管理秩序的混乱，维护铁路工程建筑市场秩序和铁路建设投资者的良好形象；四是避免因为职务犯罪而导致投资加大和国有资产流失；五是避免因为职务犯罪而导致工程质量不良、施工事故、工期延误等问题的发生。

要采取如下措施对铁路重点工程建设领域的贪污贿赂犯罪进行治理：

1. 搞好调查研究，弄清犯罪实际情况。坚持系统分析的工作思路，一方面，要全面掌握铁路工程建设领域的运作规律、工作特点、管理流程、关键环节、重点部位以及相关联的业务和可能存在的潜规则，进行深入细致的调查研究，分析铁路工程建设单位制度、机制上的管理漏洞，查找监督制约方面的薄弱环节，确定铁路工程建设中贪污贿赂犯罪易发、多发部位，为有针对性地开展涉案线索的摸、排、查工作提供方向。另一方面，要针对线索中反映出来的贪污贿赂行为的关键环节，选取主攻方向，有计划地进行调查，以普遍联系的方法、系统论的方法观察和思考问题，由点到线，由线到面，查实、查透铁路重点工程建设领域贪污贿赂犯罪的内幕。

2. 加强协调配合，形成查办铁路重点工程建设领域贪污贿赂犯罪的合力。铁路重点工程建设领域的贪污贿赂犯罪复杂多样，涉及领域众多，要在铁路局党委的领导下，形成纪检、监察、审计、铁路检察、公安、铁路法院等执法执纪部门和基建、工务、机务、电务、供电、房地产公司、基层站段、工程建设指挥部等涉及铁路工程建设单位的协作与配合机制，形成预防和查办铁路重点工程建设领域贪污贿赂犯罪的合力。同时也要构建上述部门的日常沟通联系机制、信息共享机制、联席会议机制，加强协作，相互促进。

3. 打防并举、标本兼治，对铁路重点工程建设领域的贪污贿赂犯罪实行综合治理，惩治于已然，防患于未然。一是要加强预防铁路重点工程建设领域贪污贿赂犯罪网络建设。建立铁路局机关各部门、基层站段、各工程项目指挥部参加，检察机关发挥职能作用的预防职务犯罪网络。抓好预防职务犯罪联系点建设的同时，有条件、有选择地与有关铁路工程单位携手开展"预防职务犯罪共建"活动。二是要发挥检察机关检察建议的作用，针对办案中发现的突出问题，积极提出有内容、有分析、有措施的检察建议。三是有组织、有计划、有安排地深入铁路工程建设单位，开展好法制宣传教育活动。积极采取举办讲座、上法制课、以案释法、警示教育、图片展览等多种形式，有效开展法制宣传教育。

19. 预防工程建设领域职务犯罪应盯紧的八大环节是哪些？

1. 工程招投标。贪官利用工程招投标直接收受贿赂，成为该领域产生腐败犯罪的首要环节。招投标搞半明半暗操作，看似公正、公开，实际是谁给的好处多就把标投给谁。有些贪官，在招投标过程中向一些投标单位泄露标底，收受贿赂；有的利用巨额贿赂，采取陪标、串标等手段获取工程；有的直接通过贿赂的方式以"暗箱操作"手段获取工程，等等。

2. 物资采购。在材料设备采购中，材料供应商通过账外"好处费"、"回扣"等方式贿赂采购方相关人员或主要领导。有的直接通过巨额贿赂手段获取材料供应机会。

3. 工程结算。建设领域资金量大，结算量大，施工企业或材料供应企业为尽快结算工程款或材料款，向相关业务主要负责人或主管会计行贿。该环节的贿赂犯罪比较明显。

4. 工程分包。一些建设资质欠缺或较低的个体建筑户为了获取工程，最为常用的手段就是行贿。"行贿是获取工程的通行证"。工程层层转包，导致层层行受贿。

5. 工程征用拆迁。在土地、房屋征用拆迁过程中，虚报拆迁补偿价款而贪污、拆迁企业通过贿赂获取拆迁工程、通过贿赂获取高价拆迁补偿款等现象，在工程建设领域具有普遍性。

6. 工程监理。施工单位尤其是个体建筑户因偷工减料造成工程质量低劣，为顺利通过监理或工程验收而贿赂监理单位成为工程建设领域职务犯罪的又一突出环节。

7. 变更设计。在工程施工过程中，一些企业低价中标后，通过行贿手段，要求业主或设计单位通过变更设计增加项目或提高价格，谋取不正当利益。

8. 规划许可。工程建设企业通过向土地、规划审批等部门主要领导行贿，取得土地、规划许可、提高容积率等，谋取不正当利益。

20. 为什么要形成科学有效的权力制约和协调机制?

《中共中央关于全面深化改革若干重大问题的决定》强调,必须构建决策科学、执行坚决、监督有力的权力运行体系,形成科学有效的权力制约和协调机制。这进一步表明了权力运行机制建设的重要性和紧迫性,并且从顶层设计的高度提出了明确的改革方向和具体要求。

1. 形成科学有效的权力制约和协调机制是时代和社会实践发展的需要。我国的权力结构和运行机制,建立在我国社会主义民主政治的基础之上,由我国社会主义政治制度所决定,具有决策效率高、着眼于长期发展、立足于最广大人民群众根本利益、能够集中力量办大事的独特优势,总体上符合我国国情,能够实现好、维护好、发展好最广大人民群众根本利益。特别是随着改革开放和社会主义现代化建设的深入推进,随着社会主义民主政治建设的不断发展,随着党和国家各项领导制度和工作制度的日益完备,党和国家的权力结构和运行机制也日益健全和成熟,能够比较好地适应经济社会持续健康发展的需要。但也要看到,在一些具体方面还存在一些不相适应、不够完善的地方,主要的问题有:权力配置还不尽科学;权力过分集中,导致"一把手"出问题的比例相对较高;权力运行还不够透明;对权力的监督还不够有力。因此,形成科学有效的权力制约和协调机制,既是提高党的执政能力、巩固执政地位、完成执政使命的重要保证,也是建设廉洁政治,实现干部清正、政府清廉、政治清明的根本保证。当然,构建科学有效的权力制约和协调机制,是一个涉及面广的艰巨、复杂的系统工程,要与深化政治、经济等各方面体制改革协同推进,逐步完善。

2. 必须构建决策科学、执行坚决、监督有力的权力运行体系。决策、执行、监督是权力结构"三位一体"的组成部分,也是权力运行机制相辅相成的重要环节。在权力运行体系中,决策是核心,执行是关键,监督是保障。应当说,通过改革开放30多年来的长期实践,我国科学民主的决策机制已经基本定型,这在国家长期发展规划、重大战略决策的形成等方面发挥了极为重要的作用。但这一决策机制也还有一些不完善的地方,需要继续加以改进。要进一步健全中国特色重大决策制度,完善重大决策的形成机制和程序,加强决策的协商、论证、听证,发挥中国特色新型智库的作用,建立健全决策后评估和纠错机制,不断提高科学决策、民主决策、依法决策水平。凡是重大问题决策、重要人事任免、重大项目安排和大额资金使用,都必须实行集体决策,绝不能由个人或少数人说了算;凡是涉及群众切身利益的决策都要充分听取群众意见,凡是损害群众利益的做法都要坚决防止和纠正。要进一步提高执行力,决定了的事情,就要言必信、行必果,有始有终,说到做到。健全督促检查、绩效考核和问责制度,确保党的路线方针政策和各项决策部署贯彻落实到位，绝不允许"上有政策、下有对策"，绝不允许有令不行、有禁不止。要更好发挥党内外专门机关的监督作用，加强党内监督、民主监督、法律监督和舆论监督，完善党务政务司法和各领域办事公开制度，推进权力运行公开化、规范化，真正做到让人民监督权力，让权力在阳光下运行。

3. 按照制约和协调原则科学配置权力。科学配置权力，就是要使权力既相互制约又相互协调，不仅做到结构合理、配置科学、程序严密、制约有效、给权力套上一个"制度的笼子"，还要做到权责一致、规范有序、相互协调、运行顺畅，使权力切实发挥作用，促进党和国家各项事业发展。要进一步完善党和国家领导体制，更好地坚持民主集中制，充分发挥党的领导核心作用。要坚持科学执政、民主执政、依法执政，不断改进和完善党的领导方式和执政方式，进一步理顺和规范党代会、全委会和常委会之间的关系，更好发挥党代会和全委会对重大问题的决策权，党委常委会行使执行权和一般问题决定权，党的纪律检查委员会行使监督权。民主集中制既是我们党和国家的根本组织制度和领导制度，也是领导班子行使权力的根本工作制度。要坚持民主基础上的集中和集中指导下的民主相结合，既保证党和国家的团结统一和行动一致，广泛凝聚全党全社会的力量，又尊重广大党员和人民群众的主体地位，充分发挥他们的积极性、主动性和创造性。党必须按照总揽全局、协调各方的原则，在同级各种组织中发挥领导核心作用，并与人民当家作主和依法治国相统一，进一步理顺和规范党委与人大、政府、政协、司法机关以及人民团体的关系，支持和保证它们依法有效地履行职能。

4. 明确各级党政主要领导职责权限，科学配置党政部门及内设机构权力和职能，明确职责定位和工作任务。要吸收近几年权力公开、透明运行试点的经验，按照职能科学、结构优化、廉洁高效、人民满意的原则，进一步明确各级党政主要领导职责权限，合理划分、科学配置党政部门及其内设机构的权力和职能，健全部门职责和人员编制体系，做到定位准确、边界清晰，权责一致、人事相符，各司其职、各负其责，依照法定权限和程序行使权力。按照不同性质的权力由不同部门行使的原则，尽量实行决策、执行、监督职能相分离，对直接掌管人、财、物等高风险部门和岗位的权力进行限制，压缩和规范各种权力的自由裁量空间，从而降低权力失控乃至腐败发生的机率。按照同一件事情或同一项工作任务由一个部门负责的原则，加大机构和职责整合力度，最大限度地解决部门众多、职责分散和交叉扯皮问题。

21. 如何提升权力制约监督实效？

1. 坚持改革限权，解决权力过多干预市场问题。促进市场经济发展，必须坚持以改革为统领，加快政府职能转变，限制权力行使领域，明晰权力边界和作用范围，着力解决行政权力过多干预市场问题，防止权力寻租等腐败现象，建立符合科学发展的体制机制。要深入推进行政审批制度改革，切实加大清理和调整力度，精减行政审批事项，加快行政服务中心建设，着力完善行政审批和服务运行机制。严格规范涉企收费、行政执法行为，坚决防止乱收费、乱处罚现象的发生。

2. 坚持阳光示权，解决权力"暗箱操作"问题。权力公开透明是政府与社会、公民之间互信互动的基础。要深入推进阳光示权工作，全面深化公开工作，健全完善公开办法及考核规定，不断拓展权力公开透明的深度和广度，防止权力"霉变"。要坚持决策公开，实行重大决策调查研究、咨询论证制度，凡关系全局性长远发展或事关群众切身利益的重大决策，都应采取听证会、专家论证评估等形式，开门议事，公开决策过程和结果，防止决策权力滥用。要强化重大事项公开，对社会普遍关注的政府采购、工程建设招投标、公共资源交易、专项资金使用等重大事项进行公开，对行政审批事项及流程进行公开，把群众关注的热点、难点转化为公开的"亮点"。

3. 坚持多维监督，解决权力滥用问题。权力与腐败相伴而生，权力缺乏监督必然会走向腐败。要不断拓展监督渠道，采取各种有效措施，对权力运行全过程、全方位实施多维监督。要加强对"一把手"的监督，建立健全"一把手"违反监督制度责任追究办法等相关制度规定，切实强化对各级党政主要领导用权行为的制约和监督。要强化评议监督，不断创新重点部门和重点岗位负责人民主评议方式方法，着力促进行政执法效能和服务水平的提高。要强化群众监督，开展政风行风热线、领导接待日、大走访等活动，畅通群众监督渠道。要强化"数字监察"工作，大力推行"制度＋科技"模式，对各项权力运行做到同步监察、动态监控、全程留痕，强力推进权力规范运行和公开透明。要加大惩戒力度，对党员干部滥用权力、以权谋私的腐败行为"零容忍"，不管是谁触犯党纪国法，都严惩不贷，提高违法成本，让权力行使者不敢越轨运行。

4. 坚持教育提醒，解决权力观不正确问题。腐败现象发生的重要原因是一些党员干部没有树立正确的权力观，把人民赋予的权力作为谋取私利的工具。各级纪检监察机关要加强党员干部权力观教育，根据不同的教育对象、不同的问题、不同的时机和时段、不同的领域阵地来开展，教育引导党员干部认清权力的本质和归属，自觉做到秉公用权、廉洁从政。要突出重点对象，把领导干部特别是党政"一把手"作为教育重点，经常开展理想信念教育、宗旨意识教育、纪律作风教育。注重超前教育和跟踪教育，对新任领导干部进行廉政谈话，对有信访反映、有轻微违纪行为的进行诫勉谈话，对可能出现较大违规违纪的行为进行警示谈话，确保教育及时有效。要突出重点时段，对重要节假日、干部调整变动等易发生权钱交易的敏感时期，提前介入，及时提醒，打好"预防针"。要突出重点领域，加强对管钱、管物、管人、管项目等重点部门和关键岗位人员的教育，引导他们树立正确的权力观，对权力保持敬畏之心，时刻警惕权力滥用。

22. 如何进一步健全、改进作风常态化制度？

《中共中央关于全面深化改革若干重大问题的决定》结合中央八项规定的落实情况，明确提出要加快体制机制改革和建设，进一步健全改进作风的常态化制度，展现了党中央狠抓作风建设、巩固转变作风成果的坚定决心，对人民群众期盼优良党风政风长期保持下去的呼声进行了积极回应。

领导干部作风方面的种种问题，往往是积弊和顽疾，具有反复性和顽固性，抓得不紧、不实就等于白抓。健全改进作风常态化制度，关键是围绕落实中央八项规定，反对形式主义、官僚主义、享乐主义和奢靡之风，加快体制机制改革和建设，坚持经常抓、长期抓，做到善始善终、善做善成，确保作风建设成为一种常态、一种习惯、一种文化。具体要做好以下几个方面的工作：

1. 健全领导干部带头改进作风、深入基层调查研究机制，完善直接联系和服务群众制度。实现改进作风常态化，关键要看各级领导干部能否坚持带头改、带头抓。要建立健全领导干部作风建设责任制，督促领导干部带头改进作风、联系群众，坚持一级做给一级看，一级带着一级干，用做出样子代替喊破嗓子，切实发挥示范引领作用。要建立健全领导干部深入基层调查研究机制，引导领导干部自觉到群众中去，从人民群众伟大实践中汲取智慧和力量，坚持问政于民、问需于民、问计于民，认真听取群众的意见和建议，按照群众意愿改进工作，着力解决人民群众反映强烈的突出问题。要完善直接联系和服务群众制度，广泛开展干部下基层活动，帮助群众解决生产生活中的实际问题，实现干部联系群众的常态化。

2. 改革会议公文制度，着力改进会风文风。会风文风是党的工作作风的集中反映。中央政治局关于改进工作作风、密切联系群众的八项规定，明确要求精简会议活动、精简文件简报，从中央做起，带头减少会议、文件，改进会风文风。各地区各部门要按照中央的要求，进一步改革会议公文制度，坚决杜绝文山会海。要完善会议管理制度，执行财政部等三部门印发的《中央和国家机关会议费管理办法》，严格会议审批，切实减少会议活动，控制会议规模、时间、经费，提高会议效率。要改进公文制度，控制发文规格，压缩文件数量，倡导清新文风。要通过改进会风文风，引导领导干部把主要精力集中到讲求工作实效，降低行政成本，提高办会、办文和办事效率上来，不以会议落实会议、文件落实文件，坚决克服形式主义和官僚主义。

3. 健全严格公开的财务预算、核准和审计制度，着力控制"三公"经费支出和楼堂馆所建设。"三公"问题和楼堂馆所建设，管住经费是源头、是关键。要加强"三公"经费预算编制与支出管理，加强"三公"经费审批、指标控制和报销管理，稳步推进"三公"经费支出公开，严格控制和压缩"三公"经费。要严格执行中共中央办公厅、国务院办公厅《关于党政机关停止新建楼堂馆所和清理办公用房的通知》，加强对楼堂馆所建设资金的财政财务管理，严格预算审核、资金使用监督和决算审批，把好楼堂馆所建设的资金关。要健全审计监督制度，加强"三公"经费和楼堂馆所建设经费使用和支出结构、数额、比例的监管，督促被审计单位强化内部控制和财务管理，切实发挥审计"免疫系统"作用。

4. 完善选人用人专项检查和责任追究制度，着力纠正跑官要官等不正之风。从严治党，关键是从严治吏；改进作风，首先要整顿选人用人上的不正之风。要进一步严明组织人事纪律，健全干部选拔任用监督机制，实行选人用人严重违纪问题专项检查制度，加大对违规用人问题的查处力度，对跑官要官的，发现一起，查处一起。要建立"倒查"机制，按照《党政领导干部选拔任用工作责任追究办法》及相关规定，对违规失职者严格进行责任追究，坚决遏制选人用人上的不正之风。要继续深化干部人事制度改革，强化显规则，遏制潜规则，打破关系网，不断提高选人用人公信度。

5. 改革政绩考核机制，着力解决"形象工程"、"政绩工程"以及不作为、乱作为等问题。培养好作风，凝聚正能量，要注重用好政绩考核这个"指挥棒"。要坚持正确的政绩考核导向，引导领导干部坚持科学发展观，树立正确的政绩观，进一步推动作风转变。要完善政绩考核评价体系，坚决破除唯生产总值的政绩导向，把民生改善、社会进步、生态效益、作风转变等指标和实绩作为重要考核内容，从"德、能、勤、绩、廉"全方位考评领导干部，既看能力又看作风，既看发展又看基础，既看显绩又看潜绩。要健全民主考评机制，把群众满意度作为考评干部的重要标准，真正实行"问绩于民"。同时要真正用好问责制度，对不作为、乱作为行为造成恶劣影响、导致严重后果的，必须坚决追究责任。

23. 筑牢不想腐败的思想防线要抓好哪些方面？

1. 抓理想信念教育，强化精神之钙。诗哲有言："没有信仰，则没有名副其实的品行和生命；没有信仰，则没有名副其实的国土。"对于共产党人来说，理想信念是精神上的"钙"，没有理想信念，理想信念不坚定，精神上就会"缺钙"，就会得"软骨病"。与物质财富相比，理想信念是更宝贵的财富，它指引着奋斗方向，决定着不同的价值抉择。但是，在多元、多样、多变的今天，物质欲望正在侵蚀信仰的根基。一些党员干部在市场冲击和利益诱惑下心为物役、贪污腐化、价值虚无、精神空虚。我们应把开展理想信念教育作为加强党的建设和政权建设的"生命工程"，开展中国特色社会主义和中国梦教育，推动先进理论入脑入心；强化党章学习教育，强化党的意识、宗旨意识和忧患意识；推动党的理论与时俱进，增强说服力和吸引力，坚定共产主义远大理想和中国特色社会主义共同理想。

2. 抓党的优良传统和作风教育，传承革命精神。习近平总书记在视察西柏坡时深刻指出，中国革命历史是最好的营养剂。革命战争年代，约有 2000 万烈士为中国革命和建设事业献出了生命。正是先烈们的流血牺牲和不屈不挠，铸就了今天中国梦的坚实基础，铺就了民族精神最为亮丽的底色。周恩来总理曾深情地说："一想到我们死去的那些烈士，我们亲密的战友们，就有使不完的劲，要加倍地努力工作，全心全意地为人民服务。"我们应大力开展党的优良传统和作风教育，以革命前辈的英雄事迹和崇高精神激励后人；深入宣传八项规定精神，增强领导干部反对"四风"的自觉性和坚定性；加强党性教育和党性锻炼，促使党员干部把对群众的真挚情感内化为勤政廉政的精神动力。

3. 抓廉洁从政教育，培养清廉品质。在和平时期，如果说有什么东西能够对党造成致命伤害的话，腐败就是很突出的一个。廉洁从政，从大处说，是为了保持党和国家肌体健康和事业兴旺发达；从小处说，则是为了保证领导干部实现个人理想和抱负。王岐山同志指出，查处党员领导干部违纪违法，对党组织的伤害远大于其个人付出的代价。领导干部抵制腐败，既是对个人和家庭的负责，更是对组织的负责。古人说，"志正则众邪不生"。要加强廉洁从政教育，帮助领导干部认清腐败的危害，强化自律意识；运用勤廉兼优先进典型开展正面教育，引导党员干部学习先进、见贤思齐；加大典型腐败案件的警示、剖析和通报力度，教育领导干部防微杜渐、警钟长鸣。

4. 抓反腐倡廉法规制度教育，增强法治意识。反腐倡廉法规制度，犹如一道高压线，走错踩线，就会陷入腐败的深渊。实践证明，一些领导干部之所以贪污腐化，一个重要原因就是法规制度意识淡薄，情比法大、权比法重的思维根深蒂固，在违纪违法的道路上一错再错、越走越远，最终受到党纪国法的严惩。因此，我们应始终重视、认真开展反腐倡廉法规制度教育，通过开展领导干部任职前廉政法规知识测试、举行知识竞赛等方式，结合典型案例剖析，使他们熟知制度内容、强化制度意识、增强制度约束。

5. 抓道德修养教育，提升思想境界。孟德斯鸠说："道德是最高的法。"道德高尚是领导干部清正廉洁的基础。习近平总书记强调，德是为官之魂。要坚持用共产党人的道德观和社会主义荣辱观教育干部，引导他们培养良好的生活作风和健康的生活情趣，模范遵守社会公德、职业道德、家庭美德和个人品德。当前，领导干部队伍道德修养总体上是好的，但是一些领导干部失德失范问题仍然比较严重，损害了党的形象。领导干部应把加强道德修养作为人生的重要一课，经常修、长期修；应深入挖掘优秀传统文化，借鉴古今中外道德楷模，教育党员干部做高尚的人、当清廉的官；加强正反典型教育，在正反对比中获得人生的正确启示。

24. 为了避免犯罪应当如何提高自我控制能力？

自我意识中的自我控制能力，主要表现在自觉性上。发展自我控制能力应以促进人们的自觉性、坚持性和自制力为中心内容。具体说来，应做好以下工作：

1. 促使人们形成合理的需要和远大的理想，以及对自己选定的奋斗目标锲而不舍的精神。每个人都有自己的人生目标，即使是最低限度地生存下去也同样是一个目标。没有目标的社会人几乎是不存在的。犯罪人也有自己的目标，也许这个目标还是很正当的，比如过上衣食无忧的日子等。但是这个目标的实现需要正当途径，公务员不能以通过贪污受贿来致富为目标，要投入到为人民服务当中去满足自己的成就感，实现自己的人生价值；企业不能生产假冒伪劣产品营利，要树立品牌意识，创立百年事业；普通公民致富需要艰苦劳动，不能靠抢劫、盗窃等。

2. 提高个体在实践中经常进行自我监督、自我反省、自我强化、自我批评、自我调节等自我控制方面的能力。个体在生活中参与各种社会活动的，有些社会活动是对个人的发展不利的。在实施完毕一些重要的社会活动时，个人应当进行反省。对自己做的有益的事情应当继续加强，对正确的方式方法，应该坚持；对做的无益的事情应该进行自我批评，避免再次实施。曾子云，"吾日三省吾身"。古代贤人君子每天都常反省自我，努力使自己的言行完美。现代人也应当在紧张的生活中抽出时间反省，通过不断改进行为方式，实现自我完善，避免迷失自我。只有不断反省自己的错误，改正缺点，才能成为有益于社会的人，才不至于实施违法犯罪行为。

3. 形成良好的工作、学习和生活习惯，增强适应生活的能力。现代社会生活节奏紧张，如果没有良好习惯，很难在肉体和精神上适应逐渐增加的压力。社会成员在工作中，应当认真负责的完成任务，保证在规定时间内做到最优。在学习上，个体应不断充实自己的知识和才能，以适应知识爆炸的社会。面对日益更新的知识和技术，只有形成良好的学习习惯，才能胜任现代工作的需要。个体在生活中，要养成良好的作息习惯。因为有规律的生活能使大脑和神经系统的兴奋和抑制交替进行，如果能够持之以恒，则可以在大脑皮层形成定型，有利于促进身心健康，防治过度劳累紧张而可能实施违法犯罪行为或者自我伤害行为。

4. 加强意志品质的锻炼。包括自觉性、果断性、自制性和坚韧性等几方面。意志的外在稳定性越高，意志对人的行为的控制约束力就越持久，人就会表现出顽强的毅力和持久的耐心。为了减少犯罪，需要增强自我控制能力，每个人都要不断锤炼自己的意志品质，拒绝不良生活方式的诱惑，坚定不移地用正确的方式实现自己的人生理想。

25. 自觉提高道德水平与预防犯罪有什么关系？

道德，包括个人的道德意识（认识、情感、意志、信念）和道德行为（言行、行动和习惯），其目的在于使个人能够自觉地遵循社会道德体系的要求，更好地履行个人的社会义务，并不断地提升个人的人生境界。古今中外的伦理家都十分强调道德的修养。道德修养的主要环节与道德品质的结构和道德教育的过程有一定的一致性，可以概括为"知"、"情"、"意"、"信"、"行"五个方面。

所谓"知"，即道德认识，是佛人们对于客观存在的道德关系以及处理这种关系的道德原则规范的认识，包括道德概念的形成和道德判断力的提高。确立正确的道德认识，是加强道德修养的前提。

所谓"情"，即道德情感，是指人们对现实生活中的道德关系和行为所产生的情绪反应，是在"知"的基础上产生，并往往会直接影响人们的行为取向。

所谓"意"，即道德意志，是指人们在履行道德义务中，自觉克服一切困难和障碍而作出行为抉择的努力和持之以恒的精神。

所谓"信"，即道德信念，是指人们对某一道德的深刻而有根据的真诚信服及由此产生的对该道德义务的强烈的责任感。确立这个"信"，是道德修养的核心。

所谓"行"，即习惯化了的道德行为，是指人们由于自身的道德修养，使其自觉遵守道德原则和规范并成为一种日常的行为习惯。可见这个"行"，是道德修养的归宿。道德修养的目标涵盖而较广，大而言之，包括怎样做一个忠诚的爱国主义者，做一个乐于奉献的集体主义者，做一个有理想的社会主义建设者，做一个中华民族优秀传统的继承者；小而言之，包括怎么做一个模范遵守社会公德、家庭美德、职业道德的合格公民，等等。

提高道德修养有一些基本的要求，比如社会公德方面，要做到文明礼貌、助人为乐、爱护公物、保护环境、遵纪守法。职业道德方面做到爱岗敬业、诚实守信、办事公道、服务群众、奉献社会。家庭美德方面做到尊老爱幼、男女平等、夫妻和睦、勤俭持家、邻里团结等。

提高道德修养和水平才能减少不道德行为，而减少不道德行为才能减少违法乃至防治犯罪。因为法律是道德的底线，道德的标准应当比法律的标准要高。所以，职工平时注意道德的学习和修养，自觉不去做不道德的事情，就可以做到不越法律底线，不触犯罪红线。

26. 自觉抵制不良文化与预防犯罪有什么关系？

随着国际文化交流的扩大，现实生活中出现文化多元化。其消极影响是冲击了集体主义观念，使人们过分注重个人目标的追求，权利观念和价值判断的标准混乱，追求极端的民主自由，导致无政府主义思潮的泛滥。一些人对消极思想不加考虑地接受，极端个人主义、享乐主义、拜金主义、帮派主义等在部分人头脑中占据主要地位。如不能对这些观念进行正确的引导和教育，就会使他们在思想和行为上脱离现行的社会规范和行为准则，甚至背离法律的要求，直接导致犯罪行为。

一些文化价值不高、内容荒诞离奇甚至淫秽下流的音像、书刊通过流通领域进入市场，披上了合法的外衣，从而造成人们思想混乱，给违法犯罪行为的产生埋下种子。大众传播媒介的商业性，导致了不健康的内容泛滥。大众传播媒介表现手法的宣泄性，诱发了许多消极情绪的发泄。一些电影、电视、书刊等在性欲、物欲、占有欲和攻击性宣泄上大做文章，对人们的心理产生了极其混乱的消极影响。

鉴于现在文化传播中存在的上述种种问题，极易诱发一部分人走上犯罪的道路，这就迫切需要职工朋友们提高警惕，增强对不良文化的识别能力，远离不良文化的影响，保护自己人生的轨迹不至于因此发生偏离。

27. 职工是否应当算算犯罪的"经济账"？

许多职工犯罪都是贪利型、渐进型犯罪，如贪污、盗窃，在犯罪初始阶段，也就是在有犯罪起意时，犯罪人都会算一笔经济账，即风险有多大，收益有多少，也就是说值不值"做"，在当前经济社会中往往道德思想的力量不如经济的力量的情况下，这样算账应属正常。我们看到，犯罪分子被政法机关和行政机关惩罚后，无不后悔，他们认为太不值得，提心吊胆倒落了个人财两空。说到底，是他们算错了账，并且只算小账不算大账。"犯罪要冒哪些风险，值不值?"职工在犯罪前要算清楚三笔账：

1. 要算精神风险账。贪污公款时要挖空心思算计如何不留痕迹，如何对付查账，一旦公款到手，窃喜之后又恐被人揭发，终日难安，听说有人举报更惶惶不可终日。如此度日，怎能不华发早生疾病染身。这种精神上的付出，用金钱来计算该有多少。如果他还有良知，那种内心的谴责又如何用金钱来计算。盗窃犯罪也是如此。

2. 要算经济风险账。铁路职工的收入在很多地区都是比较高的，月收入一般都有几千元，还有一些福利待遇，应该是不错的。按现在工资增长情况，一个30岁左右的工人到退休时总共可以拿数10万元以上，社会福利待遇还不包括在内，这是一笔巨大的稳定财产。如果犯罪，这一切将打水漂，更何况还有牢狱之灾相伴，值还是不值。

3. 要算家庭风险账。犯罪的恶果并不是罪犯本人独自承担，他的妻子、儿女、父、母亲属都受影响，在世人面前抬不起头来。有多少犯罪分子的父母饮恨身亡，有多少犯罪分子的子女流落街头，其情其景谁愿看到! 这种对家庭和亲属的伤害是无法用金钱来衡量的。

28. 单位和个人应采取哪些措施以减少对犯罪的诱发?

1. 预防盗窃可以采取以下主要措施：（1）社会防范措施。加强财务管理，妥善保管国家和集体的财产；对广大群众进行防盗教育，克服麻痹大意的思想，提高防被盗的警惕性，加强工作责任心；加强民宅、仓库、货物、车站、码头、公共场所的治安防范工作和安全保卫工作，不给盗窃者有可乘之机；安装防盗设备等。（2）具体防范措施。门窗要安装坚固而不易打开的安全设备；企事业单位要加强门卫值班制度，不要让陌生人、乞讨者、流动售货者进入单位和个人住宅；以免盗贼窥探情况，趁人不备而行窃；街道、商店和公共场所及货物仓库周围要有充分的照明设备，商店的贵重物品要摆在柜台内，单位和个人的贵重物品要放置在最安全的地方，以免疏忽而被盗；外出购物、买票和出差旅行，不要让他人窥见现金及放置的地方，去银行存款、取款时最好自备交通工具，不要拥挤于公共汽车上。

2. 避免被伤害甚至杀害的主要措施有：（1）不要与行为有劣迹、品质、性情暴怒和性格有异常的人接触和发生冲突。（2）与他人发生冲突或纠纷时，尽量使用和缓的语言和正确的手段加以处理，避免矛盾激化。（3）避免和他人结怨。（4）家庭与邻里之间以和为贵，避免用恶语伤人，遇事要理智不要感情用事。（5）正确处理夫妻关系和家庭矛盾，用法律手段和道德手段处理纠纷，不损害他人利益，不暴力干涉婚姻自由，不专横霸道，以免激化纠纷和被伤害。（6）受到暴力侵害时立即采取灵活的应急措施。如果自己有力量制止犯罪，就应当采取有力措施；如果无力制止犯罪时，应采取和缓手段，尽量不要进一步刺激加害者，以减少被害程度；事后立即报案，制裁犯罪者。

3. 预防被性犯罪侵害的防范措施主要有：（1）女性不宜单独在偏僻无人之处行走，夜间不要单独外出。如果单独外出要乘车，或在灯光亮处行走。（2）结交男友要有选择，不要与行为不轨者交往，在公众场合遇到可疑者设法避开。（3）化妆、服饰要有分寸，不要过分暴露，以免引起他人注意或刺激他人性欲。（4）遇到陌生人纠缠和诱骗，当即摆脱或求人帮助，或采取其他自我保护措施。（5）家长对少女要严加管教，不让其单独出没于公共场所，或在外长时间的停留。如果单独在家，要锁好门窗，不要随便接受别人的礼物，以免受坏人引诱。（6）在受到加害者使用暴力威胁的场合，应冷静机智并采取必要措施。如果遇害应记清加害者的相貌特征，及时报警。（7）公安民政部门要加强对盲目流入城市的女青少年的保护、收容和遣送工作，以免他们因生活无着而受诱惑和被欺骗上当。

4. 防止被诈骗的主要措施有：（1）与不认识的人进行经济往来，一定要先查明他的真实身份、工作单位以及经营状况，签订经济合同必须依法办理，不弄虚作假、草率行事；经济交往中要提高警惕，小心上当。（2）不要贪图不义之财，购买私人物品必须首先查清真伪，以免上当。（3）不要对陌生人轻易交付现金及物品等。

29. 家庭监督对于预防腐败有何益处？

恩格斯指出："人创造环境，同样，环境也创造人。"影响和改造人有多方面的因素和环境，而家庭这个小环境对每一个人乃至整个社会的影响都有着不容忽视、不可替代的重要作用。因此，预防腐败应从家庭监督开始。

1. 家庭监督对预防腐败的利害关系最直接。每一个人，在家庭中或为人子女，或为人父母，正是由于有着血缘和婚姻这种特殊关系，每个家庭自然成为休戚与共的有机整体，一荣俱荣、一损俱损。对于领导干部来讲，其家庭的荣辱、幸福和希望都与领导干部的仕途有着不容置疑的关联。领导干部大多是一个家庭中最大的希望，领导干部的荣升往往给一个家庭带来诸多的荣耀。反之，一旦领导干部因腐败落马，每个家庭成员都将遭受巨大的感情创伤、经济损失、心理折磨和道义指责，毁掉的是家庭中每个人的幸福生活和美好前程。如果每个家庭成员都能切实认识到其中的利害，就会积极主动、自觉认真地对领导干部实施监督。

2. 家庭监督对预防腐败的重大意义最现实。领导干部与家庭成员朝夕相处，日日相伴，彼此间可亲、可信并长期共同生活。在家庭中，领导干部任何工作生活上的细小变化都可能暴露在家庭成员面前。如果家庭监督严格了，家庭成员就会提出及时、具体的警示，达到"关口前移"的效果，这既是对领导干部的支持、爱护和帮助，也是对家庭和家人的保护；相反，如果不严格监督，甚至是祖护、包庇和纵容领导干部的腐败，只能增大腐败后果、加速毁灭进程，这是对其家人和自己前途命运的极度不负责。

3. 家庭监督对预防腐败的作用发挥最有效。家庭成员间彼此最熟悉、最了解、最信任，领导干部工作生活中的丝毫变化都逃不过家人的眼睛，只要稍微具备一点敏感意识，就能做到提前发现，防患于未然。作为家人，无论是八小时以外活动还是交往应酬，无论是情趣爱好还是消费收益，都要关心关注，只要发现异常迹象和异样变化，就应跟进了解情况，适时进行提醒警示；尤其是来路不明的钱物，一定要搞清缘由，对不合规、不合法的要坚决拒收，并不失时机地与领导干部交心谈心。这种来自父母的谆谆教导、家属的绵绵枕语和子女的亲情提醒，既容易让人接受，又便于监督整改，使预防的功效更真实、更有效。对拒不悔改、我行我素的，该制止的制止、该报告的报告，及时悬崖勒马，防止越陷越深，以达到果断出手挽救亲人和家庭的目的。

30. 40 岁官员应警惕哪些扭曲心态？

40 岁本是成就事业的黄金年龄，是实现人生理想和展示人生价值的关键时期，但这个阶段也常被称为人生的"危险期"。已届不惑之年，一些官员却经不起各种诱惑，走向犯罪的深渊。据某些地区统计，在职务犯罪的人当中，40 岁左右者占相当比例，并有逐年上升趋势。而这些贪官普遍存在以下几种犯罪心态：

1. "原始积累"的敛财心态。40 岁贪官大都具有两面性，一方面渐渐暴露出贪婪的本性，另一方面又要千方百计掩饰其贪婪。他们表面清正廉洁，骨子里却千方百计捞取政治资本，想方设法谋取或保住官职，一旦有机会就不择手段大肆敛财，进行资本的"原始积累"。该院 2010 年查办的某镇原党委书记熊某、原副镇长吴某等 4 人受贿窝案就是这样一起典型的案例。熊某工作一向勤奋，作风务实，深得上级领导的赏识和同事的信任，他从一个边远小镇调到全区最大的镇担任"一把手"。就是这样一位很有培养前途的领导干部，却因一时之贪念而前功尽弃。当贪欲膨胀到顶点时，他手中的权力就变成以权谋私、积累原始资本的敛财工具。在镇里，公路建设、土地开发、新城建设、债务清偿等大小事情都是他一人说了算，补助资金的发放和工程款的划拨等，他不点头就办不成，渐渐地熊某成了"雁过拔毛"或"不送钱不办事"的领导。在不到一年时间内，他先后10次收受贿赂12.5万元。

2. 盲目攀比的失衡心态。一些40岁左右的干部，既缺乏艰苦生活的磨炼，又对改革开放中出现的新情况缺乏足够的思想认识和充分的心理准备。面对形形色色的诱惑，意志薄弱者则显得心情浮躁，往往难挡其诱惑，他们与"大款"攀比，总感觉自惭形秽而心理失衡。在他们看来，自己学历不比别人低，能力不比别人差，努力不比别人少，而收入差别却很大。为求心理平衡，他们不惜铤而走险，以身试法。如某区委党校信息处原副主任张某平时非常讲究打扮，又喜欢打麻将，仅靠个人工资收入远远不能满足这些嗜好，于是就大起胆子将黑手伸向公款。张某与会计林某合谋，将掌管的学校行政经费通过不法手段套出，先后作案600多次，两人将72万余元分赃后，基本都用于个人高消费或在麻将桌上输掉。

3. 追求刺激的暴富心态。少数年轻干部随着职位和地位的变迁，追求和爱好也发生了变化，有的陶醉于与朋友打牌赌博，有的忙于应酬喝酒取乐，有的追求刺激沉湎于酒色，有的参与炒股或买彩票幻想一夜暴富。某街道办事处原副主任周某平时喜欢打"大牌"，搞点带有刺激性的活动，但又感觉手头很紧，于是利用工作之便寻求"找钱"机会。在负责协调处理辖区某输水管道泄漏纠纷时，为使受损方多得"利益"，也为了谋取个人"好处"，他竭力"说服"燃气办及相关领导，最终争取赔偿了19.8万元。事成之后，他将受损方送来的好处费5.5万元收下，并全部用于个人赌博输掉。区建委计财科原科长张某平时有买彩票想暴富的嗜好，但自己工资收入有限，暴富的心态驱使他把黑手伸向公款。他拼命购买体育彩票和福利彩票，先后挪用单位公款102万余元，其中96万余元用于购买彩票，仅中奖6313元，最终"中彩"发财梦破灭，等待他的却是11年的铁窗生涯。

4. 权力寻租的利己心态。40岁左右的干部大多事业有成，在机关或乡镇都享有一官半职，他们手中握有一定实权，也深谙"权力寻租"之道，一旦私欲膨胀，一心只为"利己"，必然将手中的权力四处寻租，大搞以权谋私，捞取个人好处。如某县广播电视局原局长汪某利用组织实施广播电视"村村通"工程的"拍板"权谋取私利，先后接受工程老板送来的"关照费"、"感谢费"30余万元；又如该区社会保险局原副局长冉某、原副局长周某、某街道医保办原主任周某等4人相互串通，利用企业单位职工办理社会保险管理权，为谋取个人好处而对申报的办保资格不严格审查，为多家企业不符合参保条件的人员养老保险开"绿灯"，冉某、周某非法收受他人送来的好处费25万余元和2万余元，周某因与企业老板勾结多次成功实施骗办社保而收"感谢费"10万余元。

5. "靠山吃山"的贪婪心态。有的年轻干部嫌当公务员钱少，总埋怨待遇差，在贪欲的驱使下，为了个人发财"致富"，动起了"靠山吃山"、"靠水吃水"的邪念，千方百计利用手中的权力，不惜损公肥私捞钱，此种心态尤为普遍。如某区林业局原副局长李某、造林科原副科长曾某、白土林场原场长文某等8人受贿窝案中，李某等人采取虚报造林项目、投资入股经营树苗赢利、虚增供苗工程量、虚增超面积种植苗木计划等不法手段，骗取森林工程建设专项补助资金，收受他人好处费，致使国家财产蒙受严重损失。文某还与苗木老板、造林科原科长等勾结，靠林吃林，将国家给予某乡镇的荒山造林补助资金98万元套取后转入个人账户，并以各种名义随意支付和私分国有资产，最终都受到了法律应有惩罚。又如某区农业局土肥站原站长兼三峡库区周边绿化带基本农田建设项目办公室原主任谭某，办公室原副主任陈某，利用负责工程规划设计、质量检查、工程验收等职务便利，靠农吃农，陈某收受工程老板贿赂12万余元，被判处有期徒刑5年6个月，谭某也因滥用职权造成国家专项资金70余万元损失而自毁前途，不仅自己身败名裂，而且在干部群众中造成了恶劣影响。

6. 知法犯法的侥幸心态。近年来，司法机关和行政执法机关的干部犯罪时有发生，他们缺乏政治敏锐性，往往自认为熟悉政策法规，知法懂法，放松政治学习和思想改造，在大是大非面前迷失方向；有的心存侥幸，妄自尊大，财迷心窍，明知是违法犯罪却一意孤行，最终未能逃脱法网。公安民警李某与区看守所民警刘某等6人身为司法机关人员，明知3名强奸案犯应依法予以打击，却为徇私情与案犯的亲属合谋，故意将强奸案降为嫖娼案处理，企图使犯罪分子逃避法律应有惩罚，最终自己却受到了法律的惩罚。

31. 为免于贪腐应谨防哪三种不良心理？

某地税局计划财务处副处长彭某，涉嫌4年间3次收受贿赂187万元被查处。其在法庭最后陈述中说，一是心理不平衡，二是不学法、不知法、不懂法。早知判刑10年，打死我也不收钱。

综观彭某贪腐案件，不难发现三种不良心理，这也是其他贪官们的普遍心理，害人不浅，尤当警惕。

1. 从众心理。彭某三次收受4公司187万元，竟然在法庭上称："收工程款1/3利润是惯例"。正是因为这种"惯例"思维：大家都如此，我又何须例外？"不收白不收，收了也白收"，使他们失去警觉性和防范心理，收得心安理得，用得放心大胆。有一必有二，有二还有三，惯性使然，一发不可收拾，不知不觉，最终酿成大祸患。

有的干部意志不够坚定，原则性不强，很容易被社会上的不良风气感染；有的认为腐败是一种社会现象，自己太清廉了，别人会说"不和群"、"假清高"；还有的人认为收点回扣、拿点好处是"流行做法"，丧失了是非观念，丧失了为官准则。党员干部岂可放弃党性原则、突破法纪底线？从众心理要不得，切莫再学彭某。

2. 补偿心理。诚如彭某所言，自己有贪念，看到很多人轻轻松松赚大钱，心理不平衡，言外之意：我一名研究生，处级干部，何必这么受穷，比我能力差得远的同学朋友都富了，要将"损失"的补回来。

有些干部一味与大款、富翁攀比生活享乐，看到人家坐高级轿车、住豪华别墅，心理极度不平衡，认为自己学历不比别人低，能力不比别人差，而收入却与别人差得太远，导致心理严重失衡，心中的拒腐防线很容易崩溃。于是"有权不使，过期作废"的念头便挥之不去，权力"变现"的冲动便会时时鼓捣自己，千方百计进行权力寻租，通过工程招投标、政府采购等收受贿赂也就顺理成章。很多贪官都是在这种失衡补偿心理下造就的。党员干部，特别是大权在握的领导干部，更须警惕。

3. 侥幸心理。彭某曾在法庭告白："早知判10年打死不收钱。"表面看，言为心声、"实话实说"，其实不然，拿"不学法、不知法、不懂法"为搪塞理由，只能徒增笑料而已。作为一个受党教育多年的副处级干部，哪有不知道受贿会犯法的道理，平均一次收受60多万元！关键还是一种侥幸心理作俑：那么多人都没出问题，咋会偏偏栽在我头上？

一些违纪违法者错误地认为"腐败不一定会被揭露，被查处的只是少数人"，有的自以为行为隐蔽、方法巧妙、手段高明，天知地知，你知我知；有的认为自己身份特殊，保护伞厚，关系网广，即使败露，也能轻易过关。正是这种侥幸心理，自以为搞的是单线联系、受贿是私下交易，使贪官们视法纪为儿戏，敢于收受金钱、财物、美色，铸就贪腐人生路，锒铛入狱后悔迟。

可他们忘了，除了"你知，我知"，还有"天知，地知"。"天网恢恢，疏而不漏"、"要想人不知，除非己莫为"、"手莫伸，伸手必被捉"、"久走夜路必撞鬼"等警句谚语，党员干部当牢牢谨记。违纪犯法却又想侥幸过关，只能是做白日梦。

32. 官员为何"不知不觉"成了巨贪？

细察时下的一些腐败案例，笔者发现一种现象：有的官员对于不法分子的行贿来者不拒，几年下来不知不觉成了收受贿赂百万、千万乃至亿万的巨贪，到这时再想悬崖勒马、痛改前非，为时已晚。

回顾许多官员从不贪到小贪、从小贪到大贪的演变过程，有以下五点警示：

1. 坚定立场，是防止官员"不知不觉"成巨贪的先决条件。现在官场"潜意识"所向披靡，穿透力极强，如"腐败人人有，谁有都不丑"、"有权不用，过期作废"、"帮你做了事，就得感谢我"，等等。在一些地方谬论讲了一百遍就成了真理，有的官员不仅传播，而且效仿，对此深信不疑。安徽某县原县委书记认为，下级主动给上级送"礼"，一个愿打一个愿挨，绝对算不上受贿，直到案情败露仍然振振有词，执迷不悟。此案提醒党员干部任何时候都要站稳政治立场，坚持用大道理管住、管好小道理，"任凭东南西北风，始终稳坐钓鱼台"，使自己立于不败之地。

2. 慎重交友，是防止官员"不知不觉"成巨贪的重要准则。在一些腐败官员眼里，世界上只有"铁哥们"最贴心、最卖力、最保险，对于他们送钱、送物，总是来者不拒，而对其他行贿者则是慎之又慎，百倍警惕，自以为如此就能高枕无忧、万无一失。但这些官员往往只看到自己权有势时的一面，而没有看到贪情败露时的另一面。据江西省检察院统计，该省贪官"落马"中有41%是因"铁哥们"或是主动举报，或是明哲保身，或是反戈一击，使其原形毕露。俗话说，树倒猢狲散。"铁哥们"正是依附腐败官员这棵"大树"成活的猢狲，稍有风吹草动，他们便会分崩离析，四处逃窜，留给人的只能是一身难以抹掉的臊气。

3. 防微杜渐，是防止官员"不知不觉"成巨贪的护身之法。有的官员平时对于"吃一点、拿一点、要一点"不以为然，认为是小事一桩，无碍大节。正是在这种"大恶知忌避，小害不在意"的思想支配下，一些官员对于"小腐"习以为常，见怪不怪，逢年过节收"禧礼"、子女嫁娶收"红礼"、生日寿辰收"寿礼"，多多宜善，乐此不疲。安徽省某市原市长肖某就是靠这些不起眼的"小打小闹"发家致富，聚敛起数千万元的家产，最终成为贪得无厌的"巨贪"。"勿以恶小而为之，勿以善小而不为"，这一警句对于那些自律意识薄弱的人，依然具有重要的现实意义，若是再不醒悟，积少成多，积重难返，也就真的后悔莫及了。

4. 加强监督，是防止官员"不知不觉"成巨贪的可靠保证。现在许多地方都强调监督的重要性，但落实到一些具体部门、单位却仍然是"上级监督下级太远，下级监督上级太难，同级监督同级太软，组织监督时间太短，纪委监督为时太晚"。其实，对于监督工作，各级党组织在执政实践中已经总结、积累了丰富的经验和做法，如：民主评议、责任追究、日常考核、述职述廉、诚勉谈话和经济审计等，当务之急是要付诸行动，贯彻实施。有的单位把监督喊得振天响，就是没有落实到具体行动，致使有的官员已经成了腐败分子却浑然不知，依然我行我素。这样的教训一定要吸取。

5. 加强改造，是防止官员"不知不觉"成巨贪的思想基础。廉洁与贪婪既是水火不相容的，又是可以互相转化的。有的官员世界观发生了倾斜，随之而来的是抵御腐败的能力减弱，进而被糖衣炮弹击倒的危险系数增大。安徽王某忠、王某耀，为什么会从副书记、副省长的高位上迅速变为贪得无厌的巨贪，一个根本原因就是理想、信念发生蜕化。牢固树立马克思主义的世界观、人生观、价值观以及正确的权力观、地位观、利益观，对于党员干部来说是十分迫切、必须与重要的。只有把思想政治基础夯实了，当糖衣炮弹袭来的时候，就能知所趋、知所避、知所守，"拒腐蚀、永不沾"，坚守共产党人的精神家园。

33. 预防职务犯罪有哪些发人深省的格言警句？

1. 名利好似无底洞，劝君莫做洞中人。
2. 今朝贪得一时惠，他日落得半世悔。
3. 敬一身正气耻蝇营狗苟，宁两袖清风忌追名逐利。
4. 立足党纪国法，心系平民百姓。
5. 心似明镜，德若兰馨。
6. 功不在高，有德则馨。
7. 贪墨不法，民必除之。
8. 党洁政廉，江山永固。
9. 海晏河清，神州升平。
10. 腐亡廉兴，匹夫有责。
11. 志除腐败，方显我党本色。
12. 反腐亦倡廉，长治必久安。
13. 当官不爱才，不如早下台；当官若爱财，尽早要下台。
14. 反腐倡廉，激浊扬清，共创廉洁社会。
15. 弘扬正气，鞭挞腐败，同创廉洁社会。
16. 贪权是腐败之源，公心乃廉政之基。
17. 旗帜鲜明反腐败，理直气壮促发展。
18. 廉洁自律，才能永有"保护伞"；防微杜渐，才能永立"安全岛"。
19. 廉洁奉公，家事国事皆为心头事；贪污受贿，风声雨声都是警笛声。
20. 两袖清风，心地安然何有敲门之惊；一身正气，胸怀坦荡自无指脊之虑。
21. 牢记宗旨，就能替百姓说话一身正气；甘当公仆，才会为群众办事两袖清风。
22. 用权当如履薄冰，不慎乃殃；纵欲似饮鸩止渴，无节则殇。

23. 权大不忘责任重，位高不移公仆心。

24. 为政重在廉，做人重在诚，说话重在信，办事重在实。

25. 廉，取所当取，不义之财分文不取；公，用所当用，人民权利决不滥用。

26. 勿以官小而不廉，勿以事小而不勤，勿以善小而不为，勿以恶小而为之。

27. 金杯银杯不如老百姓口碑，金奖银奖不如老百姓夸奖。

28. 常修从政之德，常怀律己之心，常戒非分之想，常思贪欲之害。

29. 廉洁则流芳百世，贪婪则遗臭万年。

30. 富贵一时，名节千古；名节重于泰山，利欲轻于鸿毛；富以苟不如贫以誉，生以辱不如死以荣。

31. 静以修身，俭以养德，淡泊以明志，宁静而致远。

32. 为人的最大祸患在于追求浮名、私利和权令，从而使人丧失正常的理智与聪颖。

33. 秉公执法不徇私情，为民办事不求虚名；公正无私自然廉明，徇私偏袒必定糊涂。

34. 不义而富贵，于我如浮云；知足而不贪，知节而不淫。

35. 个人名利淡如水，反腐倡廉重如山。

36. 不以穷变节，不以贱易志；顾行而忘利，守节而仗义。

37. 勤俭是美德，侈奢乃邪恶；由俭入奢易，从奢至俭难。

38. 切莫贪，贪得无厌必遭牢狱之灾。

39. 位高权重，莫忘权为民所用；权钱交易，切记正入鬼门关。

40. 淡泊名利，洁身自好；清廉自守，励精图治。

41. 干干净净做官，安安心心做人。

42. 干净干事，全家幸福。

43. 收受不义财物之时，葬送全家幸福之始。

44. 贪婪是事业的坟墓，腐败是人生的悲剧。

45. 平静的良心能在雷声中入睡，而安宁和负罪则无法毗邻。

46. 一个"廉"字值千金，一个"腐"字臭万年。

47. 反腐功在当代，倡廉利在千秋。

48. 做人旨在问心无愧，做官贵在清正廉洁。

49. 制度制约权力，遏制腐败；权力蔑视制度，导致腐败。

50. 无"事"一身轻松，有"事"寝食难安。

51. 为私者，心无足，必将一无所有；为公者，心无足，必将拥有无限。

52. 以"己"字为圆心，以"贪"字为半径，画出的是"私"字小圈；以"众"字为坐标，以"廉"字为尺度，画出的是畅通无阻的光明大道。

53. 民主的权力是百姓之福，独裁的权力是百姓之祸，正确的权力是百姓之利，扭曲的权力是百姓之灾，公正廉洁的权力处处生威，失去监督的权力必然产生腐败。

54. 钱可以买到房子，但买不到家；钱可以买到美食，但买不到胃口；钱可以买到床，但买不到睡眠；钱可以买到享乐，但买不到愉快；钱可以买到书籍，但买不到智慧；钱可以买到权势，但买不到威望；钱可以买到服从，但买不到忠信；钱可以买到"小人之心"，但买不到"君子之诚"。由此可见，钱不是万能的。

55. 腐者，官员鱼肉人民也；败者，贝字旁边做文章。

56. 领导干部只有躬身实践全心全意为人民服务的宗旨，莫取不义之财，才能抵制腐败。培育高尚官德是领导干部清正廉洁的重要因素，自觉接受监督是领导干部拒腐防变的根本途径。

57. 人心如秤称量谁轻谁重，民意似镜照出孰贪孰廉。

58. 做人德为本，做事民为先，做官法为上。

59. 做人不失德，从政不失勤，为官不失廉，为首不失严。

60. 为官之廉尤如棋中之帅，廉不存，何以立身；帅不保，全盘皆输。

61. 宁以清风扬正气，勿将名利贱折腰。

62. 人在天地间，脚踏苍茫地，头顶青白天，一撇写清廉，一捺书公正，两肩担道义，双手托乾坤。

63. 宁可勤中取，不可贪中求；守法朝朝乐，违法日日忧。

64. 明道德以固本，重修养以强魂；知廉耻以净心，祛贪欲以守节。

65. 家庭应该是廉政的港湾，而不应该成为腐败的漩涡。

66. 吃一点，喝一点，占一点，贪一点，点点滴滴是深渊；不留情，不给面，拒腐蚀，永不沾，清清白白在人间。

67. 贤内助，助夫兴国荫及后代；贪内助，害夫害国殃及子女。

68. 廉洁方能聚人，律己方能服人，身正方能带人，无私方能感人。

69. 廉洁自律是人生唯一不亏本的投资。

70. 君子安不忘危，存不忘亡，治不忘乱，是以身安而国家可保也。

71. 看看基层的实情，听听职工的呼声，摸摸自己的良心，查查自己的言行。

72. 不要听他说得多好，要看他为人民奉献了多少；不要看他胸口挂了多少奖章，听听百姓对他的衡量。

73. 一失足成千古恨，再回首已百年身。

74. 一点清油污白衣，斑斑驳驳使人疑。纵绕洗遍千江水，争似当初不污。

75. 廉树威，贪失信，廉兴国，贪失家。

76. 诚信做人，清白为官，踏实做事。

77. 不怕法律无情，就怕自身不清。

78. 立志言为本，修身行为先。

79. 骥走崖边须勒缰，人至官位要缚心。

80. 欲虽不可去，求应有所节。

81. 廉洁自律绷紧弦，拒腐防变勿思贪。

82. 清正廉洁官本分，执政为民党根基。

83. 一心为公是政理，贪权谋私有祸根。

84. 修身养性心如玉，纵欲贪色形成魔。

85. 心中常念人民苦，身边牢筑防腐墙。

86. 憎贪官、戒贪心、思贪害，拒腐不贪；分民忧、解民愁、保民安，执政为民。

87. 慎始勿被蝇头小利所惑；慎终勿让正气名节不保。

88. 手莫长，心莫贪，尽职尽责做好官。

89. 清廉是进步的阶梯，腐败是灭亡的快车。

90. 人生最大的财富不是腰缠万贯，也不是拥有国姿天香，而是拥有一个身心健康的体魄。

91. 索贿受贿，贪赃枉法，只是一时的风光，但他的代价却是一生牢狱生涯。

92. 放私欲、财欲，损国害己；抓党纪、政纪，严惩腐败。

93. 坚持和发扬党的优良传统廉洁从政。

94. 教育和惩戒腐败违纪行为利国为民。

95. 自重、自省、自警、自律方能走端行正；慎独、慎微、慎权、慎欲勤为干事创业。

96. 一失足成千古恨，贪小便宜吃大亏。

97. 廉洁自守能提升生命价值，放纵私欲是自毁锦绣人生。

98. 如果你失去了金钱，则失之甚少；如果你失去了自由，就失去了一切。

99. 慎言慎行一身正气，清正廉洁两袖清风。

100. 职权对廉洁者是一把人生的拐杖，对贪婪者是一把自刎的利剑。

34. 如何有效维护心理健康，避免因心理不健康而导致的犯罪行为？

开展心理卫生工作，是维护心理健康、培养健全人格的重要途径，也是犯罪心理预防的重要途径。个体心理健康与否，对其能否自觉抵制不良环境的侵蚀有着十分重要的意义。因此，教育人们维护和保持心理健康，以及出现心理失调时及时恢复心理平衡，就成为预防犯罪心理形成的一个重要方面。维护心理健康应从以下方面着手：

1. 树立正确的人生观。只有认清人生的意义，树立远大理想，才不会沉湎于身边琐事，从而减少无谓的烦恼。只有以辩证唯物主义世界观正确对待生活中的各种矛盾，才能豁达开朗，忍人之所不能忍，处人之所不能处，受的住各种挫折和考验，在磨难中锤炼性格、不断前进。

2. 接受现实的自我。一个人对自己的一切不仅要充分了解，而且需要坦然承认及欣然接受。因为在个人所具备的条件中，有很多是不能改变的，如容貌、生理缺陷、家庭等。如果只了解自己而不能接受自己，势必增加个人的不安与痛苦。有些人狂妄自大，觉得怀才不遇而愤世嫉俗，是因为缺乏自知之明。另一些人过分自卑，自觉在社会中毫无价值，是因为憎恨、拒绝接受自己。一个人只有欣然悦纳自己，才能避免心理冲突；唯有接受现实的自我，才能根据社会和时代的需要创造出理想的自我。

3. 确定合适的抱负水准。人应当有超越现实的理想，但不顾现实可能的蛮干，只能碰得头破血流。为此，要了解社会对个人的要求是什么，看哪些是环境所允许的，哪些是不允许的，其变化趋势如何。要善于将个人的优缺点与环境的利弊四个因素综合起来分析，扬长避短，发觉社会环境的有利因素，发挥个人的优势。一方面个人要与命运搏斗，改造客观世界；另一方面要调整主观，确定合适的抱负水准，避免做出招致挫折的事。一旦个人长期受挫而无成就感，无法体验成功的愉悦，则容易自暴自弃，甚至走上犯罪的道路。

4，在事业中获得人生的乐趣。每当我们完成一件工作，一种轻松喜悦之感便油然而生。克服困难越多，工作成绩越好，这种感觉便越强烈。工作可以使人发现自己的价值，产生成就感，并获得社会和团体的承认，因而对维护个人的心理健康具有很大的助益。一个在事业上入了迷的人，很少有这样那样的苦恼。

5. 积极参与社会活动，主动与人交往。心理不健康者常在情绪上有很大困扰，而情感的困扰有多半表现在人际关系上。轻则自己有孤独、恐惧、焦虑之感，重则对人有怀疑、敌对、攻击之举。人有交际的需要，与亲属、朋友、同学、同事交往能使人在心理上得到安全感，使个人的苦闷有地方倾诉，不易积存郁结而性格孤僻。与他人老死不相往来，遇到挫折便会感到有苦无处诉，这类人因现实刺激的贫乏，与周围人关系冷漠，他们很容易也很愿意将自己置身于某种想象的世界中，容易发生价值观和心理变异，产生犯罪行为。所以经常参加一些娱乐性、职业性和学术性团体的活动，不但能密切与他人的关系，还可以获得学习与发展的机会，能够避免过于自闭带来的犯罪倾向。

35. 引发犯罪的贪婪心理表现及其危害有哪些？

贪婪是一种过分的欲望。贪婪者往往超越社会发展水平，践踏社会规范，疯狂地向社会及他人攫取财物。其表现有以下几种：

1. 不择手段的财欲。主要表现为：唯利是图，见利忘义，利用一切手段索取钱财。如贪污公款，河南有一银行职员，上班第 13 天就迫不及待地伸手捞钱，在很短的时间内便贪污公款达 1.6 万元。有人调用公款去炒股，炒房地产，赢了归自己，亏了记在国有企业的账上，搞变相贪污。在国有资产的流失中，大批资金流入了私人的腰包。有人搞赌博捞钱，沉溺其中，难以自拔，赢的要白赢，小输的想保本，大输的想翻本，周而复始，恶性循环，结果是赌了输，输了贪，越赌越输，越输越贪，越贪心越黑，越赌胆越大，一发不可收拾。有人偷盗自行车，有人拐卖妇女儿童等。皆是为了一个"钱"字，不惜一切手段。

2. 难以满足的贪欲。这里指的不是贪食症，而是利用公款或他人之款吃喝。现在用公款白吃似乎已成为联络感情、展示"公关"、进行业务的一种"热门"手段。请客吃饭规格不能太低，眼下一桌"公务"酒席至少要两三千元。公款吃喝既可不掏自个儿的腰包，一饱口福，又有满足地位身份的虚荣心。有少数公务人员借检查工作之名，到一些企业白吃白喝，索要礼品，社会上有些闲散人员乘别人举办婚宴，混入宾客之中白吃一顿。这些都是吃喝方面的贪婪现象。

3. 难以填补的权力欲。社会上有些人为了出人头地，拼命地往上爬，或凭借裙带关系伸手要官，或诬陷他人以表现自己。有人为升官，伪造文凭，篡改档案，年龄越改越小，工龄越加越长，文凭越改越高。为什么如此热衷于官道？在"官本位"的社会里，权钱相通，有权就有一切，当了官，就有人来巴结，请客送礼，红包贿赂。他们认为："用我的钱买你的权，用你的权赚我的钱。"这类人一旦"得道"，合家"鸡犬升天"，占据官位，谋取私利。这难以填补的权力欲，实质是贪婪心理在作祟。

4. 欺世盗名的名欲。有些人升不了官，便想在世上出名，于是就自封为世界著名的"气功"大师、有独方医百病的"名老中医"、有著作面世的"教授"、"赴京献宝"的名人后代等。他们中许多人实际上没有多少文化，仅凭一张巧嘴，一叠耀眼的名片，欺骗了无数善良的人们。他们的骗术并不高明，但能迎合一些人的虚荣心与某种迫切的需求心理（如治病、练功、求宝），这部分上当者的深信不疑，渲染与扩大了行骗者的社会影响，虚名的泡沫越鼓越大，直至破裂那天为止。

5. 胆大包天的色欲。男女之欲本是天造地设，无可非议的。但一些贪婪之徒"饱暖思淫欲"，轻者搞性骚扰，调戏女性；重者霸占、强奸、逼迫妇女卖淫或插足他人家庭，弄得人家妻离子散。

36. 贪婪心理的主观成因是什么？

贪婪，即欲望无止境，"人心不足，蛇吞象"。贪婪的主观成因有：

1. 错误的价值观念。认为社会是为自己而存在，天下之物皆为自己拥有。这种人存在极端的个人主义，认为人生就是"捞世界"。为了"潇洒走一回"，不惜"拿青春赌明天"。"捞世界"的人是永远不会满足的，得陇望蜀，有了票子，想房子；有了房子，想位子；有了位子，想女子；有了女子，想儿子；即便"五子登科"，也不会满足。

2. 行为的强化作用。有贪婪之心的人，初次伸出黑手时，多有惧怕心理，一怕引起公愤，二怕被捉。一旦得手，便喜上心头，屡屡尝到甜头后，胆子就越来越大。每一次侥幸过关对他都是一种强化，不断刺激着那颗贪婪的心。

3. 攀比心理。有些人原本也是清白之人，但是看到原业与自己境况差不多的同事、同学、战友、邻居、朋友、亲戚、下属、小辈甚至原来那些与自己相比各种条件差得远的人都发了财，心理就不平衡了，觉得自己活得太冤枉，由此生发一股攀比之念，也学着伸出了贪婪的双手。

4. 补偿心理。有些人原来家境贫寒，或者生活中有一段坎坷的经历，便觉得社会对自己不公平，一旦其地位、身份上升，就会利用手中的权力向社会索取不义之财，以补偿以往的不足。

37. 贪婪的心理应如何自我矫治和调试？

贪婪并非遗传所致，是个人在后天社会环境中受病态文化的影响，形成自私、攫取、不满足的价值观而出现的不正常的行为表现。若欲改正，是可以自我调适的，具体方法如下：

1. 格言自警法。古往今来，仁人贤士对贪婪之人是非常鄙视的。他们撰文作诗，鞭挞或讽刺那些向国家和人民索取财物的不义行为。其中最著名的是陈毅的《感事书怀·七古·手莫伸》，其诗为："手莫伸，伸手必被捉。党和人民在监督，万目睽睽难逃脱。汝言惧捉手不伸，他道不伸能自觉。其实想伸不敢伸，人民咫尺手自缩。岂不爱权位，权位高高耸山岳。岂不爱粉黛，爱河饮尽犹饥渴。岂不爱推戴，颂歌盈耳神仙乐。第一想到不忘本，来自人民莫作恶。第二想到党培养，无党岂能有所作？第三想到衣食住，若无人民岂能活？第四想到虽有功，岂无过失应惭怍。吁嗟乎，九牛一毫莫自夸，骄傲自满必翻车。历览古今多少事，成由谦逊败由奢。"奉劝想消除贪婪心理的人，将此诗裱成堂幅，悬挂室内，朝夕自警吧。

2. 二十问法。这是一种自我反思法，即自己在纸上连续 20 次用笔回答"我喜欢……"这个问题。回答时应不假思索，限时 20 秒时，待全部写下后，再逐一分析哪些是合理的欲望，哪些是超出能力的过分的欲望，这样就可明确贪婪的对象与范围，最后对造成贪婪心理的原因与危害，自己作较深层的分析。例如，有一个贪财的人在纸上连续写下"我喜欢钱"、"我喜欢很多的钱"、"我喜欢自己是个有钱人"、"我喜欢有许多财富"、"我喜欢过有钱的生活"……他写完之后，就要思考一下，自己对钱是否有一些过分的欲望，为什么许多举动都与谋钱有关，接着往下想，人的生活离不开钱，但这钱应来得正，不能取不义之财；钱是身外之物，生不能带来，死不能带走，贪婪之心最终会阻碍自己的发展。然后分析自己贪婪的原因是有攀比、补偿、侥幸的心理呢，还是缺乏正确的人生观、价值观？分析清楚后，便下定决心：要堂堂正正做人，就得改掉贪婪的恶习。

3. 知足常乐法。一个人对生活的期望不能过高。虽然谁都会有些需求与欲望，但这要与本人的能力及社会条件相符合。每个人的生活有欢乐，也有失缺，不能搞攀比，俗话说"人比人，气死人"，"尺有所短，寸有所长"，"家家都有本难念的经"。心理调适的最好办法就是做到知足常乐，"知足"便不会有非分之想，"常乐"也就能保持心理平衡了。

38. 引发犯罪的攀比心理有哪些表现形式？

攀比一般指负性攀比，指那些消极的、伴随有情绪性心理障碍的比较，会使个体陷入思维的死角，产生巨大的精神压力和极端的自我肯定或者否定。负性攀比最大的问题在于缺乏对自己和周围环境的理性分析，只是一味地沉溺于攀比中无法自拔，对人对己都很不利，甚至因攀比失衡，做出危害社会的违法犯罪行为。

攀比有以下几种表现形式：

1. 嫉妒心理导致极端攀比。嫉妒是一种极想排除或破坏别人优越地位的心理倾向，是含有憎恨成分的激烈感情。在个体之间差异性很小、外界条件基本相同的情况下，很容易产生嫉妒心理，具有明显的对抗性，从而引发消极情绪，导致极端的攀比行为，严重的可能会危害到他人的利益，从而使自己也受到良心和道德的谴责。

嫉妒心理可以说是人性的弱点之一，除了受道德约束外，个体可以通过临时回避的方式帮助自己暂时从极端攀比的环境中逃离，从而减少因情绪激动造成的非理性行为。当然更重要的是通过树立坚定的目标，重新认识自己，建立起对抗本能欲望的心理防御机制。

2. "面子问题"导致盲目攀比。人际关系学说指出，当人们积极参加社会活动时，如果过分注意别人的看法，往往会强化从众心理，导致虚荣心理的产生。所谓虚荣心理，实际上是一种超越自我客观价值的自我虚构。

在马斯洛的需要层次理论中，要求被尊重是较高层次的需要，处于生理、安全、友谊和爱的需要之上。例如，很多考研人由于长期的辛苦付出，有着强烈的被尊重的需要，可以说很多努力都是在试图建立自尊和他尊体系，以实现自我价值。但这是要建立在对自我正确客观分析的基础之上的，否则只会因为过分追求虚荣心的满足，导致盲目攀比，忽略了可比性本身。

3. 习惯性攀比导致心理压力升级。正当竞争往往由于其明确的目标让人信心十足，精力充沛；而习惯性攀比则伴随着一种疲惫的无能感，让人的内心隐隐作痛。长此以往，对身心的危害相当严重。心理方面主要会诱发抑郁症，身体方面则容易出现失眠、食欲下降、抵抗力减弱等症状。在巨大的心理压力之下，某些承受能力较差的个体甚至会产生一些对自己不利的极端行为。不管事实怎样，认知才是关键，心理障碍的根源是认知偏差。在外部世界不变的情况下，改变认知就能纠正心理障碍。

39. 发现攀比心理应如何进行调节？

发现攀比心理，可以通过以下方法进行自我调节：

1. 通过自我暗示，增强自己的心理承受能力。自我暗示又称自我肯定，是指通过对个体预期目标积极的叙述，实现头脑中坚定而持久的积极认知，摆脱陈旧的、否定性的消极思维模式。自我暗示是一种强有力的心理调节技巧，可以在短时间内改变一个人的生活态度和心理预期，增强个体的心理承受能力。具体表现为带有鼓励性质的语言、符号以及动作。比如，当看到别人比自己好时，在心中默念"其实我也很好"之类的语句，久而久之，盲目比较的习惯就会有所改善。

2. 尽可能地纵向比较，减少盲目地横向比较。比较分为纵向比较和横向比较。纵向比较是指个体和自己的昨天比较，找到长期的发展变化，以进步的心态鼓励自己，从而建立希望体系，帮助个体树立坚定的信心。横向比较是指个体与周围其他人的比较，有助于找到自己的不足，以便朝着更好的方向发展。但是由于竞争的日益激烈，人们往往会陷入横向比较的误区，忽略了纵向比较。纵向比较会让人们有更清醒的自我认识，有利于发挥出自己的潜力。

3. 增强自身实力，克服负性攀比。自信心是建立在强大的学习能力和工作能力基础之上的，负性攀比的产生往往是因为个体自身的实力与期望值达不到均衡水平，导致自信心的缺失，从而产生抱怨、憎恨等情绪。因此，在生活和工作中，努力学习知识和本领，做出更多的成绩，就会树立信心，减少可能产生的负面情绪。

40. 导致犯罪的不平衡心理的危害及克服方法有哪些？

不平衡心态存在于很多方面，如在工作上干多干少，在生活上拿多拿少，在责任上承担多少，在权利上享受多少。如果不能正确把握，平衡自己的心态，将会导致错误甚至犯罪。这种心理误区是很多类犯罪的主要诱因。

以贪污、贿赂犯罪为例，不平衡心态包括付出和回报的不平衡和周围环境的不平衡两个方面。曾经为事业无法照顾家庭，曾经为革命流血流汗，多年的拼搏与付出为他赢得了鲜花和掌声，也赢得了地位和权势。他在前呼后拥中迷茫了，认为曾经的付出和回报不平衡，要用自己的权力在物质上寻求"相应"的回报。

周围环境不平衡也是引发贪污、贿赂犯罪的重要因素。周围环境对一个人的影响最大，那些与自己经历相仿的人，甚至不如自己的人因为不正当的渠道比自己强了，比自己富了，看见别人获得了不正当利益却又未被查处，这种周围环境的不平衡使金钱和利益更具诱惑力。

不平衡心态的存在原因有：（1）不正确的人生观和价值观是不平衡心态存在的决定性因素。这种人往往不注重学习，不注重自身的改造，又不安于现状，不想用正确的方法寻求自身的发展，对社会的阴暗面比较敏感，对别人的成功持嫉妒、怀疑的态度，看不到自身的不足，总想冒险、走捷径。（2）社会上存在的不正之风是不平衡心态存在的社会因素。个别人，甚至个别的领导干部的不正之风，给侥幸心理和不平衡心态的存在和发展留下了社会空间。这种不正之风往往能得到短期效应，使个别人找到了投机取巧的机会。（3）法纪规定多执行少，规定严处理轻，是不平衡心态存在的心理因素。不违反法律的"小错误"，睁一只眼，闭一只眼，已经违反法律，但还不"十分严重"，能说服教育的就说服教育，只要"能认识"错误，即使比较严重，也可以留职察看，或者能用的还用，不能做到防微杜渐，给侥幸心理留下了滋生的环境。

要走出心理误区，必须从加强个人自身学习和社会防治两方面进行：（1）加强学习，树立正确的人生观是走出不平衡心态误区的根本途径。加强学习是为了正确认识自己，开卷有益，闻言有益，找出自己的差距和不足，寻求自我发展的正确途径。拓宽思路，拓宽心智，学会严待自己，善待他人，学会知足和感恩。用正确的世界观和价值观去观察周围，体会人生。（2）对违法违纪现象要严格按照规定办理，杜绝雷声大雨点小的现象是走出误区的外力因素。严惩也是一种爱护，不因恶小而不查、不办，防微杜渐，以小防大，坚决控制侥幸心理泛滥成灾。

41. 导致犯罪的侥幸心理发生的原因及克服方法有哪些？

从预防、教育的角度思考，分析导致违法违纪以至犯罪的诸多因素，侥幸心理即是很大的危害因素之一。

看过大大小小贪官们的所谓"忏悔之言"，尽管其内容各异，也都声泪俱下、顿足捶胸，但有一个"共性"的问题就是心存侥幸：一是尽管每次收人家的钱或进行不正当交易时，心里也忐忑不安，但每次都是侥幸心理占上风，认为只有天知地知你知我知，没有第五知，不可能东窗事发；二是贪污受贿秘密进行隐藏深，很多未被发现，哪会轮到自己。侥幸冲动、尝到甜头，胆子越来越大而陷进去。

侥幸心理的产生存在于不同领域和不同层面的人之中，它是指人们希望由于偶然的原因而获得成功或免去灾害的一种心理寄托，如经营生产者重利益轻安全，认为不会轻易出事而导致重大事故频频发生就是侥幸心理驱使；酒后驾车导致的宗宗人间悲剧和顺手牵羊的盗窃，等等，都是怀有侥幸心理，而最终使自己陷入非常被动的境地。

为什么会产生侥幸心理？过去预防教育机制的缺失以及人自身对接受教育的忽略所造成的不健康心理冲动，是心存侥幸的原因之一。从法律法纪的角度分析，心存侥幸也是指人对自己能够逃避法律追究的自信想象或可能逃避法律制裁的赌注心理，因此它是有很强腐蚀性和传染力的心理病菌，是突破思想防线的杀手，是违法违纪的祸根，它更是一种自欺欺人的不健康心理。

另一种情况是，一些人也非常清楚自己的非法行为或将可能出现的问题，也知道是违法，由于面对诱人的所谓"成功"进而为之，这是个人内在的品质与意志及文化政治素养一种不成熟的表现。殊不知，侥幸"成功"即使某次逃过了法律的追究，却难以逃掉心理道德上的谴责及背负着沉重的心理压力，有些人甚至惶惶不可终日直至投案自首。"每取一笔不义之财，心里就增添一份巨大的压力……"很多案例足以证明这一道理。所以侥幸一时、不幸一生，侥幸是犯错误的偶然，犯错误是侥幸的必然。

一般意义上讲，走向堕落会有一个从量变到质变的复杂过程，尽管贪官们"忏悔"时大都痛恨侥幸心理，但现实中抱着侥幸心理、以身试法，最终走向犯罪的人也确实为数不少。因此，摒弃侥幸心理是一个人的理性表现，通过纪律教育我们要牢固树立法制观念，加强自身修养，养成良好的个人品质，莫以为只要不被人发现就乱而为之、心安理得。

42. 如何克服可能导致犯罪的报复心理？

我们每个人都可能产生过报复心理，但大多数人能够通过冷静的分析、理智的思考而没有演变为报复行为。而有的人在报复心理的驱使下，不能控制自己，以致出现了报复的攻击行为。对于报复心理的产生，难以完全避免。但对失去理智、不计后果的行为却不赞成。因为其结果常常是弊大于利。表面上好像出了一口气，实际上却在伤害了别人的同时，也在使自己遭受更大的伤害。有的因出这一时之气而招来百日之悔，如为报复打架斗殴，互相伤害，轻则使人际关系更加恶化，逐渐升级，陷人恶性循环，重则两败俱伤，甚至导致犯罪，银铛入狱，后悔莫及。对失去理智的报复行为所带来的不良后果，无疑是我们每个人都不愿看到的。

那么，如何对待报复心理，怎样避免报复行为呢？正处于血气方刚年龄的朋友们需要注意以下几点：

1. 心胸开阔一点，以避免报复心理的产生。人生路上的挫折、委屈在所难免。但我们如果有远大的理想、宽阔的胸襟、宏大的气量，那么就不会去斤斤计较那些鸡毛蒜皮的得失，心理承受力无疑会得到增强。一些以往看得很重的委屈与所谓的侮辱也就会是微不足道而置之度外。这样，报复之心自然就无法产生了。

2. 学会自我调节，淡化报复心理。当遭受欺侮，自尊心受到伤害时，愤怒之情会油然而生，甚至怒火中烧。这时，我们可通过自我心理调节加以淡化、转移。例如，暂时离开一下你看不顺眼的人或环境，即所谓的"眼不见，心不烦"，转而从事一些自己最开心的活动以帮助转移注意，也可以找知心朋友倾诉、请教，以宣泄心理压力，听听他人的评论、劝解，冷静反思一下，看清对方的真正动机，弄清是有意的还是无意的，是客观存在的还是自己主观臆造或有人从中制造的，并站到对方的位置设身处地地替对方想想，看人家有没有道理，是不是事出有因，是出于何因，想想自己如此报复是否值得，有没有不妥之处。经过冷静理智的反思与调节，可能你心中的火会不知不觉地熄了一大半，甚至烟消云散。

3. 进行冷处理，避免过火的报复行为。如果经过上述两个环节，你仍然怒不可遏，觉得非报复不足以解你心头之恨。这时，一定要先用理智驾驭住冲动的感情，冷静地思考自己打算进行的行为将可能导致什么样的后果，充分意识到它将给他人及自己的伤害，克制过火行为。例如，某同学想用刀子捅一个得罪过他的人，如果他能想到可能会因这一刀伤害对方，对方又可能会进而报复自己，自己得到的是更大的痛苦与惩罚，还会连累自己的亲人，并因此而影响自己今后的前途，将遭人唾骂等。经过全面的思考，觉得弊大于利，太不值得，就会放弃了这一念头。报复的方式是多样的，有野蛮的暴力报复，也有文明的精神惩罚。如对人家冷淡、鄙视，语言的羞辱都可能达到让对方遭受精神痛苦的效果。同时还可用自我升华的方法来实现报复的目的。如有人曾羞辱过你的无能，而你转而发奋向上，在学识事业上超过对方，那时再让对方自己去体会自惭形秽、难以自容之感觉，这样既可达到同样的目的，也促进了自己的进步。因此，在报复方式的选择上宜慎之又慎，避免暴力或语言的攻击，最好通过自我发奋或教育对方，让对方自我实施惩罚。

43. 应采取哪些措施减少破坏铁路交通设施犯罪的发生？

在列车运行速度日益提高的今天，减少破坏铁路交通设施行为的发生，保证铁路运输安全就显得尤为重要。当前，此类犯罪的犯罪动机通常既不是报复，也不是发泄对社会的不满，而往往是很简单的动机——贪财。为了消费、上网、赌博等，而大肆盗窃铁路的通信电缆、地线等，不仅直接造成铁路财产的重大损失，同时严重危及列车、车辆安全和乘客生命安全，遭受到比盗窃犯罪严厉的多的处罚。因此，应当采取切实措施减少该类案件的发生。

1. 加强法律法规的宣传教育工作。从源头上遏制破坏铁路交通设施案件的发生，做好事前预防工作。一是要加强沿线群众的法律法规教育、护路爱路教育、遵纪守法教育，使他们有"遵纪守法光荣，违法犯罪可耻"的观念，从思想上筑起防止犯罪的防线。二是针对案件多发地区有重点地开展法制宣传教育工作，要做到"三个突出"，就是法制宣传教育工作要突出体现在次数上、质量上、效果上。在次数上就是要摒弃那种指望一两次的法制宣传教育就能见效的想法，要把这项工作当作是一项长期的建设性工程来做，作为长效机制来抓；在质量上就是要求有关方面，不要仅仅停留在对法律条文的宣讲上，而要把有关法律和案例结合起来进行宣讲，要使人民群众知道盗窃铁路交通设施不是单纯的盗窃，而是触犯了我国刑法所规定的破坏交通设施罪，犯此罪是要被重罚的，如盗窃价值不达犯罪数额的公私财产的，有可能不被追究刑事责任，而盗窃价值不达犯罪数额而正在使用的铁路交通设施的，尚未造成严重后果的，要处3年以上10年以下有期徒刑，造成严重后果的，处10年以上有期徒刑、无期徒刑或者死刑，从而使其敬而远之，切忌那种走形式的宣传；在效果上，通过宣传教育，真正使广大群众都知道哪些行为是犯罪，是要受到刑法处罚的，从而使那些不安分守己的人不敢为、不能为，达到逐步减少以致杜绝此类犯罪发生的效果。

2. 加大打击力度。就是发生此类案件时，司法机关要迅速出动，做到快立快破，依法从快从重将犯罪分子绳之以法，绝不放过一个罪犯；在适当时机，可选择一些典型案例到案发多地段的沿线进行开庭审判，以震慑那些不安分守己的人，从而使之不敢为。

3. 加强护路防范工作。要继续发扬与地方政府的联合，路地护路联防的好做法，加强对沿线的治安巡逻，特别是加强对案发多地段的巡逻。此外，在安装有关设施时，建议有关部门将防盗防破坏功能一并考虑进去，做好自身的防范工作，尽可能地将犯罪分了作案之机降到最小，使之不能为之。

4. 加强与地方公安、工商等部门的联系，加大对废旧收购站的管理工作，堵塞赃物的流向。一是加大对废旧收购人员的法制宣传教育工作，使其树立依法经营的观念，自觉抵御见利忘义的不正确的经营思想，使犯罪分子的违法所得难以销赃；二是加大对废旧收购站的监控和查处，一旦发现其有违法收购赃物的行为，要严厉查处，绝不姑息养奸。

44. 铁路车务部门职务犯罪案件的特点及形成原因有哪些？

铁路车务部门是铁路单位的主要运输部门，承担着铁路大部分货运、客运和运输安全任务，是铁路企业运输收入的重要来源。随着我国经济的快速发展，客货运量逐年增加，铁路的供需矛盾越发突出，运能紧张，铁路车务部门干部职工的职务犯罪现象也呈现逐年增加的趋势。据有的铁路检察机关对查处的 11 件该类案件调查，发现具有以下特点：

1. 在职务犯罪中占比高，危害大。该类案件占同期总立案数 24 件 27 人的 45.8%，且有不断上升的趋势；其中又以领导干部涉案比例高，占全部人数的 54.5%，大要案比例达 54.5%；在当地 5 家车务段内，有 4 家发生职务犯罪，发生比例占高达 90%；涉案罪名全部为贪污罪和受贿罪；主管、分管或具体从事货运业务的有 10 人，占 90.9%，从事客运业务的为 1 件 1 人；窝案、串案较多。

2. 向货主乱收费，私设"小金库"。某些货运部门的管理人员，将本应无偿向货主提供的服务变为了有偿服务，巧立名目向货主乱收费，私设"小金库"。如某车站站长文某、书记李某贪污案中，二人以车站的名义，在不到一年的时间内，非法向货主收取所谓的"选车费"、"协作费"和"装卸费"等数十万元，存为"小金库"，并侵吞其中数万元。

3. 受贿行为日常化。在货运部门运能持续紧张的情况下，一些货主千方百计拉拢、收买车务部门干部职工，时常"进贡"，特别在节假日，往往成了"送钱日"、"收钱日"。在查出的 10 名货运人员中，大部分人曾多次接受货主的吃请、消费卡或红包等"长期投资"，并利用手中的权力为货主谋取利益。

4. 以与货主合伙做生意"分红"的名义收受货主好处费，或者违规理赔，收取贿赂。比如某车站副站长郑某贪污受贿案中，木材货主田某正是看中了郑某手中的权力，可以在申请货位及装车走车等方面能够得到好处，才拉拢郑某"合伙"做木材生意，以分红的名义给予郑某好处费。某车站货运值班员伍某，明知货运记录有误、货物短少数量不实，不履行核查手续，违规同意货主提货，在货主未提供发票的情况下，为其办理保价理赔手续，致使铁路企业损失数十万元，伍某收受货主贿赂数万元。

发生以上犯罪的原因有：

1. 法律知识缺乏，"法商"低下。如某车务段副段长张某受贿14次，无一例外是收受单位送的好处费。张某认为，发货单位送的钱都是经过单位领导决定的，收单位送的钱不算犯法，可以收，但收个人送的钱是违法犯罪，所以不收。

2. 对铁路改革中利益调整认识不足。铁路实施生产力布局调整、辅业与主业分离等改革措施后，一些干部职工的工资收入相比运输收入增长缓慢，相对于辅业创收也不具有优势，同时在地方公务员或其他行业收入均有较大增长且物价上涨的情况下，一些干部职工思想上形成"干活越多收入越少"的认识，心态失衡，产生利用手中权力捞一把的想法，导致职务犯罪逐年增加。

3. 对行贿方不会出卖自己的错误侥幸认识。一些干部认为行贿和受贿双方是一个利益共同体，你给我愿、互利互惠，为了双方的眼前利益和长远利益，行贿方不会出卖我。其实他们没有认识到行贿、受贿双方的心理基础是不一样的，双方之间的关系完全受利益支配，毫无信义可言。

4. 企业经营管理机制不健全。在案件调查过程中，我们发现，在发案单位都不同程度地存在管理松散、责任不明、财务管理混乱等现象，特别是"小金库"现象严重。"小金库"账目混乱、明细不分、收支笼统，只有站段领导、个别经手人员或财务等少数人知情，搞"暗箱操作"，不让群众了解和监督。

45. 遏制铁路车务部门职务犯罪的措施有哪些?

1. 坚持查处和预防相结合。一要严惩各种职务犯罪，解决失之过宽的问题。调查中，广大铁路干部职工普遍认为对职务犯罪分子最处之过宽，削弱了法律的威严，纵容和助长了职务犯罪。因此要进一步提高办案能力，善于发现案件线索，严厉打击犯罪，震慑和遏制职务犯罪。二要长期坚持"预防为主"的原则，对车务系统管人、管钱、管物、管车、管票、管修建的"六管"人员，定期"打预防针"，按时"吃预防药"，增强职务犯罪"免疫力"，促进党风廉政建设。

2. 健全管理制度，堵塞管理漏洞。一些站段管理方面的漏洞触目惊心，为犯罪提供了机会。如伍某受贿案，货主仅仅通过收买一个车站的货运值班员就可以虚报装车货物的数量，在货主不提供货物发票的前提下给货主提货，并且不再经过任何审查，就可办理理赔手续。

3. 强化监督意识，落实监督措施。不断加强内部监督管理的规范化、科学化，堵住管理漏洞，保证各项规章制度的落实；拓宽监督渠道，实行车务公开，增强工作的透明度，特别是涉及广大货主切身利益的环节，如货位的申请与分配、承认车的下发、装车走车的先后顺序等，更应公开透明。发放征求货主意见书，广泛征求货主的监督和意见，使监督者能有效制约被监督者；充分发挥纪检、监察机关的作用，切实强化内部的监督管理，筑牢廉政防线。

4. 提高铁路职工收入，加强职工心理疏导。合理的工资收入和福利待遇可以使一般铁路干部能够维持相对体面的生活，使他们较少有生活上的压迫感和危机感，从而能尽忠职守，较能抵制一些物质利诱。因此要创造合理合法增加收入的条件。同时，要教育职工正确对待收入问题，加强法制观念，不要因为收入问题心理过分失衡，走入违法犯罪的歧途。

46. 铁路财务人员职务犯罪的特点和形成原因有哪些?

剖析近年来查处的有关案件，铁路财务人员职务犯罪呈现出以下几个特点：

1. 侵蚀巨款触目惊心。由于近年来国家实施铁路大规模建设发展方针，国家投入的建设资金及铁路企业取得的运营收益均非比寻常、非同一般；与此同时，内部职务犯罪分子对铁路资产的侵蚀也骇人听闻。如兰州铁路局原总会计师张某共同受贿、贪污、挪用公款案，张某伙同他人挪用公款供路外单位使用以谋取个人利益计 12 亿元，伙同他人挪用公款供自身牟利使用计 7.1 亿元，总计达 19.1 亿元，至案发时尚有 7.3 亿元未归还。

2. "小金库"成为集中发案部位。通过对相关案例的分析发现，一些铁路单位违反《会计法》规定，在基本账户外开设账户截留资金屡禁不止，形成的"小金库"日益成为滋生职务犯罪的温床，不少铁路财务人员职务犯罪案件与"小金库"有直接的关系。

3. "典型职业犯罪"，隐蔽性强。犯罪人员熟悉铁路财务专门知识和专业技术手段，利用单位资金、账户管理方面制度不健全或制度落实不到位等条件，采用收款不入账、以少报多、重复报账，利用保管印章的便利私自开具银行支票提取现金，隐匿、伪造、变造银行对账单，虚增债务等手段作案，还有不少是利用计算机作案，其犯罪隐蔽性较一般犯罪更强，危害更大。

4. 营利动机多为直接诱因。一些铁路财务人员往往出于经商、炒股等营利动机而实施贪污、挪用犯罪，这一动机成为发案的直接诱因。如张某伙同他人挪用公款中的 7.1 亿元，就是直接用于炒股等营利活动。

发生上述职务犯罪案件的主要原因是：

1. "小金库"易于得手，诱发犯罪邪念。"小金库"的隐秘性，决定了只有少数财务人员和少数领导才能知道，因此存在难以监督的天然缺陷；也由于"小金库"是私设的账外账，财务审计一般不可能对其进行审查，使之相对处于一种"绝缘"状态，因此对其贪污、挪用不易被发现；"小金库"的使用记录通常是流水账甚至无账可稽，资金使用真实性难以掌握，容易诱使经手管理"小金库"的财务人员萌生贪污、挪用的邪念。

2. 财务监管乏力，致使犯罪得逞。突出问题是对权力主体缺乏有效监督，权力主体履行职务行为不规范，财务主管人员权力过于集中，以及有制度、有措施而落实不到位。例如，中国铁道建筑总公司内昆铁路指挥部计财处原副处长、财务主管会计朱某挪用公款案，朱某作为财务主管人员，集资金管理调度权于一身，既当会计，又做出纳，其行为得不到约束和规范，使其能够轻而易举地将1000万元的内昆铁路建设资金转出，先是提供给广发行昆明分行营业部信贷科长张某揽储，后又委托广发行并通过张某违规把该1000万元转入昆明宏铁经贸有限公司账户，提供给宏铁公司经理崔某用于公司经营，直至案发，分文未还。

3. 少数财务人员价值观错位，衍生犯罪内在动因。从事铁路财务工作的人员，需要树立正确的世界观、人生观、价值观，具备应有的职业道德素质。如果他们缺乏职业操守，甚至认为人生的价值就是追求金钱和享受，并将法纪置于脑后，就很可能走上犯罪道路。例如甘某受贿案，甘某在担任路局财务处成本科科长，手中握有运输设备大修项目计划审批权后，看到自己批给计划的某些项目经理和包工头暴富起来，逐渐产生了自愧不如、意欲索取的不良心理。他无视财会制度和纪律要求，肆意利用职务便利为工程承包人员谋取利益，收受钱物共23笔，折合人民币130余万元，最后落得可耻下场。

47. 应采取哪些对策治理铁路财务人员职务犯罪？

贯彻中央关于"标本兼治、综合治理、惩防并举、注重预防"的反腐败方针，采取制约犯罪主体、消除犯罪机会、抑制犯罪动因的相应对策，是预防铁路财务人员职务犯罪的必然选择。

1. 严格财务制度，遏制"小金库"滋生。这是消除财务人员犯罪机会的专项性工作。"小金库"屡禁不止，一个重要的原因是，不仅由于单位财务管理和监督制度不落实导致的结果，而且"小金库"之后，其上级主管部门往往宽以"自查自纠"、"下不为例"。为此，一要严禁"小金库"产生，建立健全惩治的财务管理和监督体系，实行经常性、严密性的管理监督，保证铁路企业财产的统一完整。二要严肃财经纪律，取缔放纵"小金库"行为的所谓"自查自纠"、"下不为例"政策。三要着力教育监督领导干部和财务人员，从关键人员和关键部位入手，杜绝"小金库"发生。

2. 强化制约机制，落实监督措施。这是消除犯罪机会的综合性工作。一是严格执行不相容职务相互分离原则。实行会计、出纳岗位分离，财务领导工作与具体财会业务分离，各司其职，各负其责。二是健全内部制约机制。单位主要领导、分管财务领导、会计、出纳要严格执行制度，形成相互制约关系；实行财务支出授权批准制、双签制或会签制；大额支出必须经领导班子集体研究、审核。三是实行财务公开。对财务收入和支出的依据、项目、金额，一律向本单位本部门公开，接受包括职工群众在内的全方位的监督。四是加强上级对下级的监督。单位领导和上级主管部门要加大对财务部门的管理监督力度，定期或不定期组织财务检查及审计，堵塞财务管理工作中的漏洞，消除犯罪隐患。

3. 坚持以人为本，加强财务人员职业道德建设。这是制约犯罪主体和抑制犯罪动因的工作。一是强化教育，实现财务人员严格自律。要通过法纪宣传教育，不仅提高其廉政意识和思想道德觉悟，增强免疫力，而且使其对职务犯罪的后果和所付出的个人、家庭方面的代价有完整、清晰的认识，产生法律威慑感，抑制和打消犯罪念头，使自己不愿或不敢实施犯罪，从而防止职务犯罪的发生。二是管理部门、执法部门要做到"执法必严、违法必究"。对发现的违法违纪行为坚决按照有关规定进行严肃查处，构成职务犯罪的，及时移送司法机关依法查处。三是完善财务人员职业道德褒奖机制。建立财务人员职业道德评价体系及其行为追踪记录制度。对在实际工作中具有良好职业道德的财务人员，各级主管部门应当予以表彰和奖励，对其中的典型事例应大力宣传，在全局、全路范围内树立爱岗敬业、忠于职守、遵纪守法、诚实守信的财务人员职业道德新风尚。

48. 防止铁路企业国有资产流失应采取哪些措施？

国有资产是建立社会主义市场经济的物质基础，是完善和发展社会主义市场经济的源泉和保障。强化对国有资产的监督管理，实现国有资产的保值增值，不仅关系到我国经济建设的大局，同时对于国有企业顺利完成改组改制，对于维护社会秩序的稳定更具有深远的意义。然而自上个世纪末以来，国有资产流失现象日趋严峻。特别是近几年来，流失的途径更呈现出复杂化、隐蔽化的特点，探究其原因，又会发现很多诸如贪污、侵占、挪用、渎职等社会腐败现象，有些行为甚至触犯刑法。当前，铁路企业正处于改组改制的关键时期，铁路企业的国有资产流失、职务犯罪的问题也随之会出现。因此，铁路检察机关在这个关键时期，要采取措施，防止国有资产流失，预防职务犯罪，强化对相关犯罪的打击力度，确保铁路企业改革顺利进行。

国有资产具有经营性质，在生产、经营过程中，不断变换资产形态，极易造成损失和流失。据国有资产专家介绍，随着国有资产保护制度的不断健全和完善，及打击违法行为力度的加大，直接侵吞国有资产的行为受到一定程度的遏制。但随着企业的改组改制，侵害国有资产的行为手段呈现多样化、复杂化、隐蔽化，通过各种手段侵吞国有企业资产，侵害国有企业利益已成为新的趋势。铁路企业在改组改制中，同样面临着国有资产流失问题。如何防止国有资产流失，主要从以下几方面做起：

1. 资产清查。资产清查是对企业、单位拥有或占有的各类资产（主要是拟分离的三类资产，即非主业资产、闲置资产和关闭破产企业的有效资产）进行全面的清理、登记；对其所占用的各项国家资金和债权债务进行全面的清理、核实。资产清查，应按照资产的经济内容和周转方式，分别对固定资产、流动资产、专项资产、无形资产、长期投资、债权、债务和在建工程进行清查。

铁路企业在改组改制中如果对"三类资产"清查不彻底，甚至漏查；把主业资产登记为非主业资产，对盲目投资，重复建设而形成的无效投资和闲置资产查而不记，都可能为通过不终结侵占行为，将国有资产变为私有财产。

2. 产权界定。产权界定是指国家（授权国有资产管理部门）依法划分财产所有权和经营权、使用权等产权归属，明确各类产权主体行使财产范围及管理权限的一种法律行为。因此，产权界定是以承认国有资产的最终国家所有的性质为前提的，而不是改变所有权的归属。但是，在企业改组改制中，由于产权主体不明，财产边界不清，执行政策、法律不严而导致国有资产流失。如擅自把国有资产转化为集体所有，甚至化公为私；把国有资产向外投资，账面不作反映，收入不计账；在承包过程中，低价处理国有资产或将部分资产价值转化为个人的承包收入；对无形资产不评估，甚至不计价。从而使国有资产流失。

3. 产权登记。产权登记是国有资产部门对国有资产进行登记，依法确认国家对国有资产的所有权，以及企业、单位占有、使用国有资产的法律行为。长期以来，铁路企业开办了许多集体企业或多种经营企业。这些企业和单位的出资人是铁路主业单位，其出资被所开办企业无偿占用。由于种种原因，一些人采取各种手段，隐瞒国有资产，在账外设立"小金库"，账账不符，使国有资产大量流失。因此，进行产权登记，依法确认国有资产所有权，明确企业占用、使用国有资产的经营责任，对于防止国有资产流失具有重要的意义。

4. 资产评估。资产评估，严格地说，是资产在价值形态上的评估，是指评估人按照特定目的，遵循法定或公允的标准和程序，运用科学方法，对被评估资产的现行价格进行评定和估算。资产评估应有严格的主体、客体、目的、标准、程序和方法。并且要坚持基本的原则，如真实性原则，公平性原则，科学性、可行性、独立性等原则。因此，在铁路企业改组改制过程中，必须对资产评估依法进行监督，防止弄虚作假，营私舞弊，恶意侵占国有权益、无偿量化国有资产，擅自核销国有资本，造成国有资产流失。

49. 预防铁路国有资产流失导致职务犯罪的途径有哪些？

铁路企业在改组改制中，所面临的职务犯罪问题，往往和国有资产流失相联系，职务犯罪行为往往导致国有资产的流失。而国有资产流失所引发的职务犯罪行为，一般是财会、审计、评估、企业高层管理人员不执行政策、法律规定；不履行职责，滥用职权，以权谋私，玩忽职守造成的。根据全国范围内企业改制所暴露出的职务犯罪问题集中反映在以下几个方面：（1）贪污、侵占案；（2）挪用公款案；（3）受贿案；（4）巨额财产来源不明案；（5）私分国有资产案；（6）滥用职权案；（7）玩忽职守案等。

这些案件的共同特点就是犯罪分子利用职权，相互勾结，大肆侵吞国有资产，化公为私，致使企业越改越瘦，给国家和企业员工造成了难以挽回的经济损失。同时，这些案件往往也因企业的改制而暴露。因此，铁路企业在改组改制中，一定要对面临的职务犯罪问题引起高度的重视，要采取措施积极预防，同时要强化对相关犯罪的打击力度，确保铁路企业改革顺利进行。

通过上述问题的分析可知，铁路企业在改组改制中，建立监督预防体系，是防止国有资产流失的需要，是预防职务犯罪的需要，是保证改制顺利进行的需要。因此，在铁路企业改组改制工作中，应对拟改制单位的改制方案、资产清查、产权登记、产权界定、资产评估实施重点监督预防。

1. 资产监督。对改组改制单位的资产进行监督。审查在资产清查、产权界定、产权登记、资产评估方案程序、资格等方面有无滥用职权、违法操作行为。

2. 政策监督。对拟改制单位执行改制的政策进行监督。

3. 法律监督。法律监督涉及改制分流的全过程，是检察机关的一项特定权利，监督的是职能部门的工作人员是否违反法律规定，滥用职权，未按照规定履行职责；谋取私利，造成国有资产流失的行为。

50. 应采取哪些措施治理职工内盗问题？

1. 对职工加强思想道德和法制教育。加强人生观教育，让职工树立遵德守纪、自食其力、自立自强、脚踏实地的人生态度；加强职业道德教育，让职工懂得如何处理好个人、集体、国家的关系，树立企业主人翁责任意识；给职工讲清楚企业利益和个人利益的关系，讲清楚搞好企业、维护好企业形象、干好企业工作在哪些方面有利于职工个人的成长、职工生活条件和工作条件的优化，"大河有水小河满"，让职工树立"我与企业同命运"、"爱企如家"的思想，自觉维护企业利益；加强法律普及，增强职工法制意识，让职工懂得哪些行为是违法犯罪，会有怎样的处罚后果，做到警钟长鸣；给职工讲明白内盗问题的严重危害，让他们明白内盗不仅严重腐蚀职工队伍，影响安全生产，败坏路风、路誉，而且诱发路外不法分子盗窃运输物资，危害铁路治安秩序，并最终将可能导致本人锒铛入狱的结果。

2. 加强安全防范力度。实行群防群治，教育职工恨贼、防贼，积极检举揭发，勇于斗争，各级组织要为这些职工做主、撑腰，积极根据他们提供的线索查处、打击内盗，形成"老鼠过街，人人喊打"的局面；要像重视安全和效益一样，重视安全防范，舍得在保卫人员和防范设备上投入。

3. 加强企业的内部管理，严格规章制度。要堵塞内盗发生的各种漏洞，不断健全各项管理规章制度。建立完善的财物收入、登记、保管、交接、领取、灭失注销等制度，加强不同岗位相互制约，防止财物轻易被窃；完善对财物的巡视检查制度，加强门卫的岗位责任，把好进出口关；严格干部职工值班制度，加强职工岗位责任，让职工在做好分内工作的同时，积极看护好周围资财物品，减少被盗机会；对管钱管物的人员要认真选拔、加强教育，提高他们的责任意识；建立治安综合治理领导责任制和一票否决权等对有关领导岗位的激励约束措施，把职工盗窃犯罪与单位领导的政治荣誉和经济利益挂钩，调动各级领导抓好防治职工内盗犯罪的主动性和积极性。

4. 加大打击惩治力度。对职工内盗问题，要发现一起，处理一起，根据严重程度，该治安处罚的治安处罚，该判刑的判刑，绝不姑息纵容，形成对内盗违法犯罪的高压态势，给那些有不良思想的职工以教育和警醒，防止他们走上内盗的歪路；处理职工内盗，要连同清理销赃环节，要加强对铁路沿线的摊主、废品收购站人员的管理，对不法人员要及时予以取缔和打击。

5. 改善职工物质和精神文化生活条件。通过合理合法的途径增加职工收入，使他们足以保证家庭生活的合理开支，特别是对生活艰苦、经济落后的地区要加大投入力度；重视解决一些单位职工业余文化生活单调和枯燥的问题，使文化活动日益丰富多彩，重视不断提升职工精神文化生活质量，不断满足他们的精神心理需求，保证他们有健康、平和的心态；领导干部要关心职工的疾苦，切实帮助解决生活、工作中的实际困难，做好职工思想政治工作，改善干群关系和人际环境，增强积极向上的风气和凝聚力，带动职工走积极、自立、负责、奉献的生活道路。

51. 近些年职工在处置废旧钢轨过程中产生犯罪的原因有哪些？

铁路是国民经济的大动脉，而钢轨又是铁路运输不可缺少的路材。近些年，铁路废旧钢轨处置中的职务犯罪案和盗窃铁路沿线钢轨刑事案件频发，其中不乏性质恶劣、危害严重的大要案。比如某工务段3名废旧轨料库管人员伙同路外货主私拉废旧钢轨变卖牟利，涉及沿线200多公里线路和库房，共损失数百万元国有资产，涉案废旧钢轨300余吨；中国铁路物资北京公司高管、中铁顺达公司、中机汇通机电设备有限公司的实际控制人苑某利用职务便利和掌控的资源，先后38次虚构销售和购买钢轨业务，骗取中铁物资北京公司共计人民币1078万余元，北京市高级人民法院以贪污罪判处苑某无期徒刑；犯罪嫌疑人刘某、牟某等13人在成都铁路局管内盗割铁路拆换的钢轨27根，涉案总价值52312.5元等。

这些案件的发生，跟当前废旧钢轨管理中存在的以下问题密切相关：

1. 保管不善，登记管理粗放

（1）成批在区间换轨因清点时间紧，只顾当时抓紧撤出旧轨换上新轨之便，不管旧轨撒放在何处，造成大量的旧轨堆放在路基边旁，甚至有的滚下路肩边坡下，均无人看守。

（2）回收旧轨时区间清点时间短，同时配备设备单一，有的工务段只有一台吊机，清点一次只能拉走几根旧轨到站点堆放，可见一个区间要清多少次点、要拉多少时间，况且又无人看守。

（3）沿线废旧钢轨管理的账目漏洞突出。在调查中，发现工务部门废旧钢轨账目混乱，材料科与分库、分库与临放点账目不统一，材料科以一个区间换多少根记账，而分库账目则以拉回到站区堆放为准，从账目看材料科旧轨多而分库账目旧轨少，差额中的钢轨容易被"钢鬼"化。

（4）轨料区间回收到附近车站的钢轨无堆码场地，或随便混合堆放，使废轨、再用轨无法辨认，造成了轨料入账、计划报废、调拨等环节只知其一，不知其二。

2. 招、投标监控不细致，销售渠道管理不规范

（1）铁路局物资处统一招标过程中，对竞标单位的资质审核较为粗陋，无资质单位借用他人的废旧金属处理资质，成功"借壳"赢得了招标，这些"假冒"中标单位往往唯利是图，引诱干部职工犯罪。

（2）资质倒卖情况严重，铁路部门无信息通道。部分中标单位私下将标的卖给了"假冒"资质单位，且没有经过铁路局物资处再次登记，而是简单通知某段，某段也没有将情况上报铁路局物资处，让犯罪分子轻松从事非法活动。

（3）公私账户混用无监管。在废旧钢轨调拨销售的资金流动环节，"假冒"资质的单位往往是通过个人账户将购买资金汇往工务部门的公用账户，个人账户和公司账户混同则是《公司法》中忌讳的"公司人格混同"状况，缺乏监管，"皮包公司"堂堂正正从事限制性行业。

（4）合同履行不规范。铁路局物资处与中标单位签订废旧钢轨销售合同，未审查签约单位的印章，该案涉案单位用非合同专用章签订合同从业，从而反映出铁路行业对于市场经济中的公司制度缺乏应对，监督滞后。

（5）粗放管理造成监控不力。路外单位仅凭第一次中标的合同书，持续从各库拉运轨料，使超合同数量拉废钢轨也无从发现。路外单位利用中标合同混拉废旧轨料，如用 P60 轨的合同拉运 P50 轨，或用废旧钢轨合同拉运尖轨、岔芯等。

3. 销售、调拨钢轨程序杂乱无章

（1）买卖废旧钢轨无统一审核，秩序混乱。路外货主单位在铁路局物资处竞标购得废旧钢轨，如再次转手买卖需经公安审核的废旧金属处理企业，否则按盗赃物资论处，此买卖环节监管空缺。

（2）废旧钢轨对外销售杂乱无章。如铁路局虽有规定："废旧尖轨需统一销售给路内对口企业单位，不得擅自对外销售"，但有的在装轨时，将 P60、P50、尖轨、岔芯混装，未按以中标轨种的名义监磅、装车、调拨，造成国有资产损失巨大。

（3）入库和入账中计量方法不一。废轨从沿线回收有的按根数计量，有的按长度计量，入账时又以吨位计量，且入账吨位均为估算，料账不符，使轨料数量均无法准确查询。

（4）监磅、监装过程监管、计量不严格，漏洞百出。中标货主在库房先进行切割，然后直接装车，装车后只通过粗陋的过磅计算吨位，货主甚至串通磅房和库管人员少记吨位，多开过磅单，以图私利。

（5）对外销售账目严重滞后，事后补账情况突出。在废旧钢轨入库入账时账目混乱，再加上对外销售过程中也无标准可循，监磅装车过程又违法，材料部门做销售账目时也是以粗陋的过磅单为准，模糊地将账目同物资处调拨单数量补平了事。

（6）铁路内部借用、调拨无序。各工务段、大修段之间互相拿用换下的废旧轨料的情况时有发生，这部分在段内材料账目上反映也是模糊混乱的，这也给废旧轨料的管理工作带来了一定的困难。

52. 如何预防职工在处置废旧钢轨过程中产生犯罪行为？

1. 加强配套制度，严防特殊物资犯罪

（1）工务系统纪委定期同段内材料部门对周边磅房进行走访，巡查过磅单存根，建立磅房和段内材料部门联络机制，建立统一的销售监督链条，对可能被外部腐蚀和利用的环节做好防护。

（2）加强库区和货场的安保工作，货场是装车环节的集中场所，路外货主单位的拉运车辆都应在货场建立驾驶人员和车辆进出登记制度，拉运特殊物资都需出具文件或资质，防止货主利用熟悉程度随意进出货场拉运废旧钢轨等。

（3）加强对轨道车回收的监督，每次按计划换下的轨料都应按新轨量登记入库，段内材料部门按照换轨计划进行定期核查，防止废旧轨料废弃路边或埋于路边，造成国有战略金属的流失。

（4）加强对外销售环节计量的监督，实行周末不装车、不过磅制度，防止利用周末休息人少时间进行违法操作。

（5）加强对路外单位销售路线的监控，定期寻访，从反方向加强监管。

2. 完善销售渠道管理

（1）物资处建立资质审查机制，严格审查竞标单位和个人资质，防止路外单位"借壳中标"。

（2）由铁路局物资、工务部门纪委对相关违法违规单位和个人建立统一的"黑名单"制度，对列入"黑名单"的进行竞标限制，配合检察机关"行贿档案查询"对行贿、违规单位进行监控管理。

（3）铁路局物资处、纪委和各段的纪委部门要建立对路外废旧轨料中标单位的联动监控，防止中标后私下买卖标的等恶劣情况，同时通过法制宣讲，加强对竞标、中标单位的警示和教育。

（4）铁路局物资处对在基层发现的路外货主违法违规情况，应及时移交职务犯罪线索，防止因部门和环节不同出现监控断层。一旦发生盗窃、职务犯罪涉案事件，应层层问责，甚至给予免职处理。

（5）加强对购买单位人员进行身份核实，防止非中标单位利用中标单位资质从业，同时也要防止中标单位将合同交给没有资质的关系单位进行履行。

3. 会同公安司法部门，加强打击、奖惩和法制宣传力度

（1）协调检察机关、公安机关执法办案的力度，从重从快打击盗窃、职务犯罪行为，做到惩防并举，明确严控犯罪人员和企业再次进入铁路钢轨市场，对盗窃罪犯要提起民事诉讼，追回国家损失。

（2）设立廉政双签制，成立特殊领导小组，加强奖惩、轮岗工作。如某单位成立了"专门废旧钢轨处置管理领导小组"，制定了段内线、桥等科室联席制度，并在全段重签"廉政责任书"和"廉政承诺书"，明确废旧轨料处置"七个必须"与库管员"轮岗责任制"，加强了奖惩考核力度，创新了企业管理方式。

（3）积极宣传法律，增强职工法制意识。宣传《公司法》、《合同法》、《物权法》、《刑法》等法律，定期开展案例剖析和法制廉政考试，增强企业和职工法制意识。

53. 铁路企业应如何预防行车事故，减少安全犯罪发生？

针对我国铁路的目前状况，建议采用以下对策和措施来防止人为事故的发生：

1. 切实加强政治思想工作，提高职工的思想素质，有效抵制各种环境干扰，帮助职工解除后顾之忧。

2. 对主要行车人员建立招工、培训、考核制度，定期进行身体检查和心理测验，不断提高职工的生理素质和业务素质。

3. 改善劳动组织，科学地安排工作和休息时间，创造良好的工作和休息的环境。

4. 贯彻物质利益原则，把安全与职工切身利益紧密挂钩。

5. 组织各种形式的安全竞赛，大力推行标准化作业，积极培养群体安全意识。

除了考虑人的因素以外，还要从设计、制造、安装、维修、保养等各方面来保证设备质量，以提高设备的可靠性。针对我国铁路目前的具体情况，还应从以下几个方面来发展安全技术设备：

1. 防止和排除人为错误的设备，如机车信号、自动停车装置、列车无线调度电话、车站办理进路的监督设备、列车运行速度的测录设备等。

2. 对各种固定和移动设备的技术状态进行监测诊断的设备，如热轴探测和报警设备、电磁探伤设备、超限界报警装置、各种自然灾害的报警设备等。

3. 兼有扩能和安全作用的设备，如自动闭塞、电气集中、调度集中、列车自动控制设备等。

4. 救援抢险设备，如救援列车、牵引车、复轨器等。

5. 道口设备，如自动拦木、列车接近报警器、道口障碍报警器、交通信号及扩音设备等。

此外，还需切实有效地改善环境，减少不利环境对人和机器的影响，也是保证铁路行车安全的一个重要方面。

尽管事故一般都是由人的不安全行为、设备的不安全状态、环境的不安全因素引起的，但进一步分析可以发现，其深层次原因多是管理上的缺陷所致。大量事实表明，安全在于管理，管理在于干部，一支训练有素、具有先进管理水平的干部队伍，只要把握住人、机、环境这三个基本要素，同时在管理上狠下功夫，真正做到抓安全生产"三个不变"，即安全第一的位置任何时候、任何情况下不变，主要领导抓安全不变，党政工团齐抓共管、综合治理不变，铁路行车事故是可以得到控制或降到最低限度的。

54. 为了防范安全事故犯罪，铁路职工应树立怎样的安全认识？

1. 安全是一种责任。作为一名铁路职工，千万名旅客和国家上千万财产的安全交给了我们，我们只有凭借自己的业务技术和强烈的事业心、责任心和一丝不苟的工作态度，按时把旅客和货物安全运送到目的地，才算完成任务。"责任重于泰山"，可什么为责任？责任就是做好分内的事，对于铁路人来说，就是立足本职岗位，好好工作，确保铁路运输安全畅通。

2. 安全是一种态度。铁路企业历来都是把安全放在首位的，我们经常讲"安全第一"，这就是我们的态度，也是我们的原则。安全是保证我们事业顺利完成的法宝，安全是我们取得效益的前提，安全对我们来说至关重要。我们不能把"安全第一"只放在口头，只做成标语，而是要实实在在地在思想里刻上"安全第一"，在工作的每时每刻不忘安全，就可以避免很多隐患和事故。

安全中有很多很重的经验教训。每出一个事故，都能总结几条教训，日积月累，就成了我们的规章制度，规章制度就是"血书"，我们靠这本来之不易的"血书"来保证我们的安全。事故都是违章造成的，我们不能只看到事故后受害者多么惨痛，损失多么大，而要树立防事故、保安全的思想，处处想在前，把安全关口前移，把别人的事故当作自己防止事故的经验教训，并从教训中得到进步，这样我们才能不断提高自己的安全意识，坚定自己的安全信念。

3. 安全是一种荣誉。是的，对我们铁路行业来说，安全就是一种荣誉！在经济高速发展的今天，旅客货主们选择自己的出行和物流方式，很重要的一个因素就是安全，我们铁路企业就是抓住了安全，才赢得了市场、取得了效益，这是我们铁路行业共有的荣耀。我们铁路企业取得的成绩与广大铁路职工的付出是分不开的，正因为大家呕心沥血、谨慎细心，风里来、雨里去、不分白天黑夜、不分节假休息日，安全地完成运输任务，这难道不是一种荣誉吗？

4. 安全就是一切。可以设想，没有安全，我们的生命有保障吗？我们的企业效益、职工的收入有保障吗？我们的队伍稳定有保障吗？我们的铁路事业有保障吗？实在一点说，保证不了安全，我们谈不上家庭幸福，谈不上个人理想。就是靠大家共同努力，我们才能把住安全关，才有现在的一切，才会有美好的明天！

归根结底，安全第一，我们应该在各自的工作岗位上，干好自己的本职工作，在工作上真正树立安全第一的思想，克服种种困难，吸取别人的教训，遵章守纪、严格把关、落实执行好自控、互控、他控，从工作的每一秒钟入手，从每一辆车的安全入手来保证安全。当然，安全的目标也不是靠一个人、一天、一件事就能实现的，得靠我们大家长期的、齐心协力的努力才能把握住安全。谁也不敢说一辈子不出问题，但是我们应该有把握做到低级的事故不出、可以防止的事故不出。我们要善于总结自身存在的问题，找出容易出问题的症结，竭尽全力把事故隐患消灭，尽量提高自己防止事故的能力，延长自己的安全周期，取得更好的安全成绩。

55. 应采取哪些措施减少破坏铁路交通设施犯罪的发生？

在列车运行速度日益提高的今天，减少破坏铁路交通设施行为的发生，保证铁路运输安全就显得尤为重要。当前，此类犯罪的犯罪动机通常既不是报复，也不是发泄对社会的不满，而往往是很简单的动机——贪财。为了消费、上网、赌博等，而大肆盗窃铁路的通信电缆、地线等，不仅直接造成铁路财产的重大损失，同时严重危及列车、车辆安全和乘客生命安全，遭受到比盗窃犯罪严厉的多的处罚。因此，应当采取切实措施减少该类案件的发生。

1. 加强对法律法规的宣传教育工作。从源头上遏制破坏铁路交通设施案件的发生，做好事前预防工作。一是要加强沿线群众的法律法规教育、护路爱路教育、遵纪守法教育，使他们有"遵纪守法光荣，违法犯罪可耻"的观念，从思想上筑起防止犯罪的防线；二是针对案件多发地区有重点地开展法制宣传教育工作，要做到"三个突出"，即法制宣传教育工作要突出体现在次数上、质量上、效果上。在次数上就是要摒弃那种指望一两次的法制宣传教育就能见效的想法，要把这项工作当成一项长期的建设性工程来做，作为长效机制来抓；在质量上就是要求有关方面，不要仅仅停留在对法律条文的宣讲，而要把有关法律和案例结合起来进行宣讲，要使人民群众知道，盗窃铁路交通设施不是单纯的盗窃，而是触犯了我国刑法所规定的破坏交通设施罪，对此罪是要重罚的，如盗窃价值不达犯罪数额的公私财产的，有可能不被追究刑事责任，而盗窃价值不达犯罪数额而正在使用的铁路交通设施的，尚未造成严重后果的，要处 3 年以上 10 年以下有期徒刑，造成严重后果的，处 10 年以上有期徒刑、无期徒刑或者死刑，从而使其敬而远之，切忌那种走形式的宣传；在效果上，通过宣传教育，真正使广大群众知道哪些行为是犯罪，是要受到刑法处罚的，从而使那些不安分守己的人不敢为、不能为，达到逐步减少以致杜绝此类犯罪发生的效果。

2. 加大打击力度。发生此类案件时，司法机关要迅速出动，做到快立快破，依法从快从重将犯罪分子绳之以法，绝不放过一个罪犯；在适当时机，可选择一些典型案例到案发地集中的沿线进行开庭审判，以威慑那些不安分守己的人，从而使其不敢为。

3. 加强护路防范工作。要继续发扬与地方政府的联合，路地护路联防的好做法，加强对沿线的治安巡逻，特别是加强对案发多地段的巡逻。此外，在安装有关设施时，建议有关部门要将防盗防破坏功能一并考虑进去，做好我们自身的防范工作，尽可能将留给犯罪分子作案之机降到最小，使之不能为之。

4. 加强与地方公安、工商等部门的联系，加大对废旧收购站的管理工作，堵塞赃物的流向。一是加大对废旧收购人员的法制宣传教育工作，使其树立依法经营的观念，自觉抵御见利忘义的不正确的经营思想，使犯罪分子的违法所得难以销赃；二是加大对废旧收购站的监控和查处，一旦发现其有违法收购赃物的行为，要严厉查处，绝不姑息养奸。

56. 铁路管辖内伤害案件的特点和成因有哪些？

对石家庄铁路地区发生的伤害案件调查发现，有如下一些特点：

1. 从犯罪的后果和情节看，多数案件造成了人员死亡、重伤甚至多人死伤的严重后果，并有数起案件手段极其残忍，情节极其恶劣。

2. 从犯罪的成因看，其中一半的案件属涉情犯罪，即由于恋爱婚姻矛盾引发的犯罪，表现为嫌疑人不能正确处理面临的感情问题，不能理智控制自己的负面情绪，而将情人、前妻、未婚妻、女友杀死或者伤害致死。另外，嫌疑人的精神心理障碍也成为一些案件的重要成因，如黄某伤害案和刘某杀人案，经鉴定，二人犯罪时均有不同程度的精神心理疾患，因而属于限制刑事责任能力人。

3. 从犯罪的诱因看，当事人过量饮酒后寻衅或者酒后自控能力减弱与多起案件的发生有密切关系。陈某伤害案的发生始于被害人杨某酒后堵截威胁陈某；黄某是酒后用酒瓶扎伤旅客；鲁某某重伤其前妻也是在"喝了些酒，越想越气愤"，才拿起菜刀的；杨某过失伤害案发生的开始阶段是被害人化某"喝高了"，在杨某单位门口不服从门卫和保安的管理，甚至出言不逊，进而引发杨某的伤害行为。

4. 从案件当事人的身份看，铁路职工占有一定比例，有的是犯罪嫌疑人，有的则成为与案件发生有关的被害人。前者包括一线工人甘某、单位保安杨某，后者则有杨某伤害案的铁路医院职工化某。陈某伤害案的被害人杨某属于铁路停薪留职人员，也属"半个铁路职工"。从而显示了加强职工教育的必要性。

5. 从犯罪的地点看，这些案件均发生在铁路的工区、货场、站台、站区、候车室，并且除一些即时到达性的犯罪外，多起案件的当事人在犯罪发生前后留存该地点的时间较长，如陈某伤害案中嫌疑人陈某和被害人杨某均长期在货场驻场、鲁某伤害案的受害人在车站出租房内居住，赵某过失致人死亡案的嫌疑人和被害人均在车站连续施工等，这样就给铁路相关单位和部门采取措施控制、预防犯罪提供了必要的时间、空间条件。

57. 预防铁路管辖内伤害案件需要采取哪些措施?

1. 加强管理和教育,维护铁路货场良好的运输服务秩序。当前在部分车站货场,因驻场运输服务人员争抢客户引发的殴斗、损坏财物、威胁客户等事件时有发生,并在较大程度上影响了货场的管理和治安秩序。打击恶意争抢客户的行为,一是要加强驻场单位的管理,将那些没有资质、不讲诚信、恶意扰乱服务秩序的及时清除;二是加强对驻场服务单位和人员的宣传教育,使他们树立正当竞争、诚信经营、遵规守法意识;三是货场、驻场单位、驻场公安机关、检法机关要加强联系和配合,共同维护货场正常的秩序。

2. 加强对铁路职工道德、法律教育,减少铁路职工犯罪和受害的隐患。一要搞好家庭美德教育,让职工珍惜婚姻和家庭关系,减少因婚外情引发的矛盾纠纷和杀人伤害等犯罪;二是对保安等和群众接触多,负有治安、秩序维持责任的职工进行文明教育,防止因态度和行为粗暴激化矛盾;三是引导职工健康生活,减少过量饮酒导致的矛盾纠纷和犯罪;四是教育职工遵守所在和所到单位规章制度,服从管理,尊重同行,理智处理与他人的矛盾纠纷;五是对职工加强法制教育,提高职工的守法意识,守住做人做事的法律底线。

3. 依法开展对外经济合作和安全施工,做好外来务工人员工作。赵某乱开叉车轧人致死案,暴露了农村包工队无资质承揽工程带来的施工安全管理的混乱和施工人员安全生产知识的匮乏、安全意识的淡薄,对此要进行治理;要加强对在铁路单位出租房租住和在铁路工作的外来务工人员的管理和教育,及时发现化解犯罪苗头;加强针对乘客的法制宣传及治安巡查,减少乘客伤害犯罪。

4. 沿线地方和全社会都来重视矛盾化解和犯罪预防工作,共同维护铁路治安稳定。有相当一部分案件虽然事实和结果发生在铁路辖区,但犯罪的原因发生在铁路以外,这样一来,仅靠铁路一家显然难以从根本上遏制此类犯罪的发生。这就需要沿线地方乃至全社会都来重视人身伤亡刑事案件的综合治理工作。特别针对当前因婚恋问题引发刑案较多的现状,重点做到移风易俗,倡导健康的婚姻风尚,让人们学会正确对待婚恋,正确处理感情挫折,减少因婚恋导致的暴力犯罪行为。

58. 物资材料采购领域如何预防职务犯罪的发生?

1. 严格执行物资采购的已有相关制度。铁路企业物资采够在实践中形成了不少科学而有效的制度。如物资采购归口管理制度、分级分权采购制度、料源渠道管理制度、采购计划管理制度等。严格遵循这些制度,才能确保物资采购工作顺利进行、保障材料质量和生产运输安全、降低企业经营成本、防止国有资产流失，以及防范职务犯罪行为的发生。这些制度贵在遵循，难在执行，否则制度设计再好也难以充分发挥作用。

2. 完善采购过程的监督制约机制。相关单位要执行和完善采购过程中"计划、渠道、价格、执行"四权分离、相互制约的制度，防止权力过分集中；贯彻采购渠道、采购价格、采购方式、服务承诺四公开原则，增加采购活动透明性；强化各个环节的监督制约责任，特别是相关领导要增强制度意识，加强监督，严格把关；健全责任追究制度，努力减少监督制约不到位的现象。同时完善大宗采购事项集体决策制度，充分发挥集体把关和监察人员的监督作用。

3. 整顿物资供应部门多种经营秩序防止利益驱动。在物资供应部门和使用单位之间之所以长期形成擅自委托自行采购并对其物资报销和擅自超范围自购的局面，除了确有为及时保证使用单位急用物资供应的因素和物资部门图省事或为了与使用单位搞好关系等原因外，另一个很重要的原因是为物资部门的多种经营通过这个过程赚取利润。这样做的结果固然是方便了材料使用单位及时购买所需材料、照顾了使用单位的情面，也提高了物资部门采购额度的完成速度，同时为本单位多种经营增加了利润，但实质上，物资部门在获得自身利益（完成供应额度、获取利润等）的同时，把自己应承担的物资质量和价格的责任和风险大部分转移到了使用单位身上，而使用单位采购机制不健全、人员少等原因而不能做到对材料质量、价格负责，其结果只能导致这部分采购活动不规范运作，将国家财产置于较大的风险之中，甚至为经济犯罪的发生提供可乘之机。要打破这种状况，物资部门多种经营活动必须整顿或者停止，绝不能靠"吃"使用单位材料费从而变相增加企业经营成本的方式生存。

4. 加强对物资采购人员思想道德和法纪教育，筑牢拒腐防变的思想防线。一是要经常开展思想理论教育。清廉气节来源于思想理论上的成熟和政治上的清醒和坚定。理论水平、政治觉悟、思想境界提高了，对个人的名誉、地位、利益等问题就会想得透、看得淡，对党和人民的事业就会更加尽心尽力，廉洁勤政就有了可靠的思想保障和精神动力。二是要抓好道德教育。让干部职工明白什么是真善美、什么是假恶丑，应当坚持什么、反对什么，提倡什么、抵制什么，让他们常思贪欲之害，常怀律己之心，常修奉公之德，从一点一滴做起，勿以善小而不为，勿以恶小而为之。三是要抓好党纪条规和法制教育。让干部职工明白行为的底线，触犯法纪"高压线"的后果。四是要经常开展案件警示教育。让干部职工直观地看到不遵守制度、纪律和法律的严重后果，做到警钟长鸣。

59. 倒卖车票罪的危害和处罚规定有哪些?

倒卖车票罪是指倒卖车票，情节严重的行为。根据 1999 年 9 月 14 日起施行的最高人民法院《关于审理倒卖车票刑事案件有关问题的解释》的规定，高价、变相加价倒卖车票或者倒卖坐席、卧铺签字号及订购车票凭证，票面数额在 5000 元以上，或者非法获利数额在 2000 元以上的，即属情节严重。

倒卖车票犯罪是严重妨害车票管理的行为，其危害表现为扰乱正常的车票销售秩序，由于票贩子"囤票"、乱加价等行为，减少了乘客正常购买车票的机会，增加了乘客购票的成本，妨碍了乘客正常出行，扰乱了正常的交通秩序。特别是在春运等运输紧张的时期，引发了票源紧张，引起人民群众的极大不满。

根据刑法有关规定，自然人犯本罪的，处 3 年以下有期徒刑、拘役或者管制，并处或者单处票证价额 1 倍以上 5 倍以下罚金。单位犯本罪的，对单位判处罚金，对其直接负责的主管人员和其他直接责任人员，依本条之规定追究刑事责任。

最高人民法院《关于审理倒卖车票刑事案件有关问题的解释》规定，对于铁路职工倒卖车票或者与其他人员勾结倒卖车票；组织倒卖车票的首要分子；曾因倒卖车票受过治安处罚两次以上或者被劳动教养一次以上，两年内又倒卖车票，构成倒卖车票罪的，依法从重处罚。

铁道部对售票人员规定了"七个不准"，即不准把个人的钱包、手机带到自己的工作岗位，不准利用当班时间私自扣留车票，不准超范围和规定出售车票，不准替他人代买车票，不准不核对证件为他人订购车票，不准利用工作的便利替他人电话订票和取票，不准违反程序办理退票的手续。违反上述规定的人员，调离售票岗位。凡是参与倒票的职工一律解除劳动合同。如果发现有管理不善或者失职造成本单位出现严重的倒票行为的单位负责人，要追究领导责任，将受到行政处分，直至撤职。

60. 面向社会有偿代订火车票是否违法？

2013 年 1 月 10 日，广东佛山的钟某某和叶某夫妇在佛山市禅城区张槎镇大富村"阳光宝贝"童装店通过 www. 12306. cn 网上订票，到代售点取票的方式，以每张高出票面 10 元的价格向旅客代理火车票 72 张，总收入 720 元。随后，肇庆铁路公安对两人处以刑事拘留，并于 6 月 26 日被肇庆铁路公安处给予行政拘留 12 日的行政处罚，追缴违法所得 720 元。

钟某某夫妻认为接受他人委托而帮助他人买票属于"代购"车票行为，不构成"倒卖"车票行为，是一种合法的、便民的民事代理行为。肇庆铁路公安处对他们进行行政处罚不当，应当撤销。肇庆铁路公安处表示，申请人钟某某、叶某没有工商行政管理部门注册登记发放的营业执照，也未经铁路运输企业批准、未与铁路运输企业签订火车票代理销售协议，不具备代办铁路客票资格，其行为属于倒卖铁路客票的行为。

另外还有一种意见认为，上述夫妻的行为构成非法经营。非法经营是指"未经许可经营专营、专卖物品或其他限制买卖的物品"。在我国现阶段，特别是在春运这个特殊的时间节点上，火车票当然是属于未经许可不能经营的专营商品，否则为什么会设专售点，而手续费都有明确规定呢？所以，加价倒卖火车票肯定是违法的。

当然，从这对小夫妻只加价10元销售可以看到，他们主观上的确没有犯罪的恶意，只是不懂法。根据刑法的有关规定，非法经营罪特别强调了主观故意性，如果行为人没有主观故意，就不构成非法经营罪。当然他们的行为是不是构成犯罪，应当由法院来认定。但是，他们的行为肯定构成了非法经营，处以行政处罚还是应该的。

61. 倒卖的车票没有卖出就不构成倒卖车票罪吗？

答案是否定的。首先，这种行为不是刑法规定的犯罪行为未实行终了的"未遂"行为。倒卖车票罪在刑法修订前，根据司法解释规定是以投机倒把罪论处的，修订后的刑法将投机倒把罪予以分解，将倒卖车票罪规定为独立罪名，"倒卖"一词的普通意义应该是买进再卖出的行为，如果以这种普通意义作为规范的意义，就会得出这样的结论：只有买进再卖出才是完整的倒卖行为，买进而未及卖出，是倒卖行为的未完成状态，一个犯罪的构成要件的客观行为没有完成，当然只能认定未遂。但是，倒卖车票罪是为了保护国家对车票的正常管理秩序，设立倒卖车票罪的目的就是保护国家对车票的正常管理秩序不被侵害。为了出售牟利而买进大量车票，就已经使国家失去了对车票的控制，他人也因此无法通过正常途径、以正常价格购买到所需要的车票，国家对车票的正常管理秩序被侵害。正如最高人民法院《关于适用〈全国人民代表大会常务委员会关于禁毒的决定〉的若干问题的解释》中明确规定："贩卖毒品是指明知是毒品而非法销售或者以贩卖为目的而非法收买毒品的行为。"从这个司法解释来看，"贩卖"的规范意义包括以出卖为目的而购买的行为，"倒卖"与"贩卖"在规范意义上是相同的，因此，"倒卖"的规范意义也当然可以解释为以出售牟利为目的而购买的行为。那么，以出售牟利为目的购进大量车票，就应当认定是"倒卖"实行行为的终了。

其次，犯罪目的没有实现不影响犯罪的认定。倒卖车票罪在刑法中没有明文规定以牟利为目的，但在一般理论上，将"以牟利为目的"确定为犯罪构成的主观要件内容。刑法理论上认为，目的犯中的目的，属于主观要素，并不需要客观上实现其目的，这种不要求存在与之相对应的客观事实的主观要素。倒卖车票罪主观上要求具有牟利的目的，那么，在车票未售出的情形下，牟利的目的显然没有实现。但倒卖车票罪作为故意犯罪，其犯罪故意由认识因素与意志因素构成，在认识因素上，行为人明知自己的行为会发生使他人不能通过正常途径购买到车票的危害结果，在意志因素上，行为人是希望或放任这种危害结果发生。因此，是否未遂就要看行为人认识到的希望或放任的危害结果是否发生，至于是否谋取了利益，则不能左右对既遂与未遂的判断。以出售牟利为目的购进大量车票，当然地发生了他人不能通过正当途径购得车票的危害结果，所以应当是既遂。一般认为，主观的超过的要素是违法要素，也就是说，如果大量套购车票，主观上不具有牟利的目的则不具有违法性。因此，目的犯中的目的未实现不影响犯罪既遂的认定。

62. 倒卖铁路电话订单号码是否构成犯罪？

根据刑法第 227 条相关规定及最高人民法院《关于审理倒卖车票刑事案件有关问题的解释》，高价、变相加价倒卖车票或倒卖座席、卧铺签字号及订购车票凭证票面数额在 5000 元以上，或者非法获利数额在 2000 元以上的，构成"倒卖车票情节严重"。这一规定和解释，是在铁路售票没有实行实名制之前，针对传统的囤积车票加价倒卖的方式制定的，而铁路售票实行实名制后，由过去传统的倒卖方式转变为新型的倒卖铁路电话订票"订单号码"的方式。有的认为这种行为属于民事委托行为，不构成犯罪，因为虽然票贩子收取的费用高于所打电话的费用，但为所需票人提供了方便、减少了时间，是双方的自愿行为或者说是一种民事委托关系，这种行为没有社会危害性，不构成犯罪；有的认为这种行为是倒卖车票的翻版，具有社会危害性，只要倒卖的"订单号码"票面价值或获利数额达到法律规定的犯罪标准以上，就可按犯罪处理，理由是"订单号码"是取票的凭证，1 张"订单号码"可以购买 1 张票。拿着"订单号码"在规定的时间内到市内任何一个售票点都可以购取票。票贩子收取多人的身份证，通过控制售票窗口、恶意占用铁路订票电话，获取多张"订单号码"加价后，再倒卖给不特定的旅客。这种行为本身就具有社会危害性。

63. 如何防止倒卖车票犯罪行为的发生？

当前铁路部门对火车票的管理存在如下漏洞：一是票贩子所囤积的大量车票除少数系挖补、假票外，大多数是从铁路客票销售点、代办点、代办单位等购买的。这些点除少数是非法设立的之外，大多数是经铁路部门批准或同意设立的，票贩子在春运、暑运客票十分紧张的情况下，能囤积大量的车票说明铁路对票的管理仍存在不足之处。二是铁路订票系统尚存有缺陷。铁路规定订票人在取票时需出示订票时所用的身份证件，但在实际操作中，购票人通过铁路电话订票获取"订单号码"后，到网点购票，售票人员并不查验身份证，票贩子就是钻了这一空子或借用身份证或编造假身份证，既降低了自己的违法成本，又给公安机关侦破案件增加了难度。三是铁路电话订票系统不能识别身份证的真伪，为票贩子编造提供了方便。由于上述漏洞又加上警力有限，实名制下要有效遏制倒票问题十分艰难。

针对上述漏洞，一是要对经铁路批准或同意的客票售票点、代办点和代办单位进行认真清理，对非法设立的各售票点、代办点和代办单位，要坚决予以取缔，对以单位名义集体倒卖车票达到法律规定标准的，对单位主要负责人应依法追究刑事责任或对单位处以罚款。二是对铁路具有管票职权的部门和人员，要加强预防犯罪教育，强化管理，落实每个环节监督措施，实行重要岗位人员定期交流，防止形成内外勾结，倒销一条龙。三是掌握票源的单位和个人要充分掌握法律政策，对倒卖车票对社会的危害，以及倒卖车票一旦被查处对自己和家庭的危害等，都要有充分的认识，避免事前盲目行事，事后追回莫及。四是铁路部门应组织专门技术力量，对铁路电话订票系统加强研究和技术改进，不给票贩子以可乘之机。

二、刑事诉讼篇

（一）基础知识

1. 什么是刑事诉讼？

所谓诉讼，就是平时所讲的"打官司"，诉讼法就是关于如何打官司方面的法律规定。日常生活中常碰到的诉讼，主要有民事诉讼（即民事纠纷方面的官司）、行政诉讼（即公民与有关国家机关之间的纠纷方面的官司）和刑事诉讼。刑事诉讼则是有关犯罪方面的官司。我国刑法规定了哪些行为是犯罪行为，犯了罪又应当负什么样的法律责任，判什么刑。关于刑法规定的这些有关犯罪的案件，一旦发生了，要找哪些部门告状，怎样告状，需要什么样的证据，如何请律师，哪些案件当事人可以自己到司法机关告状，哪些案件则是由有关的司法机关直接调查办案，公安机关如何立案侦查，检察机关对侦查、审判如何进行法律监督，法院又如何对这些有关犯罪的案件进行审理以及公安机关、检察机关和人民法院这些司法机关之间在办理犯罪案件时如何进行分工等，这涉及从立案侦查、起诉、审判到执行刑罚等一系列诉讼程序如何具体操作。这样就需要有一部专门的法律来作详细、明确的规定，才能确保刑法的实施。刑事诉讼法就是这样一部确保刑法实施的诉讼程序方面的法律。有了刑事诉讼法的规定，受害当事人告状，犯罪嫌疑人、被告人及其所聘请的律师和辩护人如何行使诉讼权利、履行义务，司法机关办理案件就有了行为规范，整个刑事诉讼过程就有章可循。

为了真正保障在刑事诉讼过程中依法办案，以达到确保刑法的施行，从而保证准确、及时地查明犯罪事实，惩治犯罪分子，保障无罪的人不受刑事追究，保护公民的人身权利、财产权利、民主权利和其他权利，保障社会主义建设事业的顺利进行的根本目的，必须制定一部内容详尽和明确的刑事诉讼法。

2. 公、检、法三机关负责的案件和职能有什么不同？

在刑事诉讼活动中，公安机关、检察机关和人民法院代表国家负有追究犯罪，保护国家利益，保护公民合法权利的职责。为了确保刑法的正确实施，惩治犯罪和提高刑事诉讼的效率以及保证办案的质量，刑事诉讼法明确规定了各个司法机关在刑事诉讼活动中的职责分工，要求公、检、法三机关分工负责，并加强互相监督和互相制约。

根据刑事诉讼法的规定，公安机关主要负责对刑事案件的侦查、拘留、执行逮捕和预审的工作。其中"侦查"是指公安机关对刑事案件行使的侦查权，包括讯问犯罪嫌疑人；询问证人；对犯罪有关的场所、物品、人身、尸体进行勘验和检查；对犯罪嫌疑人以及可能隐藏罪犯证据的人的身体、物品、住处和其他有关的地方进行搜查；对在勘验、搜查中发现的可以用以证明犯罪嫌疑人有罪或者无罪的各种物品和文件，进行扣押；为了查明案情，需要解决案件中某些专门性问题的时候，可以请有专门知识的人进行鉴定；对在逃的应当逮捕的犯罪嫌疑人可以发布通缉令，将其追捕归案等。"拘留"是指对现行犯或者重大犯罪嫌疑分子所采取的一种强制性的措施。"执行逮捕"是指对有证据证明有犯罪事实，并可能被判处徒刑以上刑罚的犯罪嫌疑人、被告人，经人民检察院批准或者人民法院决定逮捕后，由公安机关将其正式逮捕。"预审"是指侦查机关对犯罪嫌疑人进行讯问，对所搜集、调取到的证据材料予以核实。根据刑事诉讼法的规定，除法律另有规定的以外，所有刑事案件的侦查工作都由公安机关负责。但刑事诉讼法规定的自诉案件，如需要被害人自己到法院去告状才处理的案件；被害人有证据证明的轻微刑事案件；被害人有证据证明对被告人侵犯自己人身、财产权利的行为应当依法追究刑事责任，而公安机关或者人民检察院不予追究被告人刑事责任的案件，比如故意伤害案中没有造成被害人残疾的轻伤害案件，重婚案、不养老人和子女的遗弃案、私拆他人信件或者私藏、毁坏他人信件的妨害通信自由案件，无故到别人家中滋扰生事而使别人无法正常生活的非法侵入他人住宅案件，生产、出卖伪劣商品案件（不包括严重危害社会秩序和国家利益的案件），侵犯知识产权案件（不包括严重危害社会秩序和国家利益的案件）。另外，刑法第四章规定的侵犯公民人身权利、民主权利的犯罪和第五章规定的侵犯财产的犯罪，对被告人可能判处3年有期徒刑以下刑罚的其他轻微刑事案件。由于这些案件的事实、证据都比较清楚，案情也比较简单，不需要侦查机关再进行侦查，因此被害人可以直接到人民法院起诉。

检察机关主要是负责检察、批准逮捕、检察机关直接受理的案件的侦查、提起公诉的工作。为了有效地提高办案质量和确保刑法的正确实施，对于公安机关需要执行逮捕的犯罪嫌疑人，必须要由检察机关进行检察和批准。法律这样规定，是为了加强司法机关之间的制约机制，也有利于保护公民的合法权益和有效惩治犯罪。另外，检察机关还有权对一部分刑事案件直接立案侦查和提起公诉。这些案件主要是：国家工作人员、国家机关工作人员利用职务实施的犯罪，主要有贪污贿赂犯罪，国家工作人员的渎职犯罪，国家机关工作人员利用职权实施的非法拘禁、刑讯逼供、报复陷害、非法搜查的侵害公民人身权利的犯罪以及侵犯公民民主权利的犯罪。此外，检察机关作为法律监督机关，还可以对个别不属于检察机关直接立案侦查管辖范围内的重大案件予以立案侦查，但在程序上有严格限制。即对于国家机关工作人员利用职权实施的其他重大的犯罪案件，需要由人民检察院直接受理的时候，经省级以上人民检察院决定，可以由人民检察院立案侦查。检察机关在公安机关移送的刑事案件和检察机关自己直接受理的案件材料进行审查后，认为应当追究刑事责任的，可以代表国家向人民法院提起公诉。

人民法院主要负责案件的审判工作。人民法院对检察机关提起的公诉案件以及公民根据法律规定直接向人民法院起诉的案件，依照法律的规定进行审理和作出判决。

人民法院除了审判由检察机关代表国家向人民法院提起公诉的案件以外，根据法律规定，人民法院还应当受理一些公民可以直接向人民法院提出的刑事诉讼的案件，即称为自诉案件。

3. 什么是举报？

举报是指机关、团体、企事业单位和个人向司法机关和有关部门检举、揭发犯罪嫌疑人的犯罪事实或者犯罪嫌疑人线索的行为。

举报是我国宪法和法律赋予公民对国家机关和国家机关工作人员进行监督的一项民主权利。我国宪法第 41 条第 1 款规定："中华人民共和国公民对于任何国家机关和国家工作人员，有提出批评和建议的权利；对于任何国家机关和国家工作人员的违法失职行为，有向有关国家机关提出申诉、控告或者检举的权利，但是不得捏造或者歪曲事实进行诬告陷害。"刑事诉讼法第 108 条第 1 款规定："任何单位和个人发现有犯罪事实或者犯罪嫌疑人，有权利也有义务向公安机关、人民检察院或者人民法院报案或者举报。"宪法和法律的这一规定，为公民以控告、检举、举报的方式对国家机关和国家工作人员行使监督权提供了法律保障，使举报成为我国公民同职务违法犯罪行为作斗争的有力武器和重要手段，也成为我国司法机关、行政监察机关以及其他有关机关和部门发现和查处职务违法犯罪案件的主要线索来源和渠道。

公民举报可以通过电话举报、信函举报、传真举报、网上举报，也可以当面举报、预约举报或者认为方便的其他形式进行举报。

按照法律规定，公民举报必须实事求是，如实提供情况，捏造或者歪曲事实，诬告陷害他人的应负法律责任。

对于公民举报，司法机关、行政监察机关以及其他有关机关和部门均应受理。受理后依照有关管辖范围分工的规定，进行分流，归口办理，分级负责，并由承办部门将办理情况及时答复举报人。任何单位和个人均不得私自扣押公民举报的线索，也不得对举报人进行压制和打击报复。

4. 公民举报享有哪些权利和负有哪些义务？

根据有关规定，公民举报享有以下几方面的权利：

1. 举报权。举报权是宪法赋予公民的一项民主监督权利。对于公民的举报，任何人不得压制和打击报复。

2. 要求回避权。举报人发现举报机构接待的工作人员有法定回避情形的，有权要求其回避。

3. 查询结果权。公民举报后，在一定期限内得不到答复时，有权向受理机关询问，要求给予负责的答复。

4. 要求保护权。刑事诉讼法第 109 条第 3 款规定，公安机关、人民检察院或者人民法院应当保障报案人、控告人、举报人及其近亲属的安全。

5. 享有物质和精神奖励权。对举报违法犯罪的有功人员和单位，举报受理机关根据规定，给予其精神、物质奖励。

6. 其他权利。如举报人有选择举报方式的自由等。

公民举报负有以下几方面的义务：

1. 举报义务。刑事诉讼法第 108 条第 1 款规定，任何单位和个人发现有犯罪事实或者犯罪嫌疑人，有权利也有义务向公安机关、人民检察院或者人民法院报案或者举报。

2. 据实举报义务。举报应实事求是，应如实提供被举报人的姓名、单位和违法犯罪事实；不得捏造事实，伪造证据，诬告陷害他人。

3. 遵守举报工作有关规定，维护社会秩序和工作秩序。

5. 什么是控告？

控告是指机关、团体、企事业单位和个人向司法机关揭露、告发违法犯罪事实或犯罪嫌疑人，要求依法予以惩处的行为。

在我国，控告是公民享有的重要权利和同违法犯罪行为作斗争的重要手段，也是刑事案件立案材料的主要来源。公民的控告权受到国家宪法和其他法律的保护。

根据刑事诉讼法第 108 条第 2 款、第 3 款规定：被害人对侵犯其人身、财产权利的犯罪事实或者犯罪嫌疑人，有权向公安机关、人民检察院或者人民法院报案或者控告。公安机关、人民检察院或者人民法院对于报案、控告、举报，都应该接受。对于不属于自己管辖的，应当移送主管机关处理，并且通知报案人、控告人、举报人；对于不属于自己管辖而又必须采取紧急措施的，应当先采取紧急措施，然后移送主管机关。根据这一规定，控告一般是指被害人及其近亲属或其诉讼代理人，对侵犯被害人合法权益的违法犯罪行为，依法向司法机关告发，要求予以惩处的行为。

按照刑事诉讼法第109条规定，控告可以用书面或者口头提出。属于口头控告的，接待的工作人员应当写成笔录，经宣读无误后，由控告人签名或盖章。接受控告的工作人员应当告知控告人，控告应实事求是，不得诬告陷害他人，并说明诬告应负的法律责任。

按照刑事诉讼法第110条规定，人民法院、人民检察院或者公安机关对于控告材料，应当按照管辖范围，迅速进行审查，认为有犯罪事实需要追究刑事责任的时候，应当立案；认为没有犯罪事实，或者犯罪事实显著轻微，不需要追究刑事责任的时候，不予立案，并且将不立案的原因通知控告人。控告人如果不服，可以申请复议。

控告与举报都是向司法机关揭露犯罪，并要求依法处理的行为，也都是公民同犯罪作斗争的重要手段，但两者又不相同，主要区别是：（1）控告人是犯罪案件的被害人或其法定代理人，与案件的处理有直接的利害关系；举报人一般不是犯罪案件的被害人或其法定代理人，与案件无直接的利害关系。（2）控告的目的，主要是为了维护被害人自身的合法权益；而举报的目的，主要是为了伸张正义，维护法制，保护国家和社会公共利益及他人的合法权益。

6. 什么是报案？

报案是指机关、团体、企事业单位和公民（包括被害人）将发现的有犯罪事实或者犯罪嫌疑人向司法机关报告的行为。

报案既是单位、个人和被害人同犯罪作斗争，维护自身或他人权益的重要方式，也是司法机关惩治犯罪的主要案源材料之一。根据我国刑事诉讼法第108条规定：任何单位和个人发现有犯罪事实或者犯罪嫌疑人，有权利也有义务向公安机关、人民检察院或者人民法院报案或者举报。被害人对侵犯其人身、财产权利的犯罪事实或者犯罪嫌疑人，有权向公安机关、人民检察院或者人民法院报案或控告。公安机关、人民检察院或者人民法院对于报案都应该接受。对于不属于自己管辖的，应当移送主管机关处理，并且通知报案人；对于不属于自己管辖而又必须采取紧急措施的，应当先采取紧急措施，然后移送主管机关。

根据刑事诉讼法第109条规定，报案可以用书面或者口头提出。属于口头报案的，接待的工作人员应当写成笔录，经宣读无误后，由报案人签名或盖章。人民法院、人民检察院或者公安机关对于报案材料，应当按照管辖范围，迅速进行审查，认为有犯罪事实需要追究刑事责任的时候，应当立案；认为没有犯罪事实，或者犯罪事实显著轻微，不需要追究刑事责任的时候，不予立案。

根据我国刑事诉讼法的规定，机关、团体、企事业单位和公民个人报案，应按事件的性质和法定的案件管辖范围及时向有关司法机关报案。

7. 什么是职务犯罪举报工作?

职务犯罪举报工作也可称为人民检察院的举报工作，是指检察机关接受公民和国家机关、团体、企事业单位以及其他人士，对国家工作人员以及国家机关工作人员贪污、贿赂、渎职等职务犯罪行为的检举、控告，进行查处，并向举报人反馈查处情况及结果的活动。

举报职务犯罪的主体包括两个方面，一是举报人，二是受理举报的检察机关。公民举报与检察机关对公民举报的受理、查处、反馈等活动形成了完整的一系列举报职务犯罪工作。

举报职务犯罪，对于每个公民来讲，既是权利也是义务，依法行使举报犯罪的权利和履行该义务，受国家法律保护，举报有功的可受到奖励。如拒不履行此项义务，即知情不举或滥用此项权利，歪曲事实诬告陷害他人，造成一定后果的，则要受到国家法律的惩罚。相对而言，公民、单位举报有关职务犯罪，检察机关必须予以受理，认真查处，向举报人反馈查处结果，并采取措施保护举报人，使其免遭打击报复。

在我国，举报职务犯罪工作，是检察机关检察业务的重要组成部分，是检察机关密切联系群众、依靠群众，把依法查办职务犯罪的专门工作与群众路线相结合，把专门机关的法律监督与群众的民主监督相结合的一种有效形式。1988 年以来，检察机关为了鼓励群众举报各种职务犯罪分子，在各级检察院建立了举报中心，并设立举报箱，公布举报电话，建立举报网站，制定各项举报保护、奖励等工作制度，为广大人民群众行使举报权利提供了便利的途径和渠道，极大地推动了举报职务犯罪工作的深入开展。

8. 什么是举报中心?

举报中心是接受、处理公民和国家机关、团体、企事业单位以及其他人士，对违法犯罪行为进行控告、检举的专门机构。我国许多部门都设有举报机构。如党的纪律检查机关、政府监察部门和工商行政管理、税务、审计、物价、海关、外汇管理、劳动和社会保障、质量技术监督等部门都设有举报机构。人民检察院举报中心是检察机关接受处理公民和国家机关、团体、企事业单位以及其他人士，对国家工作人员以及国家机关工作人员贪污、贿赂、渎职等职务犯罪行为进行检举、控告的专门工作机构。目前，全国已有 3600 多个检察院设立了"举报中心"，形成了覆盖全国的举报网络。人民检察院举报中心的主要职责是：宣传发动群众；受理、管理、审查举报线索和初查部分举报线索；交办重要举报案件；对移送本院侦查部门处理的举报线索进行催办；开展保护奖励工作；答复实名举报人等。

9. 公民举报职务犯罪可采取哪些方法？

举报职务犯罪是公民行使法律赋予的民主权利，参与管理国家事务、监督国家工作人员的一种重要形式。为了充分保障公民行使这一民主权利，检察机关普遍建立了举报中心，通过设置举报箱、向社会公布举报电话、开通网上举报等，以畅通举报渠道，方便群众举报。

根据《人民检察院举报工作规定》和实践中的做法，举报职务犯罪通常可采用以下几种方式：

1. 电话举报。就是举报人按照所掌握的案件线索的性质，通过拨打举报电话，向负责受理此类案件的举报机构或者有关部门进行举报。

2. 信函举报。就是举报人将所掌握的案件线索，以书面信函的方式，投寄给负责受理此类案件的举报机构或者有关部门进行举报。

3. 当面举报。就是举报人就所掌握的案件线索，亲自到有关举报机构或者有关部门，当面向举报机构的工作人员进行举报。

4. 预约举报。预约举报是当面举报的一种补充形式，是指举报人就所要举报的案件线索事先与举报机关或者有关部门进行联系，约定时间、地点以及接待人员，进行当面举报。

除以上几种形式外，行使举报权也可以采取电传、电报、录音、录像或者通过互联网等方式进行。总之，采取何种举报方式，则由举报人根据自己的意愿和具体情况来定。

10. 为什么举报必须实事求是？

我国宪法第 41 条第 1 款明确规定："中华人民共和国公民对于任何国家机关和国家工作人员，有提出批评和建议的权利；对于任何国家机关和国家工作人员的违法失职行为，有向有关国家机关提出申诉、控告或者检举的权利，但是不得捏造或者歪曲事实进行控告陷害。"刑事诉讼法也规定公民在举报、控告过程中诬告要负法律责任。可以看出，法律规定举报必须实事求是。

举报是人民群众同贪污贿赂、渎职等职务犯罪做斗争的重要手段。从公民向检察机关举报的目的、意图来看，绝大多数人希望通过举报使犯罪得以查处，从而遏制腐败，净化社会环境，减少国家在财产等方面的损失，是出于良好的愿望。但也有少数举报人，或出于泄愤报复，或出于其他私利，要想方设法搞倒搞臭被举报人。目的、意图的不同，带来举报内容的真实性也不尽相同。因此，必须强调举报应坚持实事求是原则。利用举报诬告陷害他人是要受法律追究的。

坚持实事求是的原则，如实向检察机关举报犯罪，不仅可以避免错告、举报失实、诬告陷害的情况发生，避免因诬告陷害他人而受到法律的追究。而且由于检察机关及时侦破案件，减少因举报不实事求是而造成查案工作上不应有的财产、时间等损失和浪费。坚持实事求是的举报，依法举报，对举报人、被举报人和检察机关来说，都是一种负责任的精神。

11. 诬告与错告、举报失实有什么区别，为什么诬告陷害他人要受法律追究？

诬告是指捏造事实，向国家机关或者有关单位作虚假告发，意图使他人受到刑事追究的行为。错告是指举报人由于认识上的问题，向举报部门作了不符合实际的举报。举报失实是由于举报人对情况了解不确实，而向举报部门所作的不符合实际的举报。

从三者的概念看，诬告与错告、举报失实有着原则区别：诬告侵犯的客体是公民的人身权利和司法机关的正常活动，在主观上有使他人受到刑事追究的目的，在客观方面有故意捏造犯罪事实告发他人的行为；而错告或举报失实，行为人在主观上没有虚构事实的故意，错告只是因为认识上的问题造成错误告发或举报，举报失实只是因对情况了解不清，错误告发或举报，举报失实只是因对情况了解不确实而作的不符合实际的举报。对举报失实的甚至是错告的，只要不是故意捏造事实，伪造证据，就不能认为是诬告。将诬告与错告、举报失实严加区别，有利于解除举报人的思想顾虑，鼓励知情人举报，有利于依靠群众打击犯罪。

公民向检察机关举报职务犯罪，是一件十分严肃的事情，行使举报权利必须依照法律的规定和要求，利用举报诬告陷害他人，法律是绝不允许的，我国刑法第243条明确规定了诬告陷害罪，对诬告陷害他人的施以刑罚处罚。

所谓诬告陷害，是指捏造事实，向国家机关或者有关单位作虚假告发，意图使他人受到刑事追究的行为。其主要特征有：一是侵犯的客体是公民的人身权利和司法机关的正常活动。行为人企图假借司法机关实现其诬告陷害无辜的目的。这不仅侵犯了公民的人身权利，而且可能导致冤假错案，干扰司法机关的正常活动，破坏司法机关的威信。二是客观方面表现为捏造犯罪事实，向国家机关或者有关单位作虚假告发的行为。首先是有捏造犯罪事实的行为，其次向国家或者有关单位进行了告发。三是主观方面是故意，并且有陷害他人，使其受到刑事追究的目的。

从以上分析看，诬告陷害行为是一种触犯刑律的犯罪行为，具有一定的社会危害性，我国刑法规定，捏造事实诬告陷害他人，意图是他人受到刑事追究，情节严重的，处3年以下有期徒刑、拘役或者管制；造成严重后果的，处3年以上10年以下有期徒刑。国家工作人员犯诬告陷害罪的，从重处罚。

12. 检察机关开展举报工作的原则是什么？

最高人民检察院根据我国宪法、刑事诉讼法和人民检察院组织法的有关规定，制定了《人民检察院举报工作规定》，确定了人民检察院举报工作必须遵循的五条原则。

1. 依靠群众，方便群众，实行专门工作与群众路线相结合。依靠群众，就是要相信群众，深入调查研究，发动群众举报，提供证实犯罪的情况。只有依靠群众，才能获取众多的案件线索，准确地查明案件事实，正确运用法律，惩罚犯罪，保护人民。只有依靠群众，举报工作才有生机和活力，充分发挥其职能作用。群众举报是举报工作的生命线。发动群众举报，就要为群众举报提供方便条件。检察机关举报中心都设有举报电话、举报箱、接待室，并经常深入基层，开展巡回接待、定点接待，方便了群众举报。群众路线是我们党和国家一切工作的根本路线，也是举报工作的根本路线。实行专门工作与群众路线相结合，就是把专门机关依法查处与充分发挥群众的智慧和力量有机地结合起来。这是搞好举报工作的关键和基础。

2. 以事实为根据，以法律为准绳。这是我国社会主义法制的基本原则，也是举报工作必须遵循的原则。"以事实为根据"，就是处理案件必须以客观存在的、经过调查属实、有证据证明的事实为依据，不能以主观的想象、推测或怀疑的所谓"事实"为依据。这就必须坚持深入实际，调查研究，占有确凿的事实，才能使案件的处理真正建立在客观事实的基础上。"以法律为准绳"，就是在查清案件事实的基础上，以国家法律为标准，对案件作出正确处理。只有严格遵守和执行法律，才能保证案件质量，打击犯罪，保护人民。事实是前提、基础和根据，法律是标准、尺度，只有把两者紧密结合起来，才能正确处理案件。

3. 统一管理，归口办理，分级负责。统一管理，就是人民检察院受理的举报材料由举报中心统一管理，本院检察长和其他部门接到的举报线索，应当及时批交或者移送举报中心处理。如有特殊情况暂时不宜移送的，应当报检察长或者部门负责人批准。归口办理，就是按照举报问题的性质和各部门的管理范围，将举报材料移送有管辖权的部门处理。分级负责，就是从最高人民检察院到基层检察院，按照内部分工，属于哪一级职权范围内的问题，就由哪一级负责处理，不准上推下卸，矛盾上交。只有做到统一管理，归口办理，才能做到分级负责。这是处理举报工作的一条基本原则。

4. 严格保密，保护公民合法权益。举报材料机密性极大，一旦泄露，不但会使举报人受到打击报复，侵犯公民的合法权益，而且会影响举报案件的顺利查处。因此，对举报材料必须严格保密，发现泄密的，严肃处理。为了鼓励群众同犯罪行为作斗争，保障公民依法行使举报权利，同时为了使无罪的人不受法律追究，必须保护举报人和被举报人的合法权益，维护公民的民主权利。

5. 接受社会监督、取信于民。社会监督是多方面的，包括社会各界的监督、舆论监督和群众监督等。其中，群众监督对举报工作尤为重要。群众监督是相信和依靠群众的一项重要内容。只有自觉地接受群众监督，虚心接受群众的批评和意见，才能不断地改进和加强举报工作。取信于民是搞好举报工作的关键。只有得到人民的信任，才能得到人民对举报工作的支持，才能有广泛而坚实的群众基础。

13. 检察机关如何处理举报线索?

检察机关如何处理举报线索，是群众关注的一个问题。根据刑事诉讼法和《人民检察院举报工作规定》，检察机关对举报线索的处理主要有三个步骤:

1. 迅速审查举报线索。我国刑事诉讼法明确规定:"人民法院、人民检察院或者公安机关对于报案、控告、举报和自首的材料，应当按照管辖范围，迅速进行审查。"《人民检察院举报工作规定》也指出:"人民检察院举报中心对举报和自首材料，应当确定专人迅速进行审查。"对于举报线索的审查主要有四个方面:一是审查举报内容，主要是审查是否有犯罪事实的发生，区分是犯罪还是违反党纪、政纪，是犯罪还是一般违法，确定是否属检察机关管辖;二是审查案情是否清楚，是否需要举报人补充材料;三是审查被举报人的基本情况和情节，确定属于哪一级检察机关管辖;四是审查被举报人有没有自杀、他杀、行凶或者逃跑的可能，以便采取必要的紧急措施，防止继续危害社会和妨碍办案的事情发生。

2. 及时分流举报线索。根据人民检察院关于举报工作的规定，举报中心对举报材料在认真审查的基础上，应当在接受举报以后的7日内作出移送，情况紧急的要及时办理。按照举报内容和管辖分工，及时分流举报线索。对不属于检察机关管辖的举报材料，分别移送纪检、监察等主管机关处理。对属于检察机关管辖的举报材料，是本院管辖的，附《举报材料查处情况回复单》，移送主管业务部门处理;不是本院管辖的，分别移送有管辖权的检察院处理。对于涉及县处级以上干部的要案线索，向上一级检察院备案。对于重要举报材料应当摘要报本院检察长，交下级检察院查处并上报结果。

3. 认真初查举报线索。所谓初查，是人民检察院在立案前对案件线索进行审查的诉讼活动。举报材料是举报人的一面之词，是否存在犯罪事实，是否需要追究刑事责任，必须通过初查才能确定。因此，初查是及时消化举报线索，促进立案侦查的一个重要环节。初查要秘密进行，严格保密，不得暴露举报人，不得对被举报人采取强制措施。经过初查，认为有犯罪事实需要追究刑事责任的时候，应当立案；认为没有犯罪事实或者犯罪事实显著轻微，不需要追究刑事责任的时候，不予立案。

14. 检察机关如何管理举报线索？

公民向检察机关举报后，如何管理举报线索是一项十分严肃和重要的工作。检察机关只有管理好举报线索，才能防止举报线索散失，切实保护好举报人；才能有利于办案工作的开展，取信于民，调动群众举报的积极性。

实践中，检察机关对举报线索制定了严格的保密管理制度和措施。主要有：

1. 统一管理制度。最高人民检察院制定的《人民检察院举报工作规定》明确规定："人民检察院受理的举报材料由举报中心统一管理。本院检察长和其他部门接到的，应当及时批交或者移送举报中心处理。如有特殊情况暂时不宜移送的，应当报检察长或者部门负责人批准。"许多地方检察院还结合当地实际，对举报线索的统一管理作出了具体规定。举报中心转给侦查部门的举报线索，侦查部门初查以后，认为不构成犯罪需转给其他机关处理的，也应当退回举报中心办理。这样做，可以避免因举报线索失散在个人手里造成泄密或者该查不查的情况发生。

2. 严格登记、移送制度。各级检察院举报中心对受理的每件举报线索，对举报人和被举报人的姓名、性别、工作单位、职务、住址等基本情况，以及举报的主要内容和举报线索的移送转办情况，都要按年、月、日编排序号，一一登记清楚。对移送其他部门的举报线索，要严格办理交接手续，收件人要签名。这样做，就能使举报线索管理有序，去向清楚，责任明确，也便于随时查找。

3. 实行要案线索移送备案制度。对举报县处级以上干部的要案线索，举报中心要选择可靠人员专人管理。凡属于检察机关管辖的要案线索，任何部门和个人不得随意扣压，也不得随意向其他机关一转了事。按照最高人民检察院的规定，凡是要案线索，都要向上一级检察院备案，不属于本级检察院管辖的要向上级有管辖权的检察院移送，不得有案不备，瞒案不报。这样做，既有利于保密，也有利于上级检察院了解掌握情况，进行督促检查，推进反腐败查办大案要案工作的开展。

4. 严格保密制度。检察机关在受理、审批、分流、备案、查处、催办、答复、宣传、奖励等各个环节都有明确的保密规定，必须严格遵守。对泄密造成后果的责任人，要视情节轻重严肃处理。

5. 实行举报线索管理微机化。目前，许多地方检察院已经开展用计算机管理举报线索，效果很好，不但提高了工作效率，也有利于保密。最高人民检察院已经作出具体部署，要求各级检察机关有计划、有步骤地实现举报线索管理微机化。

15. 检察机关如何查处举报案件？

群众举报犯罪线索，翘首以待的是查处。各级检察机关坚持"严格执法，狠抓办案，加强监督"的工作方针，精心组织，检察长带头办案，集中力量查办大案要案，实行办案责任制，不断加强办案力度，有力地推进了查办案件特别是查办大案要案工作。根据法律规定，检察机关查办举报案件必须按照程序进行。

1. 立案。所谓立案，是指司法机关对报案、控告、举报、自首的材料或者民事、行政起诉状经过审查决定受理的一种诉讼程序。它是刑事诉讼活动的开始和必经阶段。立案必须同时具备两个条件：一是有犯罪事实，二是按照法律规定应当追究刑事责任。经过对举报材料的审查和初查发现有犯罪事实存在，并且依法应当追究刑事责任，检察机关应予以立案。

2. 侦查。所谓侦查，是指公安机关、人民检察院在办理案件过程中，依照法律进行的专门调查工作和有关的强制性措施。人民检察院对已经立案的案件，应当进行侦查、收集、调取犯罪嫌疑人有罪或者无罪、罪轻或者罪重的证据材料。在侦查过程中，为收集证据，查明案件事实，根据不同案情，可以依法采取不同的方法和手段，如讯问犯罪嫌疑人、询问证人、勘验、检查，搜查，扣押物证、书证，鉴定和通缉等。为了保证收集、调取证据工作的顺利进行，保证诉讼活动的正常进行，防止犯罪嫌疑人再进行危害社会的行为，检察机关可以对犯罪嫌疑人依法采取拘传、取保候审、监视居住、拘留和逮捕的强制措施。

3. 处理。人民检察院侦查终结的案件，应当作出提起公诉，不起诉或者撤销案件的决定。(1) 对于犯罪事实清楚、证据确实、充分，依法应当判处刑罚的，应当制作起诉书，作出提起公诉的决定，交人民法院进行审判。(2) 人民检察院已侦查终结，移送刑事检察部门审查起诉的案件，如果在审查中发现犯罪嫌疑人没有犯罪事实，或者有刑事诉讼法第15条规定情形之一的，即情节显著轻微、危害不大，不认为是犯罪的；犯罪已过追诉时效期限的；经特赦令免除刑罚的；依照刑法告诉才处理的犯罪，没有告诉或者撤回告诉的；犯罪嫌疑人死亡的；其他法律规定免予追究刑事责任的，以及对犯罪情节轻微，依照刑法规定不需要判处刑罚或者免除刑罚的，应当作出不起诉的决定。(3) 人民检察院在侦查中，发现犯罪嫌疑人没有犯罪事实或者具有刑事诉讼法第 15 条规定不追究刑事责任的情形之一的，人民检察院应当作出撤销案件的决定。

16. 什么是举报答复制度？

举报答复制度，是指检察机关对收到的署名举报线索，在规定的期限内，将处理情况告知举报人的一种工作制度。举报答复制度是人民检察院举报工作的一项重要制度。公民署名向检察机关举报贪污贿赂、渎职等职务犯罪以后，渴望了解案件处理情况，希望检察机关给予答复，检察机关有义务、有责任向举报人反馈情况，给举报人满意的答复。

就检察机关而言，建立完善的举报答复制度，是提倡、鼓励群众署名举报，如实举报，提高举报线索质量，深入开展查办职务犯罪工作的客观需要；是深化检务公开，接受群众监督，加强和改进检察工作的具体体现；是取信于民，树立检察机关良好形象的必然要求。2000 年 6 月全国检察机关"举报宣传周"期间，全国各级检察机关向社会作出了"署名举报，件件答复"的承诺，2001 年 4 月，最高人民检察院发出了《关于认真做好署名举报答复工作的通知》，对举报答复工作作了具体规定。

举报答复制度包括对署名举报材料的管理以及答复的范围、时间和内容、答复工作的具体承办、答复中的保密工作等内容。最高人民检察院要求全国各级人民检察院，对收到的署名举报线索，都要按规定做好答复工作，以人民满意为标准，把答复工作做深做细，真正做到取信于民。

17. 检察机关如何答复举报人？

举报人举报以后，检察机关对处理情况给不给答复，如何答复，这是举报人十分关心的问题。检察机关除对匿名举报无法答复以外，对署名举报，都应区别不同情况，分别予以答复。

1. 对不属于检察机关管辖的举报，将移送情况通知举报人。刑事诉讼法规定，公安机关、人民检察院或者人民法院对于报案、控告、举报，都应当接受。对于不属于自己管辖的，应当移送主管机关处理，并且通知报案人、控告人、举报人。检察机关接受群众举报以后，经审查认为不属于检察机关管辖范围的应移送主管机关处理，并且通知举报人，以便举报人了解处理结果。

2. 对属于检察机关管辖的举报，由管辖的检察院给予答复。举报材料经审查，认为是属于检察机关管辖范围的，按照检察机关案件管辖的内部分工，将举报材料移送有管辖权的检察院处理，一般由有管辖权的检察院将处理情况通知举报人。这样做，既可以避免层层转办造成重复通知举报人，又可以加强有管辖权的检察院与举报人的联系和沟通，促进举报案件的查办。

3. 答复一般采用电话、书面或面谈的形式。从举报工作实践看，除了来电话或者来人询问处理情况给予直接答复以外，一般都采取书面答复的形式。为了解除举报人的思想顾虑，防止他们及其亲属遭受打击报复，确保其安全，在书面答复举报人的时候，也不写检察院的名称，而用所在地的地址或其他代号来代替。

18. 检察机关如何依法保护公民举报权利？

举报犯罪，是法律赋予公民的权利和义务。为了保障公民依法行使举报权利，保护群众与犯罪作斗争的深入开展，最高人民检察院历来十分重视保护公民举报权利的工作。早在 1996 年 7 月就制定颁布了《人民检察院举报工作规定》，在 2009 年 4 月修订后的《人民检察院举报工作规定》中，又就保护公民的举报权利作了更详尽的具体规定。

检察机关保护公民的举报权利，主要体现在两个方面。

1. 严格保密制度。严格保密，堵塞泄密漏洞，是保护公民举报权利的首要环节。检察机关在受理公民举报和查处举报案件中，有一套严格的保密制度。

受理举报应当在固定的场所进行，派专人来接待谈话，无关人员不得接待、旁听和询问。对举报人的姓名、工作单位、家庭住址等有关情况以及举报的内容必须严格保密，举报材料不准私自摘抄和复制。

严禁将举报材料和举报人的有关情况透露或者转给被举报单位、被举报人。向被举报单位或者被举报人调查情况的时候，不得出示举报材料的原件或者复印件。

任何单位和个人不得追查举报人，对匿名举报除了开展侦查工作需要外，不准鉴定笔迹。向举报人核查情况的时候，应当在做好保密工作、不暴露举报人身份的情况下进行。

在宣传报道和奖励举报有功人员的工作中，除了征得举报人的同意以外，不得公开举报人的姓名和单位。对违反上述规定的责任人员，要根据情况和后果给予严肃处理，构成犯罪的，依法追究刑事责任。

2. 认真查处打击报复举报人案件。各级检察机关对打击报复举报人的控告要认真受理，经查证情况属实的，要根据情节轻重，区分性质，分别作出处理。对国家机关工作人员滥用职权、假公济私，对举报人实行报复陷害构成犯罪的，要依法立案侦查，追究行为人的刑事责任；对以各种形式打击报复举报人，没有构成犯罪的，也要向他所在单位的上一级主管部门提出建议，严肃处理。这里需要指出的是，检察机关在保护举报人合法权益的同时，也要保护被举报人的合法权益，使无罪的人不受刑事追究。对利用举报诬告陷害他人的，要依法严肃查处。

19. 如何处理打击、报复举报人案件？

所谓打击报复举报人，是指被举报人或者有关人员利用职权或者其他手段，对举报人实施报复陷害，侵犯举报人人身权利、民主权利的行为。由于我国目前民主和法制还不健全，公民的法制观念还不强，有些人特别是有一定职权的人，当得知自己的违法犯罪行为被举报，便对举报人进行打击报复。有的亲自动手或者雇用他人残害举报人；有的诬告陷害举报人；比较多见的是利用职权，肆意对举报人进行所谓的党政纪处分，开除、解聘、调离、扣工资奖金等，手段多样。这类事件侵犯了举报人的合法权益，影响很坏，严重挫伤了群众举报的积极性，必须予以严肃处理。

检察机关处理这类案件，主要采取以下做法：

1. 认真受理。凡是向检察机关举报犯罪而遭到打击报复的，只要举报人提出控告，检察机关都要认真受理。举报人向检察机关举报犯罪活动，是对检察机关的信任，检察机关应当抱着对人民群众高度负责的精神，尽心竭力保护举报人的合法权益，严肃查处打击报复举报人的犯罪案件，取信于民。需要说明的是，由于打击报复举报人的表现形式多种多样，造成的后果也各不相同，因此，检察机关不可能包揽所有打击报复举报人案件，只能受理向检察机关举报而遭打击报复的这部分案件，其他各类情况，可以向有管辖权的纪检、监察等部门提出控告。

2. 严肃查处。对打击报复举报人的案件，要及时进行调查，查清打击报复举报人的问题是否存在。对于构成犯罪的，发现一件，查处一件，绝不姑息。对经过调查不构成犯罪的，检察机关不能甩手不管，而是要积极与主管部门联系，协同妥善处置。

20. 发现犯罪后，应向哪些机关报案、举报或者控告？

在工作和日常生活中，任何单位和公民个人如果发现有人犯罪，或者发现了司法机关正在通缉的犯罪嫌疑人，都有权也有义务向公安机关、检察机关和人民法院报告所发现的犯罪事实或者犯罪嫌疑人的行为，或者向司法机关检举、揭发犯罪嫌疑人的犯罪事实或者犯罪嫌疑人线索，我们称为报案或者举报。报案和举报可以采取多种形式，如可以直接到司法机关报案，也可以采取打电话或者写信等方式，主要根据当时的情况而定。如果犯罪分子侵犯某人的人身权利或者财产权利，比如打人，抢东西或者偷东西，那么被打的人或者被抢、被偷的人，更有权利告到司法机关，要求追究刑事责任，这被称为控告。

司法机关在案件的管辖上有一些分工，但这并不影响接受公民的报案、举报和控告。也就是说，公安机关、检察机关和人民法院对于公民前来报案、举报和控告的，都应该接受。如果有的不属于自己管辖的案件，也应当先接受下来后，再移送到主管机关处理，并且同时还要通知报案人、控告人、举报人。对于不属于自己管辖的案件，但需要紧急处理的，司法机关也应当先采取紧急措施。比如一个公民发现了一个正被司法机关通缉的贪污犯，报案到公安机关，虽然贪污案件不属于公安机关管辖，但是如果不及时采取措施，这个贪污犯就会逃跑，所以公安机关应该采取紧急措施，先把他抓起来，然后再移交给检察机关。

公民在报案的时候，可以自己去，也可以打电话或者写信，包括书面和口头两种形式。司法机关的工作人员在接到公民或者单位的报案后，不管是书面的还是口头的，都要写成笔录，并给报案人读一下，以确认对不对。对记录确认无误后，报案的人要在上面签名或者盖章。但是接受报案的工作人员还要向报案人说明一下，如果是诬告要负法律责任的。这主要是为了保证控告、举报的真实性，防止别有用心的人诬陷他人。这里需要指出的是，只要不是捏造事实，伪造证据，即使控告、举报的事实有些出入，甚至是错告的，司法机关也不能认定是诬告。

另外，司法机关还应该想方设法保护报案人、控告人、检举人以及他们的亲属的安全，这一点非常重要。报案人、控告人、举报人如果不愿公开自己的姓名和其他情况的，比如家庭住址、工作单位等，还有不愿意公开是自己报的案，只要他们提出来，甚至有时他们本人没有提出来，司法机关也有替他们保密的责任。因为现实生活中，许多报案人确实也是冒着被打击报复的危险，甚至是冒着生命危险来报案的，司法机关特别要注意报案人、控告人、举报人及其近亲属的安全。这更有利于保护群众与犯罪分子作斗争的积极性。

另外，还应该注意的是，不管哪一位公民，在报案的同时，都要保护好案件现场，其他旁观的群众，包括任何单位和个人，也都有义务保护好现场，并且通知公安机关派人来进行勘查，如果破坏了犯罪现场，将会给公安机关的勘验和取证带来麻烦，有时甚至会造成使犯罪分子逃脱法律追究的严重后果。所以每一个公民都有保护好犯罪现场的义务，自觉维护现场的秩序，比如该绕行的就应服从指挥绕行；不要随意穿越犯罪现场，更不应该随便拿取、搬运犯罪现场设施和物品；不要聚众围观，造成犯罪现场秩序不必要的混乱，以防止犯罪分子或者其他别有用心的人返回犯罪现场趁机进行破坏现场活动，企图达到掩盖犯罪的目的。

21. 报案、控告后，司法机关不立案怎么办？

任何单位和个人发现有犯罪事实或者犯罪嫌疑人，都有权而且也有义务向公安机关、检察机关或者人民法院报案或者举报。因此，司法机关接到的案件有单位和公民个人在发现犯罪案件时向司法机关的报案、有被害人的控告，还有犯罪案件的有关知情者的举报。人民法院、人民检察院或者公安机关对于上述报案、控告和举报的材料，应当立即开展工作，根据所提供的有关材料，按照管辖和分工的规定，迅速进行审查，根据法律的有关规定，分析是否已经构成犯罪，是否需要追究刑事责任，然后决定是否立案。如果认为已经构成了犯罪，需要追究刑事责任的，就应当决定立案侦查。比如对所提供的材料进行核实，证据不够充分的，应当进一步开展调查、取证等侦查工作。如果认为没有构成犯罪，不属于犯罪案件，要将不立案的原因通知控告人。可以申请复议，控告人如果不服，要求再进行一次审查，有关的司法机关应当再认真地审查一遍。

另外，作为法律监督机关的人民检察院，如果认为公安机关对应当立案侦查的案件没有立案侦查的，或者被害人认为公安机关对应当立案侦查的案件没有立案侦查，向人民检察院提出的，人民检察院应当要求公安机关对不立案的原因或者理由加以说明。比如，是否属于没有犯罪事实，或者犯罪事实显著轻微，不需要追究刑事责任，给人民检察院或者被害人一个明确的答复。如果人民检察院认为公安机关不立案的理由不能成立，应当通知公安机关立案，在这种情况下，公安机关接到通知后应当立案，并且根据有关规定，公安机关在接到人民检察院《要求说明不立案理由通知书》后7日内，应当将说明情况书面答复人民检察院。人民检察院认为公安机关的不立案理由不能成立，发出《通知立案书》时，应当将有关证明应该立案的材料同时移送公安机关。公安机关在收到《通知立案书》后，应当在15日内决定立案，并将立案决定书送达人民检察院。可见，对于公民报案、控告后，司法机关是不能随便不予立案的，即使不予立案，也应当说明原因。

22. 公民可以将犯罪嫌疑人直接扭送到司法机关吗？

根据刑事诉讼法的规定，凡遇到下列情况，任何公民都可以立即将犯罪嫌疑人扭送到公安机关、人民检察院或者人民法院处理：

1. 正在实行犯罪或者在犯罪后即时被发觉的。遇到这种情况，经常是不能及时通知司法机关，或者容易使犯罪嫌疑人在实施犯罪后逃跑。如果公民立即将犯罪嫌疑人扭送至司法机关，一方面可以有效地制止犯罪和协助司法机关将犯罪嫌疑人抓捕归案，另一方面也可以使犯罪分子的嚣张气焰得到抑制，有助于社会治安秩序的根本好转。当然，我们在提倡同犯罪作斗争的同时，还要提醒大家注意斗争的方式。特别是对付正在实施犯罪的人，更应当注意保护好自己的安全，因为正在实施犯罪的人往往带有凶器，所以既要敢于将其扭送到司法机关，还要防止被其伤害。

2. 通缉在案的。对有犯罪事实的犯罪嫌疑人，司法机关在进行侦查后，对在逃的嫌疑犯，一般都要发出通缉令。但是犯罪嫌疑人不管逃到哪里，总要接触到社会，混迹于人群之中。最有可能直接接触到他们的，还是广大公民。所以对发现负案在逃、被通缉的犯罪嫌疑人，任何公民都可以直接将其扭送到司法机关，送交司法机关处理。法律赋予广大公民这项权利，就是鼓励同犯罪分子作斗争，在整个社会布下天罗地网，使犯罪分子难逃法网。

3. 越狱逃跑的。一般来讲，被判了刑的犯罪分子，在监狱服刑期间都穿着监狱部门特制的狱服，特征比较明显。有些犯罪分子不安心改造，却想方设法越狱逃跑。这些犯罪分子一旦越狱成功，逃跑在外，将对社会的治安秩序造成很大威胁。有关司法机关要立即发出通缉令，组织力量紧急追捕。作为广大公民也有责任维护社会的治安秩序，协助司法机关将犯罪分子抓获。一旦发现了越狱在逃犯，任何公民都可以将其直接扭送到有关司法机关。如果是监狱周边的群众，可以直接将其扭送到监狱部门。如果远离监狱，可以就近扭送到公安机关、人民检察院或者人民法院，交付司法机关进行处理。

4. 正在被追捕的。有时遇到司法机关正在追捕犯罪分子，或者在行进的路途中，或者在家中发现了被司法机关追捕的慌不择路、到处躲藏的犯罪分子，这时如果公民能主动协助司法机关抓捕，犯罪分子就插翅难逃。

总之，社会治安的稳定，直接影响到我们每一个公民的切身利益。因此，维护社会治安秩序，是每个公民义不容辞的责任。既然法律给予广大公民这项权利，广大公民就应该勇敢地拿起法律武器，同犯罪做斗争。

23. 在哪些情况下，办案人员应当回避？

根据刑事诉讼法的规定，办案人员，包括人民法院的审判人员、人民检察院的检察人员和公安机关、检察机关的侦查人员，只要有下列情况之一，应当自行回避，而且当事人及其法定代理人也有权要求他们回避：

1. 是本案的当事人或者是当事人的近亲属的。这种情况主要是指审判人员、检察人员、侦查人员本人就是本案的当事人，包括是案件中的被害人、自诉案件中的自诉人、刑事案件中附带民事诉讼的原告人和被告人，或者是这些当事人的近亲属的，其中包括是他们的丈夫、妻子、父母、子女或者同胞兄弟姐妹的。有这种情况的案件显然是不能再由他们办理。作为案件的办案人员，同时又是案件的当事人，或当事人的近亲属，无论作出怎样的判决，其公正性都将会受到怀疑，同样也不能让人信服。因此，法律要求他们自行回避。另外，案件的其他当事人及其法定代理人也有权要求他们回避。

2. 本人或者其近亲属和本案有利害关系的。这种情况主要是指，办案人员及其近亲属虽然不是本案的当事人，但案件本身与他们有利害关系，对案件的处理，可能会直接或间接地影响到他们的利益，这样也会影响他们在审理过程中依法公正地办理案件。因此，他们也应当按照法律的规定自行回避，当事人及其法定代理人也有权要求他们回避。

3. 担任过本案的证人、鉴定人、辩护人、诉讼代理人的。因为在案件的侦查阶段，证人为本案提供过证言，鉴定人为本案提供过鉴定意见，如果他们继续办理此案，容易受他们当初提供的证言、鉴定意见的影响，不利于全面、公正地审理案件，认定案件事实的客观性也会在一定程度上受到影响。辩护人和诉讼代理人是以维护当事人权利的身份而参加诉讼活动的，一般要站在当事人的立场上。他们如果作为办案人员继续办案，容易产生主观片面的认识，会使案件的公正审理受到影响。因此，在这种情况下，办案人员也应当自行回避。

4. 与本案当事人有其他关系，可能影响公正处理案件的。这里所讲的其他关系，我们可以理解为诸如朋友关系、上下级关系，还有像老同事、老战友等方面的关系。另外可能还有与当事人有过恩怨或者与当事人有借贷关系等。由于办案人员与一方当事人存在这样或那样的关系，都有可能受主观意识的影响和支配，从而进一步影响案件的公正审理，因此法律要求他们自行回避。当事人及其法定代理人如果知情的，也有权要求他们回避。

除上述情况外，法律还明确规定，审判人员、检察人员、侦查人员不得接受当事人及其委托的人的请客送礼，不得违反规定会见当事人及其委托的人。如果审判人员、检察人员、侦查人员违反了上述规定的，应当追究法律责任。当事人及其法定代理人有权要求他们回避。因为案件审理的公正性，往往表现在整个审理过程的公开进行，不允许有幕后交易。如果审判人员、检察人员、侦查人员私下接受了一方当事人及其委托的人的请客送礼，或者违反规定在不应当会见当事人及其委托人的时候，会见了一方当事人及其委托的人，那么对另外一方当事人显然就不公平，就会对案件的公正审理产生影响。所以，一方面，办案人员有上述行为，要追究其行政责任，比如要受到行政纪律处分。如果构成受贿的，还要追究其法律责任。另一方面，办案人员应当回避，不能再办理此案，当事人及其法定代理人如果发现办案人员有上述行为的，有权要求他们回避。

24. 当事人在哪些情况下可以申请办案人员回避？

在刑事诉讼中，司法机关的办案人员，是不能办理与自己有利害关系的案件的，如果开始不知道自己与案件有利害关系，后来发现了，就应当回避，停止继续办理案件。当事人认为办案人员与案件有利害关系时可以申请回避，要求他不再办理本案，而由其他人来办理。这种申请回避权是法律赋予当事人及其法定代理人的诉讼权利，司法机关的办案人员在办理刑事案件时，有义务告诉当事人及其法定代理人有申请回避的权利，任何人都不能剥夺当事人及其法定代理人申请回避的权利。

在刑事诉讼的各个阶段，当事人都有申请办案人员回避的权利。当事人除了有权申请审判人员、检察人员或者侦查人员回避外，还可以申请在侦查、检察、审判工作中担任记录或翻译工作的书记员、翻译人员以及受司法机关指派或者聘请对案件中某些专门性问题进行鉴定的人回避。记录、翻译和鉴定工作也关系案件的正确处理，当事人有权申请他们回避可以有效保护自己的合法权利，防止办案过程中出现徇私舞弊的现象。

申请办案人员回避，并非只有当事人可以提出。如果当事人是未成年人、精神病人或者其他无行为能力人，他们的法定代理人包括其父母、养父母、监护人或者对其负有保护责任的机关、团体的代表也有权提出申请，要求办案人员回避。办案人员在诉讼活动中应当回避的情形，法律规定如下：

1. 办案人员本身就是本案的当事人或者他自己虽不是当事人，但是本案当事人的夫、妻、父、母、子、女或者同胞兄弟姐妹。

2. 办案人员本人或者他的近亲属和本案有利害关系，本案的处理可能涉及他们的某些利益。

3. 办案人员曾经担任过本案的证人、鉴定人、辩护人或者诉讼代理人。

4. 办案人员与本案当事人有其他关系，可能影响公正处理案件。

5. 办案人员接受当事人及其委托的人的请客送礼，或者违反规定会见当事人及其委托的人。

25. 办案人员的回避分别由谁来决定？

在案件的侦查、起诉、审判阶段，当事人认为侦查人员、检察人员、审判人员及其他办案人员与案件有利害关系，可能影响公正办理案件的，都可以提出申请，要求该办案人员回避。当然，在刑事诉讼中，并不是当事人一提出申请，办案人员就应当退出办理本案，决定办案人员是否回避应经过一定的程序。办案人员认为自己应当回避，不能随便就退出案件的办理，而要经过一定的程序审批。

那么，当事人及其法定代理人提出要求办案人员回避的申请或者办案人员自行提出回避申请后，由谁来决定办案人员是否回避呢？

在不同的诉讼阶段，对不同的办案人员，决定其是否回避的人或者单位也各不相同。根据法律的规定，在案件的侦查阶段，当事人及其法定代理人申请侦查人员回避或者侦查人员自行提出回避的，由公安机关负责人决定；当事人及其法定代理人申请公安机关负责人回避或者公安机关负责人自行提出回避的，由同级人民检察院检察委员会讨论，按照多数人的意见决定。在案件的审查起诉阶段，当事人及其法定代理人申请检察人员回避或者检察人员自行提出回避的，由人民检察院检察长决定；当事人及其法定代理人申请人民检察院检察长回避或者人民检察院检察长自行提出回避的，由人民检察院检察委员会讨论，按照多数人的意见决定。在案件的审判阶段，当事人及其法定代理人申请审判人员回避或者审判人员自行提出回避的，由人民法院院长决定；当事人及其法定代理人申请人民法院院长回避或者人民法院院长自行提出回避的，由人民法院审判委员会讨论，按照多数人的意见决定。对公安机关负责人是否回避，之所以要由同级人民检察院检察委员会决定，这主要是因为公安机关属于行政机关，实行首长负责制，公安机关的各项工作都由其负责人决定和承担责任，是否回避如果由其本人决定，那么这一程序就成了形式。此外，实践中需要特别注意的是，书记员、翻译人员和鉴定人的回避，与审判人员的回避一样，应当由人民法院院长决定。刑事诉讼法修改后，对一些刑事案件的审理，曾经发生过一些地方的人民法院审判长或者合议庭直接就作出书记员、翻译人员和鉴定人员的回避决定的情况。出现这种偏差的主要原因是，一些审判人员认为书记员、翻译人员和鉴定人员不是合议庭的组成人员，他们的回避不是什么重要的原则问题，规定由人民法院院长来决定，程序过于烦琐，会影响法庭审理正常、及时地进行。这种做法是不符合法律规定的。书记员、翻译人员和鉴定人员的回避也直接关系到案件的审理结果，也可能影响案件的公正审理。因此，书记员、翻译人员、鉴定人员的回避，直接关系到案件能否公正办理，意义重大，必须严格依照法律规定进行。对于书记员、翻译人员和鉴定人员的回避，不论是决定回避还是不回避，都只能由人民法院院长决定，而不能由审判长或者合议庭直接决定。

从当事人及其法定代理人提出回避申请或者办案人员自行提出回避，到作出该办案人员是否应当回避的决定，中间要经过一段时间。在这期间，除侦查人员外，其他办案人员在当事人及其法定代理人提出回避申请或者自行提出回避后应当立即停止继续办理案件，等待决定作出后再作处理。但侦查人员在回避作出决定前，不能停止对案件的侦查。也就是说，即使当事人及其法定代理人认为某侦查人员与案件有利害关系而提出回避申请，在作出该侦查人员回避的决定前，该侦查人员还要继续办理案件，不能停止对案件的侦查活动。之所以这样，主要是为了保证侦查活动的顺利进行，防止犯罪嫌疑人逃跑和证据灭失，这是符合侦查活动特点和办理刑事案件需要的。

当事人及其法定代理人提出回避申请后，司法机关应当根据刑事诉讼法关于回避条件的规定和程序作出批准或者驳回的决定。如果司法机关决定驳回当事人及其法定代理人的回避申请，当事人及其法定代理人不服的，可以向作出决定的机关申请复议一次。申请复议时，申请人可以重申过去提出的理由，也可以增加新的理由。

26. 犯罪嫌疑人在侦查阶段能否聘请辩护人？

犯罪嫌疑人在侦查阶段有权聘请律师进行辩护。在刑事诉讼当中，当事人往往对于犯罪的性质、可能被判处的刑罚及刑事诉讼中当事人的权利义务不知道或者不明白；对于司法机关少数办案人员的违法行为以及案件中的冤情，也可能因其被采取强制措施，而不能充分地行使申诉、控告的权利，这对于有效维护其诉讼权利是不利的。而且，律师在刑事诉讼中有独立的法律地位，享有一定的独立的诉讼权利，在维护当事人的合法权益、保证案件的正确处理方面，发挥着重要的作用。

侦查机关根据已掌握的事实材料，认为有犯罪事实需要追究刑事责任的，应当决定立案。刑事案件立案后，犯罪嫌疑人在被侦查机关第一次讯问后或者采取强制措施之日起，就可以聘请辩护人，但在侦查期间，只能聘请律师作为辩护人。为了充分保障犯罪嫌疑人的这项权利，侦查人员在第一讯问时或对犯罪嫌疑人采取强制时应当告知犯罪嫌疑人有权委托律师。

在侦查阶段犯罪嫌疑人聘请律师，可以自己聘请，也可以由其监护人、近亲属代为聘请。监护人、近亲属代为聘请的，侦查机关应当允许，及时安排，不得以没有经过犯罪嫌疑人本人的委托为由而不许会见。被羁押在看守所的犯罪嫌疑人提出聘请律师的，看守人员应当及时将其请求转达办理案件的有关侦查机关，侦查机关接到通知后应当按照犯罪嫌疑人的意愿，根据其提出的具体要求，及时向其所委托的辩护律师或者律师事务所转达该项请求。如果犯罪嫌疑人仅仅提出要求聘请律师，但提不出具体对象的，侦查机关也不能置之不理，而应当及时通知犯罪嫌疑人的监护人、近亲属代为委托。犯罪嫌疑人无监护人或近亲属的，应当通知当地的律师协会或者司法行政机关为其推荐律师。

27. 犯罪嫌疑人在侦查阶段聘请的律师有哪些职责？

在侦查阶段，犯罪嫌疑人可以聘请律师为其提供法律帮助。犯罪嫌疑人在侦查阶段聘请的律师，主要履行以下职责：一是为犯罪嫌疑人提供法律帮助，帮助犯罪嫌疑人了解有关法律规定，解释有关法律问题。律师提供法律咨询，不能理解为仅仅宣读法律条文或者对法律条文本身进行解释，也不能理解为仅仅回答犯罪嫌疑人提出的法律问题，对与犯罪嫌疑人有关的法律问题，不论其是否向律师提出，律师都有责任提供帮助，如告知其应有的诉讼权利及有关法律责任等。二是代理申诉和控告，代理犯罪嫌疑人向有关部门诉说冤情、进行申辩，控告侦查人员及其他有关人员侵犯犯罪嫌疑人合法权利的行为等。律师代理申诉、控告，需经犯罪嫌疑人同意，但对犯罪嫌疑人因患重病不能申诉、控告，或者因受威胁不敢申诉、控告的，律师也可以主动为其申诉、控告，以维护犯罪嫌疑人的合法权益。三是为犯罪嫌疑人申请变更强制措施，如犯罪嫌疑人被逮捕的，可以为其申请取保候审等。四是向侦查机关了解犯罪嫌疑人涉嫌的罪名和案件有关情况，提出意见。五是辩护律师经证人或者其他有关单位和个人同意，可以向他们收集与本案有关的材料。六是可以要求有关办案人员依法回避。

在侦查阶段律师为犯罪嫌疑人提供法律帮助，依法享有相应的诉讼权利。律师可以向侦查机关了解犯罪嫌疑人涉嫌的罪名及当时已查明的该罪主要事实，犯罪嫌疑人被采取、变更、解除强制措施的情况，侦查机关延长羁押时限等情况。侦查机关应当告诉律师上述情况；律师可以会见在押的犯罪嫌疑人，或者和他们通信，通过犯罪嫌疑人的陈述向他了解有关案件的事实情况，提供法律咨询，了解侦查机关有没有侵害犯罪嫌疑人合法权利的行为等。除了犯罪嫌疑人涉嫌危害国家安全犯罪、恐怖活动犯罪、特别重大贿赂犯罪案件，律师要求会见犯罪嫌疑人的，侦查机关不能以任何理由加以拒绝，也不需要经侦查机关批准。侦查机关不能要求律师填写会见申请表，再经过侦查机关层层审批，不能要求律师在会见前向办案人员提交会见提纲，也不得限制律师会见犯罪嫌疑人的次数和会见时间。律师持律师执业证书、律师事务所证明和委托书或者法律援助公函要求会见，看守所应当及时安排会见，至迟不得超过 48 小时。辩护律师同犯罪嫌疑人、被告人会见时，不得有办案人员在场或其他方式进行监听。

28. 对哪些犯罪嫌疑人可以取保候审、监视居住？

为了保证刑事诉讼的顺利进行，刑事诉讼法规定了五种限制犯罪嫌疑人、被告人的强制措施。其中取保候审和监视居住都是对犯罪嫌疑人、被告人不予收押的强制措施。取保候审是指以保证人或者保证金形式担保被取保候审人随传随到，候审不误的一种强制措施。监视居住是指限制被监视居住人不得离开住处或者指定的居所，对其行动自由加以监视的一种强制措施。

根据刑事诉讼法的规定，取保候审主要适用于以下情况：

1. 根据犯罪嫌疑人、被告人涉嫌的犯罪的性质、情节，犯罪嫌疑人、被告人可能被判处管制、拘役或者独立适用附加刑的。

2. 犯罪嫌疑人、被告人可能被判处有期徒刑以上刑罚，但采取取保候审、监视居住不至发生社会危险性的。

3. 对于有证据证明有犯罪事实，涉嫌的犯罪可能被判处徒刑以上刑罚，采取取保候审尚不足以防止发生社会危险性，而有逮捕必要的犯罪嫌疑人、被告人，应当依法逮捕。同时规定，对于符合逮捕条件，应当逮捕，但患有严重疾病的犯罪嫌疑人、被告人或者正在怀孕、哺乳自己婴儿的妇女，采取取保候审不至发生社会危险性的，可以不逮捕，而采取取保候审。应当指出的是，法律规定对这些人可以不逮捕，而不是应当不逮捕，司法机关要根据具体情况来决定。对有些应当逮捕的犯罪嫌疑人、被告人，尽管患有严重疾病或者正在怀孕、哺乳自己婴儿，如果不逮捕可能具有很大的社会危险性，也可以予以逮捕。

4. 羁押期限届满，案件尚未办结，需要采取取保候审的。

监视居住主要适用于以下情况：

1. 患有严重疾病、生活不能自理的；

2. 怀孕或者正在哺乳自己婴儿的妇女；

3. 系生活不能自理的人的唯一扶养人；

4. 因为案件的特殊情况或者办理案件的需要，采取监视居住措施更为适宜的；

5. 羁押期限届满，案件尚未办结，需要采取监视居住措施的；

6. 对符合取保候审条件，但犯罪嫌疑人、被告人不能提出保证人，也不交纳保证金的，可以监视居住。

29. 犯罪嫌疑人被羁押时，亲属能为他申请取保候审吗？

为了充分保障犯罪嫌疑人、被告人的合法权益，法律规定，如果犯罪嫌疑人、被告人被羁押，除他本人有权提出申请外，其法定代理人、近亲属或者辩护人也有权向公安机关、检察机关和法院提出申请，要求司法机关对犯罪嫌疑人、被告人变更羁押的强制措施，改为取保候审。犯罪嫌疑人、被告人及其法定代理人、近亲属或辩护人可以在刑事诉讼的任何一个阶段提出取保候审申请。哪个机关决定拘留或者批准、决定逮捕，就应当向哪个机关提出。在向司法机关提出取保候审申请时，应当提供情况，说明犯罪嫌疑人、被告人适合取保候审的条件和理由。这样，便于司法机关在考虑或者决定是否对犯罪嫌疑人、被告人采取取保候审措施时，根据其各方面的情况综合评判，作出决定。当然，法律赋予犯罪嫌疑人、被告人及其法定代理人、近亲属或辩护人有申请取保候审的权利，并不意味着申请一经提出，司法机关就必须同意。是否同意取保候审应当由公安机关、人民检察院和人民法院根据案件的具体情况作出决定。

对犯罪嫌疑人、被告人及其法定代理人、近亲属或辩护人提出取保候审的申请，司法机关应当在一定期限内予以答复。被羁押的犯罪嫌疑人、被告人及其法定代理人、近亲属申请取保候审，决定原羁押强制措施的机关应当在 3 日内作出是否同意的答复。同意取保候审的，依法办理取保候审手续；不同意取保候审的，应当告知申请人，并说明不同意的理由。

30. 能否要求被取保候审的人既提出保证人，又交纳保证金？

根据刑事诉讼法的规定，取保候审的保证方式有两种：

一种是保证人担保。也就是说，被取保候审人要提出一个符合条件的人作为自己的保证人，该保证人要承担法律规定的义务，担保被保证人能够做到随传随到，候审不误。如果被取保候审人违反规定，保证人不及时报告的，要对保证人处以罚款。构成犯罪的，依法追究刑事责任。不论取保候审是由哪个机关决定的，对取保候审保证人是否履行了保证义务，都由公安机关来认定。公安机关认为应对保证人罚款的，也由公安机关作出决定，人民检察院、人民法院不能对保证人罚款。

一种是保证金担保。即犯罪嫌疑人、被告人被取保候审的，交纳一定数额的现金作担保。如果违反有关规定，保证金就会被没收，并区别情形，责令犯罪嫌疑人、被告人具结悔过、重新交纳保证金、提出保证人或监视居住、予以逮捕。对犯罪嫌疑人、被告人在取保候审期间未违反有关规定，取保候审结束时，应当退还保证金。采取保证金保证的，保证金的数额由决定取保候审的机关根据案件的具体情况确定。既要考虑其犯罪的性质、情节等案件因素，也不能忽视犯罪嫌疑人、被告人的经济承受能力。对于确定较小数额保证金就能起到保证作用的，就不应再要求更高的保证金数额。保证金的收取和保管，统一由取保候审的执行机关即公安机关负责。人民法院、人民检察院不能直接收取取保候审保证金。

这两种保证方式，都把担保被取保候审人随传随到，候审不误同保证人或者被取保候审人一定的经济利益挂钩，增强保证人的责任心和对被取保候审人的约束力，保证刑事诉讼活动的顺利进行。

对于被取保候审的人，决定机关不能同时要求其提出保证人并交纳保证金，不能搞双重保证，在提出保证人和交纳保证金这两种保证方式中，只能选择适用其中一种，不能同时并用。取保候审案件主要适用于犯罪较轻，社会危险性较小的案件，采用保证人担保或者保证金担保的单一保证形式基本上已可起到保证作用。对于采用取保候审不能防止社会危险发生的应依法通过采取更为严厉的强制措施即逮捕措施来解决，而不能用加大保证力度的方法。如果要求被取保候审的人必须提供两种保证形式，就会使一些符合取保候审条件的人，不能适用取保候审。例如有些人能够提出保证人，但却不能提供保证金，而有的人则能提供保证金，不能提出保证人，在这两种情况下都不能运用取保候审。

31. 取保候审的保证人应具备什么条件？

司法机关对犯罪嫌疑人、被告人决定取保候审，可以责令其提出保证人或者提供保证金。为了保证刑事诉讼的正常进行，犯罪嫌疑人、被告人提出的保证人必须符合法律规定的条件。

依照刑事诉讼法规定，取保候审的保证人必须同时具备四个条件：

1. 保证人必须与本案无牵连，与犯罪嫌疑人、被告人所涉嫌的犯罪没有任何利害关系。保证人不能是本案的同案犯，也不能是本案的证人。否则，会因为其本人也是司法机关调查的对象，就难以保证他认真履行保证义务。

2. 保证人应当有能力履行保证义务。具体来讲，保证人必须达到一定年龄，具有民事行为能力，对被保证人有一定的影响力，其身体状况使其有能力对被保证人的行为进行监督等。是否有能力履行保证义务需要根据案件的具体情况综合判断，绝不能仅凭保证人本人的说法确定他是否有履行保证义务的能力。

3. 保证人应当享有政治权利，其人身自由没有受到限制。公民被剥夺政治权利的，就不能充当取保候审人的保证人。

4. 保证人应当有固定的住处和收入，在被保证人居所地有自己常住的居所，有稳定的经济收入。

上述四个条件必须同时具备，司法机关应当对犯罪嫌疑人、被告人提出的保证人人选进行审查，对于不符合条件的，应当责令重新提出保证人或者采取提供保证金方式担保。

32. 取保候审的保证人应当履行什么义务？

犯罪嫌疑人、被告人被取保候审的，可以提出符合法定条件的保证人进行担保。取保候审的保证人应当履行保证义务，保证被取保候审人在不被羁押的情况下，随传随到，候审不误。

依据刑事诉讼法规定，保证人应当履行两项义务：

1. 对被保证人遵守法律规定的情况进行监督。包括：监督被保证人未经公安机关批准，不得离开所居住的市、县，如果被保证人需要离开所居住的市、县的，要监督、督促被保证人向执行的公安机关提出申请，请求批准；监督被保证人住址、工作单位和联系方式发生变动的，在 24 小时以内向执行公安机关报告；

监督被保证人在司法机关传讯的时候及时到案；监督被保证人不得以任何形式干扰证人作证；监督被保证人不得串供、毁灭、伪造证据。

2. 发现被保证人可能发生或者已经发生违反法律规定的行为的，及时向执行机关报告。比如保证人在履行保证义务过程中，发现被保证人逃跑或者有逃跑企图，或者发现被保证人未经批准离开所居住的市、县外出办事，发现被保证人可能毁灭、伪造证据、串供，等等，都应当毫不拖延地向执行的公安机关报告。

保证人应当认真履行法律规定的保证义务，不履行保证义务的，要依法承担相应的法律责任。对于保证人不履行保证义务的，应分别情况进行处理。首先，如果被保证人有未经执行的公安机关批准离开所居住的市、县，在司法机关传讯时不及时到案，以任何形式干扰证人作证，毁灭、伪造证据或者串供等行为，保证人没有尽到保证义务的，由执行的公安机关作出决定，对保证人处以罚款。构成犯罪的，依法追究刑事责任。应当指出的是，对保证人的罚款，只能由取保候审的执行机关作出决定。即使取保候审是人民检察院、人民法院决定采取的，人民检察院、人民法院也不能直接认定保证人违反了保证义务，对保证人予以罚款。至于罚款的数额如何确定，法律没有明确规定，实践中应当根据被保证人违法情况的严重程度、保证人的责任大小及其经济状况来具体确定。其次，如果被保证人有前面所说的违反法律规定的行为，保证人与被保证人是互相串通，比如互相串通干扰证人作证，帮助被保证人逃跑的，等等，对于构成犯罪的，要依照刑法规定追究保证人的刑事责任。

33. 被取保候审、监视居住的人应遵守哪些规定？违反规定有哪些后果？

刑事诉讼法规定，被取保候审的犯罪嫌疑人、被告人应当遵守以下规定：

1. 未经执行机关即公安机关批准，不得离开所居住的市、县。即不得离开本人居住地周围的一定区域，"市"，是指县级市，不设区的市，不是指地级市、设区的市。就是说，如果被取保候审人需要离开自己所居住的区域到外地去，只有经过公安机关的批准，才能离开，否则便是违反了规定。此外，如果取保候审是由人民检察院、人民法院决定的，公安机关在批准被取保候审人离开所居住的市、县前，应当征得决定机关同意。这主要是考虑到犯罪嫌疑人、被告人在案件没有终结以前，公安机关、人民检察院、人民法院随时都有可能对被取保候审的犯罪嫌疑人、被告人进行讯问，核实证据，对案件开庭审理等。为了保证刑事诉讼活动的正常进行，规定被取保候审人不得离开所居住的市、县是非常必要的。

2. 住址、工作单位和联系方式发生变动的，在 24 小时以内向执行公安机关报告。

    3. 在传讯的时候及时到案。犯罪嫌疑人、被告人由于不在押，因此，司法机关采用传讯方式通知他们到案。被取保候审人在接到传讯后应当及时到案，才能保证刑事诉讼活动的顺利进行。

    4. 不得以任何形式干扰证人作证。被取保候审人不得以口头、书面或者其他形式威胁、恫吓、引诱、收买证人不要作证或者不要诚实作证。

    5. 不得毁灭、伪造证据或者串供。即被取保候审人不得利用自己未被羁押的便利条件与其他同案犯建立攻守同盟，统一口径，或者隐匿、销毁、伪造与案件有关的证据材料。

    办案机关还可以根据案件情况，责令被取保候审的犯罪嫌疑人、被告人遵守以下一项或者多项规定：不得进入特定的场所；不得与特定的人员会见或者通信；不得从事特定的活动；将护照等出入境证件、驾驶证件交执行机关保存。

    如果被取保候审的犯罪嫌疑人、被告人违反上述规定，已交纳保证金的，首先没收全部或部分保证金，然后根据不同情形，分别给予处理。对于违法情节较轻，无须逮捕，允许再次取保候审的，责令犯罪嫌疑人、被告人具结悔过，重新交纳保证金或者提出保证人；对于违反规定情节严重，不允许再取保候审的，应当采取监视居住或者予以逮捕。如果犯罪嫌疑人、被告人在取保候审期间，没有违反规定的，取保候审结束的时候，应当将保证金退还本人。

    刑事诉讼法规定，被监视居住的犯罪嫌疑人、被告人应当遵守以下规定：

    1. 未经执行机关批准不得离开住处，无固定住处的，未经批准不得离开指定的居所。这主要是指两种情况：一是被监视居住人在本地有固定住处的，未经公安机关批准，不得离开固定住处；二是对于应当采取监视居住措施而在本地没有固定住处的，应当为他指定居所。未经公安机关批准，不得离开指定的居所。这里的居所，是公安机关指定的居住场所，而不是直接将被监视居住人关押在拘留所或者看守所。对于监视居住是由人民检察院、人民法院决定的，执行机关在批准被监视居住人离开住处的，应当征得决定机关的同意。

    2. 未经执行机关批准不得会见他人或者通信。即被监视居住人未经公安机关批准，不得会见除与自己居住在一起的家庭成员和所聘请的律师、辩护人以外的其他人，不得与上述人员通信。

    3. 在传讯的时候及时到案。这是对不羁押的犯罪嫌疑人、被告人最起码的要求，及时到案是为了保证刑事诉讼的顺利进行。

    4. 不得以任何形式干扰证人作证。即被监视居住人不得以暴力、威胁、恫吓、引诱、收买证人等形式阻挠证人作证或者不如实作证。

    5. 不得毁灭、伪造证据或者串供。即被监视居住人不得利用自己未被羁押的便利条件，隐匿、销毁、伪造与案件有关的证据材料或者与其他同案犯建立攻守同盟、统一口径等。

6. 将护照等出入境证件、身份证件、驾驶证件交执行机关保存。

被监视居住的犯罪嫌疑人、被告人违反以上规定，如果给司法机关的侦查活动造成了干扰或者增加了困难，或者严重妨碍了审判活动的正常进行，可以对其逮捕。需要逮捕的，可以先行拘留。如果违反规定情节轻微，可以继续对其监视居住。

34. 对哪些犯罪嫌疑人可以先行拘留？

刑事诉讼法规定，对于有下列情形之一的现行犯或重大嫌疑分子，公安机关可以对其先行拘留：

1. 正在预备犯罪、实行犯罪或者在犯罪后即时被发觉的。其中"预备犯罪"是指为了实行犯罪，事先准备工具、创造犯罪条件。

2. 被害人或者在场亲眼看见的人指认他犯罪的。

3. 在身边或者住处发现有犯罪证据的。

4. 犯罪后企图自杀、逃跑或者在逃的。

5. 有毁灭、伪造证据或者串供可能的。

6. 不讲真实姓名、住址，身份不明的。

7. 有流窜作案、多次作案、结伙作案重大嫌疑的。

根据法律规定，拘留的执行由公安机关负责，但是，对县级以上各级人民代表大会的代表实行拘留，执行拘留的公安机关应当立即向被拘留人的本级人民代表大会主席团或者其常务委员会报告。对乡、民族乡、镇的人民代表大会代表如果采取拘留措施的，执行拘留的公安机关应当立即报告本级人民代表大会。

35. 公安机关执行拘留必须遵守哪些程序？是否应当通知犯罪嫌疑人的家属？

拘留作为公安机关在侦查活动中的紧急情况下，对犯罪嫌疑人依法采取的限制人身自由的临时强制措施，在适用时必须遵守下列法律程序：

1. 公安机关在执行拘留时，必须向被拘留人出示拘留证。拘留证是公安机关执行拘留的凭证。拘留证应当写明被拘留人的姓名、案由等，并盖有执行拘留的公安机关印章。对抗拒拘留的人，执行拘留的人员可以采取适当的强制方法，必要时可使用戒具。

2. 公安机关拘留人以后，应当立即将被拘留人送看守所羁押，至迟不得超过 24 小时。除无法通知或者涉嫌危害国家安全犯罪、恐怖活动犯罪通知可能有碍侦查的情形以外，应当在拘留后 24 小时以内，通知被拘留人的家属。有碍侦查的情形消失以后，应当立即通知被拘留人的家属。一般在涉嫌危害国家安全犯罪、恐怖活动犯罪且有下列情况时，可以作为"有碍侦查"的情形，不必在 24 小时内通知被拘留人的家属或者他的所在单位：（1）被拘留的人属于犯罪集团案犯，或者与犯罪集团、团伙有牵连，由于其他案犯尚未被捉拿归案，其被拘留的消息传出去，可能会引起其他同案犯的逃跑、自杀、毁灭或伪造证据等情况发生，妨碍侦查工作的顺利进行；（2）被拘留人的家属或单位的人与其犯罪有牵连，通知后可能引起转移、隐匿、销毁罪证。实践中，也常常会有一些无法通知的情形，如被拘留人家属或者所在单位的地址不明，或者其家属或所在单位在边远地区，交通不便，24 小时以内难以通知到，也有的被拘留人无家属、无所在单位等。

3. 公安机关对于被拘留的人，应当在拘留后 24 小时以内进行讯问，在发现不应当拘留的时候，必须立即释放，发给释放证明。对需要逮捕而证据还不充足的，可以采取取保候审或者监视居住。

另外，人民检察院对于直接受理的案件中，犯罪嫌疑人如果在犯罪后企图自杀、逃跑或者有毁灭、伪造证据或者串供可能，需要拘留的，人民检察院可以作出拘留决定，但仍由公安机关执行。人民检察院应当在拘留后 24 小时以内进行讯问，在发现不应当拘留的时候，必须立即释放，发给释放证明。对需要逮捕而证据还不充足的，可以采取取保候审或者监视居住。

36. 拘留、取保候审、监视居住的期限分别有多长？

公安机关对于已经被拘留的现行犯或重大犯罪嫌疑分子，经过审查和进一步侦查后，认为有逮捕必要的，应当在拘留后的 3 日以内，写出提请批准书，连同案卷材料、证据，一并移送同级人民检察院提请审查批准。这个时限在一般情况下是必须遵守的。考虑到有些案件重大复杂，在 3 日以内难以对是否需要提请逮捕作出决定或者对案情争议较大等"特殊情况"，法律允许公安机关将提请人民检察院审查批准的时限可以再延长 1 日至 4 日。

在刑事犯罪案件中，流窜作案、多次作案、结伙作案案件占有相当大的比例，这些案件有涉及地区广、调查取证量多、取证难度大等特点。对于流窜作案、多次作案、结伙作案的重大嫌疑分子，要在 7 日以内作出是否需要逮捕的决定显然时间太仓促，为了适应实际工作的需要，对上述这几种特殊犯罪嫌疑分子的提请审查批准时间可以延长至拘留后的 30 日内。

人民检察院对直接受理的案件中被拘留的人，认为需要逮捕的，应当在 10

日以内作出决定。在特殊情况下，决定逮捕的时间可以延长 1 日至 4 日。对不需要逮捕的，应当立即释放；对于需要继续侦查，并且符合取保候审条件的，依法取保候审或者监视居住。

人民法院、人民检察院和公安机关对犯罪嫌疑人、被告人取保候审最长不得超过 12 个月，监视居住最长不得超过 6 个月。也就是说，如果犯罪嫌疑人分别被公安机关、人民检察院、人民法院采取取保候审措施，每一机关有权决定取保候审的最长期限不超过 12 个月。如果被监视居住，每一机关有权决定监视居住的期限最长不得超过 6 个月。

37. 对哪些犯罪嫌疑人应当逮捕？

犯罪嫌疑人如果同时具备了以下三个条件的，即应当逮捕：

1. 有证据证明有犯罪事实。刑事诉讼法规定的证据有物证，书证，证人证言，被害人陈述，犯罪嫌疑人的供述和辩解，鉴定意见，勘验、检查、辨认、侦查实验等笔录，视听资料和电子数据等八种。只要有任何一种证据能证明犯罪嫌疑人、被告人实施了犯罪行为，即符合有证据证明有犯罪事实。具体说来，这主要是指同时具备下列情形：（1）有证据证明发生了犯罪事实；（2）有证据证明犯罪事实是犯罪嫌疑人实施的；（3）证明犯罪嫌疑人实施犯罪行为的证据已有查证属实的。这里的犯罪事实可以是犯罪嫌疑人实施的数个犯罪行为中的一个。

2. 对犯罪嫌疑人、被告人所实施的犯罪行为有可能判处徒刑以上刑罚，如果所犯罪行可能连徒刑都判不了，即表明所犯罪行的社会危害性较小，就无必要逮捕。

3. 对犯罪嫌疑人、被告人如果采取取保候审、监视居住等不关押措施，尚不足以防止发生下列社会危险性：可能实施新的犯罪的；有危害国家安全、公共安全或者社会秩序的现实危险的；可能毁灭、伪造证据，干扰证人作证或者串供的；可能对被害人、举报人、控告人实施打击报复的；企图自杀或者逃跑的。

以上三个条件必须同时具备，才能对犯罪嫌疑人、被告人依法逮捕。

另外，对有证据证明有犯罪事实，可能判处 10 年有期徒刑以上刑罚的，或者有证据证明有犯罪事实，可能判处徒刑以上刑罚，曾经故意犯罪或者身份不明的，应当予以逮捕。被取保候审、监视居住的犯罪嫌疑人、被告人违反取保候审、监视居住规定，情节严重的，可以予以逮捕。

实践中对于一些虽然符合以上所述条件的犯罪嫌疑人、被告人，由于某些特殊情况，根据法律规定，也可以不予逮捕，这主要是指患有严重疾病的犯罪嫌疑人、被告人或者是正在怀孕、哺乳自己婴儿的妇女，由于其本身的客观情况，可以不逮捕，而采取取保候审或者监视居住的强制措施。这不仅有利于他们治疗疾病或者胎儿、婴儿的发育、成长，体现人道主义精神，也有助于他们的教育改造。应当指出的是，这里是"可以"，而不是"应当"、"必须"，是考虑到让司法机关根据具体情况作出决定。对于有些符合逮捕条件的，尽管患有严重疾病，但可能具有很大的社会危险性的，也可不采取取保候审或者监视居住措施，而予以逮捕。

38. 公安机关执行逮捕必须遵守哪些程序？是否应当通知犯罪嫌疑人的家属？

逮捕作为剥夺人身自由的严厉的强制措施，在适用时必须遵守一定的法律程序：

1. 公安机关在执行逮捕时，首先必须要有逮捕证。公安机关在接到人民检察院的批准逮捕决定书、决定逮捕通知书或者人民法院的逮捕人犯决定书以后，由县以上公安机关负责人签发逮捕证。

2. 执行逮捕时，必须向被逮捕人出示逮捕证。执行逮捕的人员对于抗拒逮捕的人犯，可以使用戒具。

3. 公安机关在逮捕后，应当立即将被逮捕人送看守所羁押。除无法通知的情形外，应把逮捕的原因和羁押的处所，在 24 小时以内，通知被逮捕人的家属。

4. 人民法院、人民检察院对于各自决定逮捕的人，公安机关对于经人民检察院批准逮捕的人，都必须在逮捕后的 24 小时以内进行讯问。在发现不应当逮捕的时候，必须立即释放，发给释放证明。

实践中，也常常会有一些"无法通知"的情况，如被逮捕人家属地址不明，或者其家属在边远地区，交通不便，24 小时以内难以通知到；也有的被逮捕人无家属等。

39. 羁押期限已满，但尚未结案，能继续羁押犯罪嫌疑人吗？

对于犯罪嫌疑人、被告人被羁押的案件，不能在法律规定的侦查羁押、审查起诉、一审、二审期限内办结，但是根据案件情况，确实需要继续查证、审理的，根据修改后的刑事诉讼法规定，可以对犯罪嫌疑人、被告人采取取保候审或者监视居住的强制措施。那么到底侦查羁押、审查起诉、一审、二审期限有多长呢？根据法律规定，犯罪嫌疑人被逮捕后的侦查羁押期限一般案件不超过两个月，案情复杂的不超过 3 个月。但有四种重大复杂案件经省级检察院批准或者决定，可再延长两个月：一是交通十分不便的边远地区的重大复杂案件；二是重大的犯罪集团案件；三是流窜作案的重大复杂案件；四是犯罪涉及面广，取证困难的重大复杂案件。此外，对可能判处 10 年有期徒刑以上刑罚的，经省级人民检察院批准或者决定，可再延长两个月。对人民检察院决定需要补充侦查的案件，应当在一个月以内补充侦查完毕，补充侦查以两次为限；检察机关对审查起诉的案件不得超过一个半月；一审、二审人民法院审理公诉案件，各自不超过一个半月；上述四种重大复杂案件，经省级高级人民法院批准或者决定，可各再延长一个月；如果检察院提出需补充侦查，应在一个月内补充侦查完毕。如果到了法定期限不能办结，对于在押的犯罪嫌疑人、被告人原则上应当释放。对于还需要继续侦查、审查决定是否提起公诉或者继续审理的案件的犯罪嫌疑人、被告人，可以采取取保候审、监视居住。这样规定，有利于敦促司法机关抓紧时间办案，减少久拖不决的案件数量，有助于解决群众反映突出的超期羁押问题。

如果司法机关在羁押期限届满后仍不放人的，作为公民应当如何处理呢？法律对此也有规定，即犯罪嫌疑人、被告人及其法定代理人、近亲属或者犯罪嫌疑人、被告人委托的律师及其他辩护人对于人民法院、人民检察院或者公安机关采取强制措施超过法定期限的，有权要求解除强制措施。这里的"法定代理人"是指犯罪嫌疑人、被告人的父母、养父母、监护人和负有保护责任的机关、团体的代表；"近亲属"是指犯罪嫌疑人、被告人的夫、妻、父母、子、女、同胞兄弟姐妹；"其他辩护人"是指人民团体或者犯罪嫌疑人、被告人所在单位推荐的人或者犯罪嫌疑人、被告人的监护人、亲友受犯罪嫌疑人、被告人委托担任辩护人的。司法机关对被采取强制措施超过法定期限的如何处理，法律规定了三种办法：一是对于犯罪嫌疑人、被告人在押的应当予以释放；二是对于取保候审超过 12 个月或者监视居住超过 6 个月的，应当解除取保候审、监视居住；三是变更强制措施，如对被羁押犯罪嫌疑人、被告人解除羁押，改为采取取保候审。

40. 法律上规定的证据包括哪几种？

简单地说，能够证明案件真实情况的一切事实，都是证据。刑事诉讼中的证据有下列八种：物证；书证；证人证言；被害人陈述；犯罪嫌疑人、被告人供述和辩解；鉴定意见；勘验、检查、辨认、侦查实验等笔录；视听资料、电子数据。以上证据必须经过查证属实，才能作为定案的根据。

1. 物证，是指用于犯罪或与犯罪相关联的，能够证明犯罪行为和有关犯罪情节的物品或痕迹，如作案工具、赃款赃物、血迹、指纹、脚印等。

2. 书证，是指能够证明案件真实情况的文件或其他文字材料，如毒品犯罪分子进行联络的往来书信；贪污犯罪分子涂改的单据、账本等。

3. 证人证言，是指知道案件真实情况的人就其所了解的案件情况，向司法机关或有关人员作的陈述。刑事诉讼法对知道案件真实情况的人向司法机关作证规定了义务，即凡是知道案件情况的人，都有作证的义务。证人不能随意指定，也不能由他人代替。

4. 被害人陈述，是指直接受到犯罪行为侵害的人就受害情况及案件的有关其他情况，向司法机关或有关人员所作陈述。

5. 犯罪嫌疑人、被告人供述与辩解，是指犯罪嫌疑人、被告人就本人的犯罪行为向司法机关所作的供述，或称口供，或者是犯罪嫌疑人、被告人否认自己有犯罪行为或者承认犯罪，但认为应当减轻处罚、免除处罚所作的辩解。

6. 鉴定意见，是指为了查明案情，对专门性问题由有专门知识的人进行鉴定后而写出的意见报告。如法医鉴定、指纹鉴定、笔迹鉴定、化学物品鉴定、精神病鉴定等。

7. 勘验、检查、辨认、侦查实验等笔录，是指侦查人员对与犯罪有关的场所、物品、人身、尸体或犯罪嫌疑人进行勘验、检查、辨认，以及采用模拟和重演的方法，证实在某种条件下案件实施能否发生和怎样发生以及发生何种结果所作的记录。根据法律规定，勘验、检查、辨认和侦查实验的情况应当写成笔录，由参加勘验、检查、辨认和侦查实验的人和见证人签名或者盖章。

8. 视听资料、电子数据，是指以录音、录像磁带所反映的形象、声音以及基于计算机应用、通信和现代管理技术等电子化技术手段形成的数据、资料及其载体等用以证明案件真实情况的证据。

41. 司法工作人员收集证据应遵守哪些规定？

收集证据是司法工作人员办理刑事案件的重要环节，通过勘验、检查、搜查，讯问犯罪嫌疑人、被告人，询问被害人、证人，利用鉴定、侦查试验等各种手段进行调查取证。刑事诉讼法对审判人员、检察人员、侦查人员收集证据工作主要提出了以下要求：

1. 必须依照法定程序收集证据。这种法定程序在刑事诉讼法有关章节中有明确的规定，如讯问犯罪嫌疑人，应由侦查人员2人进行；搜查时必须出示搜查证；证人笔录必须交本人核对；鉴定应当指派、聘请有专门知识的人进行等。在收集证据中，司法工作人员不得违反这些程序规定。

2. 要收集能够证实犯罪嫌疑人、被告人有罪或者无罪、犯罪情节轻重的各种证据。也就是说，收集证据必须要客观、全面，不能只收集一方面的证据。

3. 严禁以非法的方法收集证据。这里所说的"非法方法"主要是指刑讯逼供和以威胁、引诱、欺骗等方法来获取证据。特别是以刑讯逼供、威胁、引诱、欺骗方式取得的犯罪嫌疑人、被告人的口供，是供述人在迫于压力或被欺骗情况下提供的，虚假的可能性非常大，如果作为定案根据，极易造成错案。

4. 要保证一切与案件有关或者了解案件情况的人，有客观充分地提供证据的条件。具体包括三个方面：一是要保护证人及其近亲属的安全，免除证人的恐惧心理，摆脱可能受到的威胁、损害，让证人可以讲述案件的真实情况；二是要分别询问证人；三是要全面听取供述、陈述或证词，不得引导证人提供片面的证词，或者只听取、记录片面的口供、证词。

5. 除特殊情况外，可以吸收与案件有关或者了解案情的公民协助调查。换言之即收集证据工作要依靠人民群众。当然，在一些"特殊情况"下是不能吸收有关公民协助调查的，如与案件有关或者了解案情的人参与调查可能会透露案情，使未抓获的犯罪嫌疑人逃跑，或者造成串供以及毁灭、隐匿证据等情况，另外，对涉及国家秘密的案件，不应知悉该国家秘密的人也不能参与调查。

42. 讯问犯罪嫌疑人应遵守哪些规定？

讯问犯罪嫌疑人，是指侦查人员按照法定程序，针对犯罪案件的事实，对有犯罪嫌疑的人进行审讯的侦查活动。为了保障这一活动的顺利进行，讯问犯罪嫌疑人必须遵守以下规定：

1. 讯问犯罪嫌疑人必须由人民检察院或者公安机关的侦查人员负责进行。讯问犯罪嫌疑人是侦查活动，属于侦查权的一部分，因此，行使这一权力的人就必须是法律规定的有侦查权的人民检察院或者公安机关的侦查人员。任何其他人审讯有犯罪嫌疑的人都是非法的。

2. 进行讯问的时候，侦查人员不得少于 2 人。这样侦查人员可以相互监督，防止刑讯逼供或者诱供等非法审讯行为，有利于依法进行审讯；同时也有利于防止犯罪嫌疑人诬告侦查人员有违法行为，比如诬告侦查人员有人身侮辱或刑讯逼供行为等。也有利于保障侦查人员的人身安全。因为讯问犯罪嫌疑人是侦查人员与犯罪嫌疑人的面对面侦查活动，实践中犯罪嫌疑人对侦查人员行凶报复的事件时有发生。因此，规定讯问犯罪嫌疑人的侦查人员不得少于 2 人，有利于防止意外，保证讯问的顺利进行。

3. 侦查人员在讯问犯罪嫌疑人的时候，应当首先讯问犯嫌疑人是否有犯罪行为，让他陈述犯罪的具体情节或者进行无罪的辩解。在讯问过程中，既要听犯罪嫌疑人说有罪的情况，也要听他说无罪的情况，对犯罪嫌疑人的供述，应当作全面客观的分析，不能主观片面或先入为主，不能只信有罪的供述，而不信无罪的辩解，更不能带着框框去审问。听完犯罪嫌疑人的陈述后，再根据供述的情况向犯罪嫌疑人提出问题。为了保证讯问的顺利进行，侦查人员在讯问前应当做好充分准备，熟悉案卷材料，认真做好讯问提纲，做到心中有数，紧紧围绕案件事实提出问题，并在讯问中教育犯罪嫌疑人如实供述，讯问的问题应当是与认定案件事实有直接关系的问题。侦查人员不得讯问与本案件事实无关的问题。对与本案件无关的问题，被讯问的人有拒绝回答的权利。

4. 侦查人员在讯问聋、哑的犯罪嫌疑人的时候，应当有通晓聋、哑手势的人参加，并且应当把这种情况记明笔录。因为聋、哑的犯罪嫌疑人，在生理上有缺陷，和正常的人相比，理解能力和表达能力都受到一定限制，往往会影响他准确地表达自己的意志，也影响对自己问题的辩解。如果有通晓聋、哑手势的人参加，为侦查人员和犯罪嫌疑人翻译，就可以使犯罪嫌疑人准确地供述有罪、无罪、罪轻、罪重的案件事实，保证聋、哑犯罪嫌疑人与其他犯罪嫌疑人平等地行使诉讼权利，保证讯问的顺利进行。侦查人员讯问聋、哑犯罪嫌疑人，找通晓聋、哑手势的人为侦查人员和犯罪嫌疑人翻译，应当在讯问犯罪嫌疑人的笔录上注明犯罪嫌疑人的聋、哑情况和翻译人员的姓名、工作单位和职业等基本情况。

5. 侦查人员讯问犯罪嫌疑人应当作讯问笔录，即在讯问过程中，按照讯问的顺序，将讯问的详细情况一一记录下来。讯问完毕以后，侦查人员应当将讯问笔录交给犯罪嫌疑人进行核对。如果犯罪嫌疑人不识字，侦查人员应当向他宣读讯问的笔录，犯罪嫌疑人如果认为笔录记载的内容有遗漏的或者有差错的，犯罪嫌疑人可以提出补充或改正，并在补充或改正的地方盖章或捺指印。犯罪嫌疑人对讯问笔录核对后承认没有错误的，应当签名或盖章（或捺指印），侦查人员应当在笔录上签名。在讯问中，如果犯罪嫌疑人要求自行书写供述时，侦查人员应当允许；在必要的时候，侦查人员也可以让犯罪嫌疑人亲笔书写供词。比如要进行笔迹鉴定，需要犯罪嫌疑人的亲笔笔迹，就可以让犯罪嫌疑人书写亲笔供述。

6. 侦查人员在讯问犯罪嫌疑人的时候，应当告知犯罪嫌疑人如实供述自己罪行可以从宽处理的法律规定。侦查人员在讯问犯罪嫌疑人的时候，可以对讯问过程进行录音或者录像；对于可能判处无期徒刑、死刑的案件或者其他重大犯罪案件，应当对讯问过程进行录音或者录像。录音或者录像应当全程进行，保持完整性。

43. 传唤和拘传犯罪嫌疑人应遵守哪些规定？

传唤是在侦查活动中讯问不需要逮捕、拘留的犯罪嫌疑人的时候，依法采用的使犯罪嫌疑人到案接受讯问的一种诉讼方法。拘传是刑事诉讼中强制措施的一种，是人民检察院和公安机关对没有关押的犯罪嫌疑人经传唤后没有正当理由而拒不到案接受审讯的，强制其到案的措施，这种强制的措施包括使用戒具。因为使用这种方法使犯罪嫌疑人到案涉及他的人身权利问题，因此拘传犯罪嫌疑人必须严格依照法律的规定进行。

传唤、拘传犯罪嫌疑人应当遵守以下规定：

1. 采用拘传时，必须严格掌握拘传的条件。拘传应同时具备两个条件：一是犯罪嫌疑人必须经过传唤而不到案；二是不到案没有正当理由，而且有影响诉讼进行的可能。如果犯罪嫌疑人没被传唤或者没有接到传唤，或者虽接到传唤，但因意外的原因，如遇到自然灾害或患重病等无法到案的情况，都不应采取拘传的方法。采取拘传只是为了使犯罪嫌疑人到案接受讯问。使用戒具必须慎重。如果强制犯罪嫌疑人到案时，犯罪嫌疑人没有反抗，就不使用戒具。使用戒具的，一旦犯罪嫌疑人到案，就不再继续使用戒具。

2. 对于不需要关押的犯罪嫌疑人，可以传唤到犯罪嫌疑人所在的市、县内的指定地点或者到他的住处进行讯问。也就是说，指定的地点应当是犯罪嫌疑人当时工作生活所在的市、县的公安局、公安派出所、基层组织及所在单位等，不能到外省、外市、外县。

3. 对犯罪嫌疑人进行传唤和拘传的时候，必须出示人民检察院或公安机关的证明文件。证明文件包括传唤犯罪嫌疑人使用的《传唤通知书》及人民检察院和公安机关证明侦查人员身份、执行讯问任务的证明信。

4. 传唤犯罪嫌疑人必须严格遵守法律规定的时间，即传唤、拘传所持续的时间不得超过12小时，案情特别重大、复杂，需要采取拘留、逮捕措施的，传唤、拘传持续的时间不得超过24小时。不得以连续传唤、拘传的形式变相拘禁犯罪嫌疑人。传唤、拘传犯罪嫌疑人，应当保证犯罪嫌疑人的饮食和必要的休息时间。

44. 哪些人有义务作证？

证据是能够证明案件真实情况的一切事实。办案人员为了查清案件事实，必须了解案件的真实情况。向知道案件真实情况的人了解案件事实，是办案人员收集证据，了解案情，证实案件事实的重要途径，因此，凡是知道案件情况的人都应当向办案人员如实提供自己所知道的案件情况，不得拒绝，这是知道案件真实情况的人的法定义务。知道案件的真实情况而故意隐瞒不说，或者故意提供虚假的情况都是违法的。哪些属于知道案件情况的人呢？"知道案件情况的人"就是因为亲眼看到犯罪行为发生，亲耳听到犯罪嫌疑人、被害人叙述实施犯罪行为或被犯罪行为侵害的过程，因而了解案件情况的人。通过报纸、电视等或者通过道听途说而得知的有关案件的情况，不属于知道案件情况的人，没有作证的义务。

知道案件情况的人也并不是每人都可以作证。根据法律规定，生理、精神上有缺陷或者年幼，不能辨别是非、不能正确表达的人都不能作证。这里包括三种情况：一是生理上有缺陷，而且不能辨别是非或者不能正确表达自己所知道的情况的人不能作证。如眼睛色盲辨别不清什么颜色，高度近视看不清，耳聋听不清等，都不能正确表达自己所看到、听到的情况。二是精神上有缺陷，不能辨别是非、不能正确表达的人不能作证。如正在发病期间的精神病患者，不能控制自己的思维和识别事物的能力，因此对于人和事物辨别不清，也不能正确表达自己的意思，不能正确说明所听、所见情况。三是年幼，也就是未满14周岁，不能辨别是非，不能正确表达的未成年人，不能作证。因为年纪小，心理、生理发育都不健全，还缺乏正确表达意志的能力。只有能够分清是非，能正确表达自己的意思，正确说明自己看到、听到的情况的未成年人，才可以作证。上面所说的三种情况，能不能辨别是非，能不能正确表达，是决定上述人可不可以作证人的关键性条件，也就是说，虽然生理上、精神上有缺陷，或者是年幼，但只要能够分清是非，能够正确表达，仍可以作证人。如间歇性精神病患者在未犯病期间，或者虽年幼，但发育早，有分辨是非和正确表达意志的能力的，都可以作证人。

45. 如何保障证人的安全及不因作证受到的经济损失？

保障证人的安全，是使证人能解除后顾之忧，充分、客观地提供证据，认真履行作证义务，如实反映案件真实情况的重要条件。司法实践中，证人不愿作证、不敢作证或不如实作证，办案人员取证难，其中很重要的原因就是证人的安全得不到保证。犯罪嫌疑人、被告人或其亲属，对证人进行威胁、侮辱、殴打、打击报复，甚至杀害等严重威胁证人的人身、财产安全的现象时有发生。这不仅给证人的人身、财产造成损失，也严重影响了司法人员办理案件，影响了诉讼活动的顺利进行。为了保证证人如实提供自己所知道的案件情况，保证办案人员顺利地调查取证，人民法院、人民检察院和公安机关应当保障证人及其近亲属的安全，特别是人身、财产的安全。这是人民法院、人民检察院和公安机关的法定义务。

在人民法院、人民检察院和公安机关的办案人员调查取证中，应当想办法保证证人的安全。如询问证人应在安全可靠的地方，尽量不让犯罪嫌疑人、被告人及他们的亲属知道。发现证人及其近亲属可能因作证有危险时，应当及时采取保护性的措施，如及时拘捕犯罪嫌疑人、被告人，帮助证人转移到安全的地方。在侦查阶段，应当为证人及其近亲属作证保守秘密等。对威胁、侮辱、殴打或者打击报复证人或其近亲属的，应当根据情况追究其法律责任。对构成犯罪的，应当依照法律的规定追究刑事责任；对情节轻微，不够刑事处罚的，应当根据治安管理处罚条例的规定给予拘留、罚款、警告等治安处罚。对证人进行"威胁"包括以伤害、杀害、毁坏财产等人身、财产安全的威胁，还包括以揭露隐私、毁坏名誉或利用证人的困难或弱点进行要挟，阻止证人作证、逼迫证人作伪证或者对证人或证人的近亲属进行打击报复。对证人进行"侮辱"包括人身侮辱和人格侮辱。"殴打"就是直接用暴力对证人或证人的近亲属进行人身伤害。"打击报复"包括犯罪嫌疑人、被告人或其亲属滥用职权对证人或其近亲属进行迫害以及威胁、侮辱、殴打以外的其他报复的行为，如不让就职就业、不给提职提薪等。保障证人的安全是打击犯罪的需要，是刑事诉讼法保障诉讼参与人的诉讼权利的基本原则和我国宪法保护公民合法权利的宪法原则的具体体现。

另外，法律规定，对于危害国家安全犯罪、恐怖活动犯罪、黑社会性质的组织犯罪、毒品犯罪等案件，证人、鉴定人、被害人因在诉讼中作证，本人或者其近亲属的人身安全面临危险的，人民法院、人民检察院和公安机关应当采取以下一项或者多项保护措施：不公开真实姓名、住址和工作单位等个人信息；采取不暴露外貌、真实声音等出庭作证措施；禁止特定的人员接触证人、鉴定人、被害人及其近亲属；对人身和住宅采取专门性保护措施；其他必要的保护措施。如果证人、鉴定人、被害人认为因为在诉讼中作证，本人或者其近亲属的人身安全面临危险的，可以向人民法院、人民检察院、公安机关请求予以保护，这些机关应当采取措施进行保护。人民法院、人民检察院、公安机关依法采取保护措施，有关单位和个人应当配合。

法律同时规定，证人因履行作证义务而支出的交通、住宿、就餐等费用，应当给予补助。证人作证的补助列入司法机关业务经费，由同级政府财政予以保障。有工作单位的证人作证，所在单位不得克扣或者变相克扣其工资、奖金及其他福利待遇。

46. 侦查人员询问证人和被害人应遵守哪些规定？

询问证人、被害人是侦查人员获取证人证言、被害人陈述的重要的侦查活动，为了保障证人的安全，有利于证人如实提供证言，侦查人员询问证人时，必须严格依照法律规定进行：

1. 应当本着方便证人，有利于保护证人安全，有利于查清案件事实的精神，根据实际情况，按照法律规定来确定询问证人、被害人的地点。询问证人、被害人，可以在现场进行，也可以到证人、被害人的所在单位、住处或者证人、被害人提出的地点进行，必要的时候，也可以通知证人、被害人到人民检察院或公安机关来提供证言、陈述被害情况。到证人、被害人的所在单位、住处或提出的地点进行询问，可以节省证人、被害人的时间，便利群众，也有利于及时得到证人、被害人单位的支持和帮助，便于了解证人、被害人的情况，有助于对证人、被害人提供的证言和陈述，进行分析判断。现场询问，应当出示人民检察院或公安机关工作证件，到证人、被害人的所在单位、住处或者提出的地点进行询问，必须出示人民检察院或公安机关的证明文件，即出示人民检察院和公安机关出具的证明询问人员的身份和执行任务的证明信及人民检察院或公安机关的工作证件，这样可以防止滥用侦查权，更好地保护公民的合法权利。在必要的时候，还可以通知证人、被害人到人民检察院或公安机关提供证言、陈述被害情况。这样有利于侦查机关为其保守秘密，保证证人、被害人的安全，也有利于防止证人、被害人单位、亲属或其他人的干扰，便于证人、被害人如实说出自己知道的案件情况。在什么情况下可以通知证人、被害人到人民检察院或公安机关进行询问呢，主要有以下几种情况：（1）案情涉及国家秘密，为了防止泄密。（2）证人、被害人的所在单位或其家庭成员，以及住处周围的人员与该案件有利害关系。为了防止干扰，保证证人、被害人如实地说出自己所知道的案件情况，保证证人、被害人的安全。（3）证人、被害人不愿意公开自己的姓名和作证行为的，为便于为证人保密，消除证人、被害人的思想顾虑。

2. 应当个别进行。即询问同一个案件的几个证人、被害人时，应一个一个地分别进行，个别询问，询问一个证人时不能有其他证人、被害人在场。这样主要是防止证人之间，被害人之间或证人与被害人之间相互影响，相互串通，可以保证证人、被害人所提供的情况真实可靠，也有利于保守案情秘密，保障侦查活动的顺利进行。

3. 应当告诉他们要如实地提供证据，如实说出自己所知道的案件情况，并且告诉他们有意作伪证，提供虚假情况，或者故意隐瞒犯罪的证据所要负的法律责任。侦查人员询问证人、被害人时，要告诉证人、被害人应当如实提供证言和其他证据。首先要告诉他对自己掌握的书证、物证和其他证据都要原样地交出来，不能把它隐藏起来不交或者私自销毁或涂改；其次要告诉他们对自己所知道的案件情况，要实事求是说出来或写出来，既不能夸大，也不能缩小。侦查人员要告诉证人、被害人作伪证或隐匿罪证应负的法律责任，就是要让他们了解有关的法律规定，告诉他们如果不如实地提供证据，要负什么样的法律责任，使其了解知情人的作证义务和作伪证或隐匿罪证会产生什么样的后果。

4. 询问未满18周岁的未成年证人、被害人时，应当通知未成年证人、被害人的法定代理人到场。无法通知、法定代理人不能到场或者法定代理人是共犯的，也可以通知未成年证人、被害人的其他成年亲属，所在学校、单位、居住地基层组织或者未成年人保护组织的代表到场，并将有关情况记录在案。到场的法定代理人可以代为行使未成年证人、被害人的诉讼权利。到场的法定代理人或者其他人员认为办案人员在询问中侵犯未成年人合法权益的，可以提出意见。询问笔录应当交给到场的法定代理人或者其他人员阅读或者向他宣读。询问女性未成年证人、被害人，应当有女工作人员在场。这样有利于打消未成年证人、被害人的顾虑，维护他们的合法权益，保障询问工作的顺利进行。

5. 应当做好询问笔录，并将询问笔录交给证人、被害人进行核对，让他们看看有没有遗漏或错误。对于没有阅读能力的证人、被害人，应当向他们宣读。如果有遗漏或者有差错的，证人、被害人可以提出补充或纠正。在证人、被害人认为没有错误后，应当让他们签名或盖章。侦查人员也应当在笔录上签名。对证人、被害人要求自己写证词的，应当允许；在必要的时候，侦查人员也可以要求证人、被害人亲笔写证词。

47. 公安机关是否有权解剖尸体？

尸体解剖是在侦查活动中进行尸体检验经常使用的检验手段，也就是在进行尸体检验中遇到死因不明的时候，需要通过解剖尸体，查看内伤，取样化验等方法查明死亡的原因。因此，尸体解剖是尸体检验的重要组成部分，是侦查活动的重要内容。决定解剖死因不明的尸体是公安机关行使侦查权的具体表现。因此，只有公安机关才有权进行尸体解剖。公安机关决定解剖尸体应当通知死者的家属到场，这样死者家属可以了解解剖的情况，有利于家属配合公安机关查明案情，有利于侦查活动的顺利进行；同时有家属在场在客观上起到了对公安机关进行尸体解剖进行监督的作用，有利于公安机关依法进行尸体解剖。进行尸体解剖，可以根据案件的实际情况，进行全身解剖或局部解剖。解剖后应当作出解剖结论，写明死亡的原因、死亡的时间，损害的位置、程度、特征、病史等。

48. 侦查机关对人身进行检查和提取生物样本应遵守哪些规定？

对人身进行检查和提取指纹信息、采集血液、尿液等生物样本是刑事诉讼中确定被害人、犯罪嫌疑人的某些特征、伤害情况或者生理状态，以查明案件事实的侦查活动。确定被害人、犯罪嫌疑人的某些特征，需要通过人身检查，查看被害人、犯罪嫌疑人的身体表面有什么特征，如相貌、皮肤颜色、特殊痕迹、身体各部有无缺损等；确定被害人、犯罪嫌疑人的伤害情况，在实践中主要是对被害人伤害情况的检查，通过检查看看被害人伤害的部位、程度、伤势形状等；确定生理状态主要是检查被害人、犯罪嫌疑人有无生理缺陷，比如智力发育情况，是否智力低下，各种生理机能情况怎样等。这些检查，有利于查清案件的性质、犯罪的手段和方法，作案所用的工具及犯罪的情节，这对认定犯罪事实、查明犯罪人，都有重要意义。为了保护公民的合法权利，保证对人身检查的顺利进行，侦查人员进行人身检查时，必须严格按照法律的规定进行。

1. 侦查人员对拒绝人身检查和提取指纹信息、采集血液、尿液等生物样本的犯罪嫌疑人，在必要的时候，可以强制。实践中对犯罪嫌疑人的人身进行强制检查主要有两种情况：一种情况是犯罪嫌疑人为了逃避罪责，拒绝侦查人员对其进行人身检查，在这种情况下，侦查人员应当根据具体情况采取有效措施，首先向犯罪嫌疑人讲明检查的目的、意义，教育他接受检查，这样有利于犯罪嫌疑人配合检查，以保证检查工作的顺利进行。但是如果经过说服教育后，犯罪嫌疑人仍拒绝检查的，侦查人员可以采取强制手段进行检查。另一种情况是犯罪嫌疑人精神失常，不能控制自己的，侦查人员也可以采取强制手段对其人身进行检查。对被害人不得强制进行人身检查。如果被害人不愿意检查，侦查人员应当耐心地进行思想教育，必要的时候，可以请家属配合，做好被害人的思想工作。

2. 对妇女的人身检查，应当由女工作人员或女医师进行。这是为了体现对妇女的特殊保护。这样做有利于保护被害妇女或者女犯罪嫌疑人的人身权利，同时可防止不必要的误解，如防止他人误解检查人对被检查人有人身侮辱行为等，以保证侦查活动的顺利进行。

3. 进行人身检查提取指纹信息，采集血液、尿液等生物样本必须做好检查的笔录。因为对人身进行检查的目的是取得证据，弄清案情。只有将人身检查的情况用文字固定下来，形成检查笔录，才有证据价值，才能用来证明案件事实。检查笔录是证据的一种。应当按照具体检查的目的和要求，将检查的时间、地点、被检查人、检查的经过和结果，都实事求是地一一记录清楚，不能有虚假。最后由参加检查的人和见证人签名或盖章，以便存查。

49. 侦查人员查封、扣押物证、书证应遵守哪些程序？

根据刑事诉讼法的规定，侦查人员扣押物证、书证必须遵守以下规定：

1. 在勘验、搜查中发现的可用以证明犯罪嫌疑人有罪或者无罪的各种财物和文件，应当扣押；与案件无关的财物、文件，不得扣押。在扣押时，应当注意全面、客观地分析财物、文件与案件有无关系，有什么关系，既要扣押能够证明犯罪嫌疑人有罪、罪重的物证、书证，也要扣押能够证明犯罪嫌疑人无罪、罪轻的物证、书证。

2. 只有侦查人员才能行使对物证、书证的查封、扣押权。查封、扣押物证、书证是侦查机关行使侦查权，通常情况下，往往是与勘验、搜查一起进行的，因此，只有公安机关、检察机关等依法行使侦查权的侦查人员才能查封、扣押物证、书证，其他任何单位和个人都无权进行。而且，侦查人员在执行侦查任务时应当持有并出示有关证件，并非侦查案件时，也不得查封、扣押有关物品和文件。

3. 必须严格按照法定程序执行扣押。关于查封、扣押物证、书证的具体程序，根据刑事诉讼法规定，对于扣押的财物和文件，应当会同在场见证人和被扣押物品持有人查点清楚，当场开列清单一式两份，由侦查人员、见证人和持有人签名或者盖章，一份交给持有人，另一份附卷备查。清单上应当写明扣押财物、文件的名称、规格、特征、数量、质量、时间、地点以及文件的名称、编号等，并有侦查人员、见证人和持有人签名或者盖章；在特殊情况下，持有人无法到场的，可以由其亲属签名或者盖章。清单不得涂改，凡是必须更正的，应当有侦查人员、持有人和见证人共同签名或者盖章，或者重新开列清单。对扣押物证、书证规定严格的手续，一方面有利于保护公民的合法财产，另一方面更有利于保证物证、书证的证明力，真正起到经核实后能够作为定案根据的作用。比如，侦查人员在搜查中发现毒品并予以扣押，当场开列的清单记明了有关事项并有侦查人员、被搜查人和在场群众见证人在上面签名或者盖章，就可以证明该毒品从何时、何处搜出，从而证明被扣押毒品持有人非法持有毒品或者贩卖毒品的行为。如果没有上述清单并经有效签名盖章，就很难说明毒品的来源，不能起到证明犯罪的作用。因此，严格遵守扣押物证、书证的程序，可以防止办案中发生栽赃陷害等情况，也可以防止公民合法财产权利无故受到侵害。

4. 对于扣押的物证、书证要妥善保管。对查封、扣押的财物、文件首先要做好登记，然后分别情况入卷，予以妥善保管或者封存，不得使用或损毁。对能够证明案件事实的物证、书证，应当归入案卷；不能直接入卷的，应当拍照，将照片附卷，原物品、文件予以封存；对容易损坏的物证、书证，还应当采取拍照、录像、绘图等方法加以固定和保全。对于扣押的财物、文件，任何单位和个人都不得以任何借口进行毁坏、使用或者自行处理。

5. 对于查封、扣押的物品、文件，经查明确实与案件无关的，应当在3日内解除扣押，退还原主。

50. 侦查机关可以扣押犯罪嫌疑人的邮件、电报吗？

根据刑事诉讼法规定，侦查人员认为需要扣押犯罪嫌疑人的邮件、电报的时候，经公安机关或者人民检察院批准，即可通知邮电机关将有关的邮件、电报检交扣押。不需要继续扣押的时候，应即通知邮电机关。

扣押邮件、电报必须是出于侦查案件的需要。我国宪法明确规定，除因国家安全或者追查刑事犯罪的需要，由公安机关或者检察机关依照法律规定的程序对通信进行检查外，任何组织或者个人不得以任何理由侵犯公民的通信自由和通信秘密。我国刑法对侵犯公民通信自由权利的犯罪和邮政工作人员私自开拆或者隐匿、毁弃邮件、电报的犯罪也都作了明确规定。因此，我国公民的通信自由和通信秘密受到国家法律的严格保护，不得任意侵犯。对犯罪嫌疑人，同样要保护他的通信自由权利，不得对其邮件、电报随意进行扣押。刑事诉讼法规定的"侦查人员认为需要扣押犯罪嫌疑人的邮件、电报"，不是说侦查人员在认定需要扣押犯罪嫌疑人的邮件、电报时，可以凭主观想象，想扣押就扣押，而是应当有一个相对来说比较客观的标准，这个标准就是扣押的邮件、电报要与案件的侦查有关，是出于案件侦查中的实际需要，与案件无关的邮件、电报不能扣押。扣押犯罪嫌疑人的邮件、电报，包括扣押他人发给犯罪嫌疑人的和犯罪嫌疑人发给他人的邮件、电报，其中"邮件"是指通过邮政部门寄递的信件、印刷品、邮包、汇款通知以及报刊等。

扣押犯罪嫌疑人的邮件、电报必须经过公安机关或者人民检察院批准，邮电机关协助执行。侦查人员认为需要扣押犯罪嫌疑人的邮件、电报的时候，要报请所在的公安机关或者人民检察院批准，经过批准后方可进行扣押。执行扣押时，一般要当面通知邮电机关，侦查人员除了出示必要的工作身份证件外，还应当出示公安机关或者人民检察院批准扣押邮件、电报的文件证明。对扣押的邮件、电报应当开列清单，由侦查人员和有关邮电工作人员签名或者盖章。在特殊情况下，侦查人员也可以用电话通知邮电机关对犯罪嫌疑人的邮件、电报先予扣押，但应当详细说明自己工作身份的情况、需要扣押的邮件、电报的情况和公安机关或者人民检察院批准扣押的情况等。如果扣押掌握在犯罪嫌疑人手里、不在邮电机关寄递中的书信、电报的，适用扣押物品、文件的规定，侦查人员在勘验、搜查中对上述物品、文件进行扣押时，不必经过公安机关或者人民检察院批准。

不需要继续扣押的时候，即案件已经发生变化或者邮件、电报所涉及的犯罪事实已经查清，该邮件、电报不作为证据使用，继续扣押邮件、电报已经失去意义的时候，侦查机关应当立即通知邮电机关解除扣押，以维护邮电机关的正常工作秩序。

为了切实保障公民的合法权利，刑事诉讼法还对扣押的邮件、电报如何返还作了明确规定，根据规定，侦查人员对于扣押的邮件、电报应当及时进行审查，经审查后，凡是与案件无关、不能作为案件证据的，应当在查明情况后 3 日以内解除扣押，将扣押的邮件、电报返还邮电机关。

51. 侦查机关可以查询、冻结犯罪嫌疑人的存款、汇款、股票等财产吗？

根据刑事诉讼法规定，人民检察院、公安机关根据侦查犯罪的需要，可以依照规定查询、冻结犯罪嫌疑人的存款、汇款、债券、股票、基金份额等财产。犯罪嫌疑人的财产已被冻结的，不得重复冻结。

查询、冻结犯罪嫌疑人的存款、汇款、债券、股票、基金份额等财产是侦查犯罪的实际需要。我国宪法规定，公民的合法财产受国家保护，不受非法侵犯。根据宪法的规定精神，商业银行法明确规定，对个人、单位存款，商业银行有权拒绝任何单位或者个人查询、冻结、扣划，但法律另有规定的除外；邮政法也明确规定，用户交汇的汇款和储蓄的存款受法律保护，除法律另有规定外，任何组织或者个人不得检查、扣留。刑事诉讼法规定人民检察院、公安机关根据需要，可以查询、冻结犯罪嫌疑人的存款、汇款、债券、股票、基金份额等财产，是考虑到查清事实、惩罚犯罪，保护国家、集体、公民利益的需要，防止犯罪分子转移罪证和赃款，也可以防止这些款项再次用于犯罪。因此，查询、冻结犯罪嫌疑人的存款、汇款是司法机关侦查犯罪的重要措施，是打击犯罪特别是经济领域犯罪，减少和挽回公私财产损失的有效手段。侦查机关在查询、冻结犯罪嫌疑人的存款、汇款、债券、股票、基金份额等财产时，应当限于属于犯罪嫌疑人本人的并且与犯罪有关的范围，这些财产或者用于犯罪，或者是犯罪的违法所得；不属于犯罪嫌疑人本人的或者与犯罪无关的财产，侦查机关不应当查询、冻结。

查询、冻结犯罪嫌疑人的存款、汇款、债券、股票、基金份额等财产是法律赋予人民检察院、公安机关的侦查权力，有关单位和人员应当协助、配合。侦查人员在执行查询、冻结财产任务时，应当向银行、邮政储蓄等部门出示人民检察院、公安机关查询、冻结犯罪嫌疑人存款、汇款、债券、股票、基金份额等财产的决定；未经人民检察院、公安机关决定，侦查人员无权自行对犯罪嫌疑人的存款、汇款、债券、股票、基金份额等财产进行查询、冻结，同时查询、冻结还必须依照法律、司法解释以及有关规定进行。

不得重复冻结犯罪嫌疑人的存款、汇款、债券、股票、基金份额等财产。也就是说，犯罪嫌疑人的财产已经被人民检察院或者公安机关冻结的，其他人民检察院或者公安机关不得对同一犯罪嫌疑人的同一笔财产再次冻结。

人民检察院、公安机关无权扣划犯罪嫌疑人的存款、汇款、债券、股票、基金份额等财产。刑事诉讼法只规定了人民检察院、公安机关可以根据需要决定查询、冻结犯罪嫌疑人的存款、汇款、债券、股票、基金份额等财产，没有规定可以扣划上述财产。对于在侦查、审查起诉中犯罪嫌疑人死亡，对犯罪嫌疑人的存款、汇款、债券、股票、基金份额等财产应当依法予以没收或者返还被害人的，可以申请人民法院裁定通知冻结犯罪嫌疑人存款、汇款、债券、股票、基金份额等财产的金融机构上缴或者返还被害人。

经查明与案件无关的存款、汇款、债券、股票、基金份额等财产应当及时解冻。侦查人员对于冻结的财产，应当及时进行认真审查，经审查后，凡是与案件无关的，即认定被冻结的款项既不是违法所得，也不能作为证明犯罪嫌疑人是否犯罪和罪行轻重的证据的，应当在查明情况后 3 日以内通知金融机构立即解除冻结。

52. 对人身伤害情况和犯罪嫌疑人是否有精神病如何进行司法鉴定?

公安机关、人民检察院在办理刑事案件过程中，经常会遇到一些专门性问题，正确解决好这些专门性问题，对案件事实的认定至关重要。为此，刑事诉讼法规定，为了查明案情，需要解决案件中某些专门性问题的时候，应当指派、聘请有专门知识的人进行鉴定。刑事诉讼中的"鉴定"，人们又称"司法鉴定"，就是指公安机关、人民检察院指派或者聘请具有专门知识的人，对案件中的某些专门性问题进行鉴别和判断的一种侦查活动。

司法鉴定通常包括：（1）法医鉴定，即对与案件有关的尸体、人身、分泌物、排泄物、胃内物、毛发等进行鉴别和判断的活动；（2）司法精神病鉴定，即对人是否患有精神病、有没有刑事责任能力进行鉴别和判断的活动；（3）刑事技术鉴定，即对指纹、脚印、笔迹、弹痕等进行鉴别和判断的活动；（4）会计鉴定，即对账目、表册、单据、发票、支票等书面材料进行鉴别和判断的活动；（5）技术问题鉴定，即对涉及工业、交通、建筑等方面的科学技术进行鉴别和判断的活动，等等。在司法鉴定中，人身伤害情况鉴定和犯罪嫌疑人是否患有精神病鉴定是常见的两种鉴定。

对人身伤害和精神病的法医学鉴定，应当根据全国人大常委会制定的《关于司法鉴定管理问题的决定》及其他法规规章的规定，由纳入司法行政部门登记管理的司法鉴定机构和鉴定人进行。未纳入登记管理的鉴定人无权面向社会接受委托从事相关鉴定。鉴定人应当具有专门医学知识，鉴定后应当写出鉴定意见，并且在鉴定意见上签名。犯罪嫌疑人、被害人如果对鉴定意见没有争议的，即可以作为证据使用；如果对意见结论有争议的，可以请求司法机关委托原鉴定结构进行补充鉴定，或者进行重新鉴定。重新鉴定，应当委托原鉴定机构以外的列入司法鉴定机构名册的其他司法鉴定机构进行；接受重新鉴定委托的司法鉴定机构的资质条件，一般应当高于原委托的司法鉴定机构。委托人同意的，也可以委托原司法鉴定机构，由其指定原司法鉴定人以外的其他符合条件的司法鉴定人进行。

人身伤害情况的初次医学鉴定和重新鉴定的鉴定意见，都应当写明伤害的部位、伤害的程度（分为重伤、轻伤、轻微伤三种）、后果以及身体恢复情况等内容；精神病的医学鉴定意见，应当写明被鉴定人是否患有精神疾病，患何种精神疾病，实施危害行为时的精神状态及与危害行为之间的关系，有无刑事责任能力等内容。鉴定意见应当有鉴定人签名，如果是多名鉴定人，应当分别签名，意见一致的应当写出共同的鉴定意见，意见不一致的，可以分别提出不同的鉴定意见，必要时也可以作进一步鉴定。根据刑事诉讼法规定，侦查机关应当将用作证据的鉴定意见告知犯罪嫌疑人、被害人；如果犯罪嫌疑人、被害人提出申请，可以补充鉴定或者重新鉴定。

在进行司法鉴定的工作中，鉴定人应当具有相应的专门知识，并且与案件无利害关系，当事人及其法定代理人可以申请与案件有利害关系的鉴定人回避；侦查人员不能对鉴定人进行技术上的干预，更不能强迫或者暗示鉴定人或者鉴定单位作出一种不真实的意见；鉴定人不得故意作虚假鉴定，否则应当承担法律责任，给予行政处分甚至追究刑事责任。司法鉴定人本人或者其近亲属与委托人、委托的鉴定事项或者鉴定事项涉及的案件有利害关系，可能影响其独立、客观、公正进行鉴定的，应当回避。

53. 犯罪嫌疑人被逮捕后在侦查阶段可以羁押多长时间？

在刑事诉讼中，犯罪嫌疑人被逮捕后在侦查阶段的羁押时间，通常称为"侦查羁押期限"，这个期限自犯罪嫌疑人被逮捕时起第 2 日开始计算，至对犯罪嫌疑人侦查终结时止。关于侦查羁押期限，刑事诉讼法有比较明确的规定，既规定了一般案件的侦查羁押期限，还对案情比较复杂、重大等有特殊原因的案件的侦查羁押期限作出具体规定。

1. 一般刑事案件的侦查羁押期限。根据刑事诉讼法规定，对犯罪嫌疑人逮捕后的侦查羁押期限不得超过两个月；案情复杂、期限届满不能终结的案件，可以经上一级人民检察院批准延长 1 个月。因此，对大部分案件，侦查机关应当在两个月内侦查完毕；有些案情复杂、在两个月内不能完成侦查任务的案件，经上一级人民检察院批准可以延长 1 个月，可以达到 3 个月。"案情复杂、期限届满不能终结"是延长期限的前提条件。所谓"案情复杂"，是指案件涉及的犯罪情况比较复杂，如集团犯罪、一人多罪、取证涉及人员众多等情况。

2. 四类特殊案件的侦查羁押期限。下列四类案件在刑事诉讼法规定的一般侦查羁押期限届满仍不能终结的，经省、自治区、直辖市人民检察院批准或者决定，可以延长两个月，共计可以达到 5 个月：

（1）交通十分不便的边远地区的重大复杂案件。这类案件应当符合两个条件，一是发生在我国新疆、西藏、青海等省区中交通条件十分不便的边远地区，由于地域辽阔、交通条件很差，有时为了取到一个证据，需要花费几天、几十天甚至更长时间，因此客观上需要较长的侦查羁押期限。二是必须是既重大又复杂的案件，才能适用本规定，并不是交通不便的边远地区所有案件都可以延长期限。

（2）重大的犯罪集团案件。刑法规定的"犯罪集团"是指人员相对固定，有组织、有指挥地进行犯罪活动的犯罪群体。实践中，重大的犯罪集团案件往往是一些严重危害公共安全的犯罪案件，在案发地区影响较大；作案人数多，或者订立攻守同盟，或者畏罪潜逃，不易侦破或者取证相当困难，因此需要适当延长期限。

（3）流窜作案的重大复杂案件。这类案件必须同时具备两个条件：一是流窜作案案件，由于犯罪分子是外地流动人员，作案地点不固定，调查取证困难；二是重大复杂案件。以上两个条件必须同时成立，才能适用本规定延长期限。

（4）犯罪涉及面广，取证困难的重大复杂案件。这类案件往往涉及多个省区，案情重大复杂，取证人员众多，取证地区范围大，需要延长侦查羁押期限。

在四类案件中，对可能判处 10 年以上刑罚的犯罪的侦查羁押期限，刑事诉讼法还作了特别规定，对犯罪嫌疑人可能判处 10 年有期徒刑以上刑罚，依照本法规定延长期限届满，仍不能侦查终结的，经省、自治区、直辖市人民检察院批准或者决定，可以再延长 2 个月。也就是说，对上述四类案件中可能判处 10 年以上有期徒刑的重刑犯，侦查羁押期限最长可以达到 7 个月。

应当注意的是，上述四类案件侦查羁押期限"延长 2 个月"或者"再延长 2 个月"，都必须经省、自治区、直辖市人民检察院批准或者决定。公安机关、省级以下人民检察院立案侦查的案件需要延长期限的，应当报请省、自治区、直辖市人民检察院批准；省级人民检察院立案侦查的案件，需要延长期限的，由本院审查决定延长侦查羁押期限。

特别重大复杂案件的侦查羁押期限。根据刑事诉讼法规定，因为特殊原因，在较长时间内不宜交付审判的特别重大复杂的案件，由最高人民检察院报请全国人民代表大会常务委员会批准延期审理。这样规定，是考虑到有些案件因为政治关系或者其他原因，可能在较长时间内不宜交付审判，例如过去日本战犯、国民党战犯之类的案件，需要特殊情况特殊处理。所谓"特殊原因"是指关系国家政治、外交等方面，涉及整个国家安全、利益的重大问题，而不能将案件中的具体特点认定是"特殊原因"。所谓"不宜交付审判"是指由于政治上的关系在一定时期内不适宜进行审判，或者因有其他特殊的原因，如外交等，在相当长的时期内不宜交付审判。因案情复杂在羁押期限内不能办结的不属于此种情况。所谓"特别重大复杂的案件"是指案件涉及的是全国性的犯罪或者是在全国乃至国外将产生重大影响的案件。"特别重大复杂"是这类案件的必要限定条件，不属于此类的案件不能按本条规定办理。在执法中，对因特殊原因，不宜交付审判的案件一定要慎重对待，只有全国人大常委会才有权批准延期审理，要严格把关，不能随意扩大解释；至于具体延期多长时间，没有明确规定，全国人大常委会可以根据实际情况批准。同时，公安机关、检察机关应当在羁押期限内抓紧办案，不能把此条规定作为一个口子，认为重大复杂案件的羁押期限都可以无限期地延长。

公安机关对案件提请延长羁押期限时，应当在羁押期限届满 7 日前提出，并书面呈报延长羁押期限案件的主要案情和延长羁押期限的具体理由，人民检察院应当在羁押期限届满前作出决定。最高人民检察院直接立案侦查的案件，需要延长犯罪嫌疑人侦查羁押期限的，由最高人民检察院依法决定。

此外，关于以下三种情况的侦查羁押期限的计算办法，刑事诉讼法特别作了明确规定：（1）犯罪嫌疑人另有重要罪行的。根据刑事诉讼法规定，在侦查期间，发现犯罪嫌疑人另有重要罪行的，自发现之日起按有关规定重新计算侦查羁押期限。公安机关在侦查期间，发现犯罪嫌疑人另有重要罪行，重新计算侦查羁押期限，由公安机关决定，不再经人民检察院批准；但需报人民检察院备案，人民检察院可以进行监督。（2）犯罪嫌疑人不讲真实姓名、住址，身份不明的。根据刑事诉讼法规定，侦查羁押期限自查明其身份之日起计算，但是不得停止对其犯罪行为的侦查取证。（3）需要对犯罪嫌疑人作精神病鉴定的。根据刑事诉讼法规定，对犯罪嫌疑人作精神病鉴定的期间不计入办案期限。犯罪嫌疑人、被告人在押的案件，除对犯罪嫌疑人、被告人的精神病鉴定时间不计入办案期限外，其他鉴定时间都应当计入办案期限。对于因鉴定时间较长，办案期限届满仍不能终结的案件，自期限届满之日起，应当对被羁押的犯罪嫌疑人、被告人变更强制措施，改为取保候审或者监视居住。

54. 案件侦查终结后都要移送起诉吗？

案件侦查终结后不一定都要移送起诉。侦查终结后，对案件如何处理，分为两种情况：

1. 移送审查起诉。根据刑事诉讼法规定，公安机关侦查终结的案件，应当做到犯罪事实清楚，证据确实、充分，并且写出起诉意见书，连同案卷材料、证据一并移送同级人民检察院审查决定。因此，公安机关在对案件经过一系列的侦查活动后，认为案件事实已经清楚，证据已经确定、充分，依照法律规定能够认定嫌疑人确有罪行，需要追究刑事责任的，应当决定将案件终止侦查，移送人民检察院审查起诉。公安机关对需要追究刑事责任、已经侦查终结的案件，必须做到基本事实清楚，证据确实、充分，达到起诉的基本要求，并且写出起诉意见书，连同案卷材料、证据一并移送同级人民检察院审查决定。起诉意见书应当写清犯罪及所依据的法律条款等；"案卷材料、证据"主要包括举报、揭发、控告材料，讯问笔录，询问笔录，勘验、检查笔录，鉴定意见以及物证、书证、视听资料等。

2. 撤销案件。根据刑事诉讼法规定，在侦查过程中，发现不应对犯罪嫌疑人追究刑事责任的，应当撤销案件；犯罪嫌疑人已被逮捕的，应当立即释放，发给释放证明，并且通知原批准逮捕的人民检察院。所谓"不应对犯罪嫌疑人追究刑事责任"，是指经侦查查明的事实不是犯罪的事实；或者虽有犯罪事实而不是犯罪嫌疑人所为；或者属于刑事诉讼法规定的不追究刑事责任的情形，即情节显著轻微、危害不大，不认为是犯罪的；犯罪已过追诉时效期限的；经特赦令免除的；依照刑法告诉才处理的犯罪，没有告诉或者撤回告诉的；犯罪嫌疑人死亡的；其他法律规定免予追究刑事责任的。公安机关在整个侦查过程中，无论何时发现不应对犯罪嫌疑人追究刑事责任的，都应当按照本条规定办理，及时撤销案件并且立即释放在押的犯罪嫌疑人，不能久押不放；释放被逮捕的犯罪嫌疑人，应当及时通知原批准逮捕的人民检察院。

关于人民检察院直接侦查案件的处理。根据刑事诉讼法规定，贪污贿赂犯罪，国家工作人员的渎职犯罪，国家机关工作人员利用职权实施的非法拘禁、刑讯逼供、报复陷害、非法搜查的侵犯公民人身权利的犯罪以及侵犯公民民主权利的犯罪，由人民检察院立案侦查；对于国家机关工作人员利用职权实施的其他重大的犯罪案件，需要由人民检察院受理的时候，经省级以上人民检察院决定，可以由人民检察院立案侦查。对于人民检察院直接侦查案件在侦查终结后如何处理，刑事诉讼法作了明确规定，人民检察院侦查终结的案件，应当作出提起公诉、不起诉或者撤销案件的决定。也就是说，人民检察院侦查终结的案件，根据案件情况可以作出三种决定：一是对于犯罪事实清楚，证据确实、充分，依法应当判处刑罚的，应当制作起诉书，作出提起公诉的决定；二是人民检察院侦查部门对在侦查中发现犯罪嫌疑人没有犯罪事实，或者有刑事诉讼法第 15 条规定情形之一的，应当作出撤销案件的决定；三是人民检察院审查起诉部门对在审查起诉中发现犯罪嫌疑人没有犯罪事实，或者有刑事诉讼法第 15 条规定情形之一的，应当作出不起诉的决定。

55. 对不讲真实姓名、住址，身份不明的犯罪嫌疑人能否移送起诉？

根据刑事诉讼法规定，犯罪嫌疑人不讲真实姓名、住址，身份不明的，应当对其身份进行调查，侦查羁押期限自查清其身份之日起计算。但是不得停止对其犯罪行为的侦查取证。对于犯罪事实清楚，证据确实、充分，确实无法查明其身份的，也可以按其自报的姓名移送人民检察院审查起诉。

在实际办案过程中，一些犯罪嫌疑人由于是在逃犯、通缉犯、有犯罪前科、犯有其他重大罪行等原因，拒不说出自己的姓名、住址，或者故意伪造自己的姓名、住址，侦查人员难以掌握其真实身份，侦查工作往往因此受到严重困扰。针对这种情况，刑事诉讼法除了明确规定对犯罪嫌疑人的侦查羁押期限自其真实身份被查清之日起计算外，对于犯罪事实清楚，证据确实、充分的，即使犯罪嫌疑人的真实身份无法查清，规定也应当移送起诉，不能让案情已经清楚的案件久拖不决。当然，如果可能，还是应当尽量查清犯罪嫌疑人的真实姓名、住址等情况，不能因为上述规定就可以随意不对犯罪嫌疑人的真实身份进行查证。根据规定，对身份不明的犯罪嫌疑人进行起诉，前提条件是犯罪事实清楚，证据确实、充分，即按照法律规定的要求，对犯罪行为的查证已达到了侦查终结的要求，符合起诉的条件。在提出起诉时，对于犯罪嫌疑人自己报出了姓名但是无法查实的，即使明知其所报姓名、住址等是虚假的，只要不影响对案件事实的认定，按其自报的姓名移送人民检察院审查起诉；对于不报姓名又无法查证的，可以用代号移送人民检察院审查起诉。

56. 在审查起诉阶段，犯罪嫌疑人、被害人能否向人民检察院发表意见？

根据刑事诉讼法规定，人民检察院审查案件，应当讯问犯罪嫌疑人，听取被害人和犯罪嫌疑人、被害人诉讼代理人的意见。也就是说，在审查起诉阶段，犯罪嫌疑人、被害人可以向人民检察院发表意见。

在刑事诉讼中，犯罪嫌疑人是最主要当事人，人民检察院在审查起诉时，当然应当对犯罪嫌疑人进行讯问。通过讯问可以进一步查明案情，并从中了解侦查工作的情况，如侦查人员有没有对犯罪嫌疑人进行刑讯逼供，口供是否属实等，从而深入核实证据，认定犯罪事实，同时也能更好地保护犯罪嫌疑人的合法权利。被害人也是刑事诉讼的主要当事人，是犯罪行为的直接受害者，对案件如何处理，直接关系到被害人的利益是否能够得到保障，所以人民检察院在案件审查起诉时，听取被害人的意见是完全有必要的。因此，刑事诉讼法规定人民检察院在审查起诉时，应当听取犯罪嫌疑人、被害人的意见，反过来也就是说，他们有权向检察院发表意见。当然，受他们委托依法参与刑事诉讼的人，也有权在审查起诉时，向人民检察院发表意见。

犯罪嫌疑人发表的意见，主要是表明自己有罪或者无罪，罪重或者罪轻，在侦查过程中自己的合法诉讼权利是否受到依法保障，以及对自己所犯罪行的态度等。被害人发表的意见，主要包括两个方面的意见：一是对案件如何处理发表意见，如对案件事实、自己受侵害情况、如何追究犯罪行为的意见，以及提出附带民事赔偿等；二是对侦查活动是否合法发表意见，如对侦查人员有无徇私舞弊行为可能影响案件的公正处理，有关人员是否依照法律规定程序进行侦查等发表意见。人民检察院听取意见，有利于核实证据，正确认定案件事实，依法维护当事人的合法权益，监督侦查活动依法进行。一方面要执行法律规定的必经程序，认真听取犯罪嫌疑人、被害人的意见，审查起诉不能只进行书面审查，走过场；另一方面要严格依法定程序进行，同时听取、收集犯罪嫌疑人和被害人双方的意见，不能先入为主，偏听一方。

57. 犯罪嫌疑人、被告人何时可以委托辩护人？

根据刑事诉讼法规定，自侦查机关第一次对犯罪嫌疑人进行讯问或者对其采取强制措施之日起，犯罪嫌疑人或其近亲属、监护人有权委托辩护人。自诉案件的被告人有权随时委托辩护人。对于公诉案件，人民检察院自收到移送审查起诉的案件材料之日起 3 日以内，应当告知犯罪嫌疑人有权委托辩护人。人民法院自受理自诉案件之日起 3 日以内，告知被告人有权委托辩护人。可见，公诉案件和自诉案件辩护人的委托时间是不同的。

1. 公诉案件中委托辩护人的时间。所谓"公诉案件"，简单地说，是依法由人民检察院负责向人民法院提起诉讼的刑事案件，包括由公安机关侦查的案件和人民检察院侦查的案件。根据刑事诉讼法规定，公安机关侦查终结的案件，如果认为需要追究刑事责任的，公安机关应当写出起诉意见书，连同案卷材料、证据一并移送同级人民检察院审查决定。在侦查机关第一对犯罪嫌疑人进行讯问或者对其采取强制措施之日，应当告知其自当日起，犯罪嫌疑人或其近亲属、监护人就有权委托辩护人。为切实保障犯罪嫌疑人的辩护权利，无论犯罪嫌疑人是否知晓案件已经侦查终结，人民检察院都应当在收到移送审查起诉的案件材料之日起 3 日以内，告知犯罪嫌疑人有权委托辩护人。因此，公诉案件在侦查终结后，犯罪嫌疑人不仅有立即委托辩护人的权利，而且有由人民检察院及时告知自己可以委托辩护人的权利。

2. 自诉案件中委托辩护人的时间。根据刑事诉讼法的规定，自诉案件的被告人有权随时委托辩护人。在刑事诉讼中，由被害人直接向人民法院提出诉讼的刑事案件即为自诉案件，包括告诉才处理的案件；被害人有证据证明的轻微的刑事案件；被害人有证据证明对被告人侵犯自己人身、财产权利的行为应当依法追究刑事责任，而公安机关或者人民检察院不予追究被告人刑事责任的案件。这类案件从自诉人向人民法院提起诉讼开始，就直接进入了人民法院的审判阶段，被告人即需为出庭受审做好准备，因此，法律规定自诉人一经起诉，被告人就有权随时委托辩护人。同样，为充分保障被告人获得辩护人的权利，人民法院应当在受理自诉案件之日起 3 日以内，告知被告人有权委托辩护人。

58. 犯罪嫌疑人可以委托哪些人为自己辩护？

根据刑事诉讼法的规定，犯罪嫌疑人在人民检察院审查起诉阶段和人民法院审判阶段，可以委托他人为自己辩护。犯罪嫌疑人在刑事诉讼过程中行使辩护权有两种方式，一种是自行辩护，另一种是委托辩护。自行辩护，是犯罪嫌疑人对被指控的犯罪行为进行辩解，自己提出无罪、罪轻或者应当从轻、减轻、免除处罚的理由和根据。委托辩护，是犯罪嫌疑人委托他人为自己进行辩护，由辩护人提出无罪、罪轻或者应当从轻、减轻、免除处罚的理由和根据。犯罪嫌疑人在委托他人为自己辩护的同时，仍然有自行辩护的权利。依照刑事诉讼法的规定，犯罪嫌疑人可以委托下列人员担任辩护人：

1. 律师。律师是根据国家法律规定具有律师资格并正在执行律师业务的法律服务人员。律师可分为专职律师和兼职律师，专职律师和兼职律师都可以被委托担任辩护人。这里要注意的是，具有律师资格的人与有律师资格并正在执行律师业务的人员是不同的，经过全国律师资格统一考试合格的，国务院司法行政部门就可以授予其律师资格，但取得律师资格的人还须经申请并由司法行政部门核发律师执业证书后，才能从事律师业务。虽有律师资格，但没有取得律师执业证书，是不能以律师名义从事业务的。法律还规定，国家机关的现职工作人员不得兼任执业律师，律师担任各级人民代表大会常务委员会组成人员期间，不得执业。

2. 人民团体或者犯罪嫌疑人、被告人所在单位推荐的人。这里所说的"人民团体"，主要是指共青团、工会组织、妇联组织等。由人民团体或犯罪嫌疑人、被告人所在单位推荐的人，可以不是律师。

3. 犯罪嫌疑人、被告人的监护人、亲友。这里说的"监护人"，主要是针对未成年人的父母而言的，按照法律规定，未成年人的父母是该未成年人的法定监护人，如果未成年人的父母不具有监护能力或者去世的，其祖父母、外祖父母或者兄、姐可以担任监护人。什么是"亲友"，刑事诉讼法没有明确规定，按通常理解，亲友就是亲戚朋友。法律规定犯罪嫌疑人或被告人除可以选择律师作为自己的辩护人外，还可以选择自己的监护人和其他亲戚朋友作为自己的辩护人，可以比较方便地根据自己的情况充分行使辩护权。

综上所述，犯罪嫌疑人可以根据自己的情况在上述三类人员中选择辩护人。一名犯罪嫌疑人可以委托一至二人作为辩护人。这就是说，每一名犯罪嫌疑人只能在上述三类人员中选择一至二人作为自己的辩护人，这主要是考虑到辩护人是要出席法庭进行辩护活动的，只要是有利于维护犯罪嫌疑人合法权益的理由和意见，辩护人都可以收集并在法庭上代表被告一方发表辩护意见。犯罪嫌疑人委托辩护人，双方应当签署辩护委托书，协议一致，由双方签名或盖章，后由人民检察院和人民法院核实辩护人的身份和辩护委托书，这样，辩护人就可以开始依法进行辩护活动，履行职责了。

刑事诉讼法对犯罪嫌疑人委托辩护人，也作了一些限制规定。按照刑事诉讼法的规定，下列几种人员不能担任保护人：

1. 正在被执行刑罚的人不得担任辩护人。比如被人民法院依法判处管制、拘役、有期徒刑、无期徒刑或剥夺政治权利的刑罚，刑期尚未执行完毕的，就不得接受委托担任辩护人。此外，被判处拘役、3 年以下有期徒刑并被宣告缓刑，正处于缓刑考验期的人，也不得被委托为辩护人。

2. 其他正在被依法剥夺、限制人身自由的人，也不得担任辩护人。除前面所列正在被执行刑罚的人外，正在被依法治安拘留、劳动教养、取保候审、监视居住或者依法被采取刑事拘留、逮捕等强制措施的人，因其人身自由受到剥夺或限制，并牵涉案件的侦查、调查和处理，因此也不能被委托为辩护人。

另外，根据最高人民法院和最高人民检察院有关司法解释的规定，无行为能力人或者限制行为能力人，外国人或者无国籍人，不得被委托担任辩护人。与本案审理结果有利害关系的人，人民法院、人民检察院、公安机关、国家安全机关、监狱的现职人员，如果不属于犯罪嫌疑人的近亲属或监护人，也不得被委托担任辩护人。

59. 辩护人的责任和义务是什么？

根据刑事诉讼法规定，辩护人的责任是根据事实和法律，提出证明犯罪嫌疑人、被告人无罪、罪轻或者减轻、免除其刑事责任的材料和意见，维护犯罪嫌疑人、被告人的诉讼权利和其他合法权益。

1. 辩护人维护犯罪嫌疑人、被告人的诉讼权利和合法权益应当根据事实和法律。"根据事实"，就是要实事求是地提出犯罪嫌疑人、被告人无罪、罪轻或者减轻、免除刑事责任的材料和意见，必须以事实为根据，而不是猜想、推测，更不是凭空捏造。"根据法律"，就是在事实证据的基础上，以法律作为辩护的准则和依据，无论是无罪、有罪、罪轻、罪重，都要以法律规定为依据。"根据事实和法律"，是辩护人为犯罪嫌疑人、被告人进行辩护、维护其合法权益的行为准则。但如果是为了使犯罪嫌疑人、被告人免受刑事追究或者减轻处罚而弄虚作假、违背法律，则不能认为是维护犯罪嫌疑人、被告人的合法权益，也不是正当履行职责。

2. 辩护人为了维护犯罪嫌疑人、被告人的合法权益，应当提出证明犯罪嫌疑人、被告人无罪、罪轻或者减轻、免除其刑事责任的材料和意见。这是辩护人应当进行的主要工作，也是辩护人维护犯罪嫌疑人、被告人合法权益唯一正确的途径。"提出证明犯罪嫌疑人、被告人无罪、罪轻或者减轻、免除其刑事责任的材料和意见"，就是说辩护人按照法律规定的程序，向犯罪嫌疑人、被告人了解案情，向被害人或者其他证人进行调查并收集有关证据材料时，要在尊重客观事实的基础上，注意了解和收集能够证明犯罪嫌疑人没有实施犯罪行为，或者虽有犯罪行为但同时具有可以从轻、减轻、免除处罚情节的各种证据，比如犯罪嫌疑人是不是未成年人，有没有自首、立功表现，在共同犯罪中是否起次要作用，等等，并向司法机关提出有关证据和辩护意见。

辩护人依据事实和法律为犯罪嫌疑人、被告人提出辩护意见，维护犯罪嫌疑人和被告人的合法权益，是法律赋予辩护人的职责和义务。这里要注意防止两种倾向，一种是认为辩护人为犯罪嫌疑人、被告人进行辩护，是站在犯罪分子的立场上，替犯罪分子说话、开脱罪责，干扰了司法机关打击犯罪活动。这种认识主要是由于我们国家长期缺乏法制环境、法制观念淡薄所造成的，只注意强调对犯罪分子的打击，而忽略了司法机关可能会因为工作失误甚至由于司法机关中一些个别人素质不高、徇私枉法而造成错案、冤案，侵犯公民的合法权利。在刑事诉讼活动中充分发挥辩护作用，可以起到一定的监督作用，防止任意侵犯公民合法权益的事情发生。另一种应当防止的倾向是，辩护人在履行辩护职责时，着眼点不是放在尊重事实和法律上，而是想方设法通过各种不正当的途径，如请客送礼、行贿，甚至搞假证据、指使证人作伪证等，以达到使被告人受到从轻处罚、减轻处罚、免除处罚的目的。应当看到，这种做法也是严重违背法律设置辩护制度的目的和宗旨的，客观上是维护了犯罪嫌疑人、被告人不正当的利益，对社会是有害的，甚至可能触犯刑律，构成犯罪。

3. 辩护人收集的有关犯罪嫌疑人不在犯罪现场、未达到刑事责任年龄、属于依法不负刑事责任的精神病人的证据，应当及时告知公安机关、人民检察院。虽然，辩护律师对在执业活动中知悉的委托人的有关情况和信息有权予以保密，但是，辩护律师在执业活动中知悉委托人或者其他人准备或者正在实施危害国家安全、公共安全以及严重危害他人人身安全的犯罪的，应当及时告知司法机关。这两项也是辩护人在辩护活动中应当尽到的义务。

60. 辩护人在审查起诉阶段具有哪些权利？

按照刑事诉讼法的规定，辩护人在审查起诉阶段主要有下列权利：

1. 可以查阅、摘抄、复制本案的案卷材料。所谓案卷材料，就是本案关于犯罪嫌疑人有罪、无罪的所有案卷材料。在审查起诉阶段，检察机关的职责是对办案机关移送的案件事实、证据、法律以及程序等方面进行客观、全面的审查，以决定是否对本案提起公诉。让辩护人查阅案件的所有材料，有助于辩护人从维护犯罪嫌疑人、被告人合法利益的角度发现案件办理存在的问题，提出有事实依据的辩护意见，这对于检察机关对案件作出客观、公正、正确的审查决定也是有利的。按照法律规定，辩护律师在审查起诉阶段可以查阅、摘抄、复制本案的案卷材料，律师以外的其他辩护人经人民检察院许可，也可以查阅、摘抄、复制上述材料。

2. 可以同在押的犯罪嫌疑人会见和通信。在审查起诉过程中，辩护人为了更好地为犯罪嫌疑人行使辩护权，向犯罪嫌疑人了解有关案件情况是非常必要的，如果犯罪嫌疑人被逮捕羁押或被监视居住，辩护人就有权与犯罪嫌疑人会见或者通信，以便了解案情。其他辩护人经人民检察院许可，也可以同在押的犯罪嫌疑人会见和通信。为了保障辩护律师独立自主地行使辩护权，法律规定，辩护律师会见时不被监听，包括不被有关设备监听和不被现场人员监听。

3. 辩护律师可以收集与本案有关的证据材料。这一项权利只能由辩护律师行使，其他辩护人没有这个权利，具体有三个内容：第一，辩护律师经证人或者其他有关单位和个人同意，可以向他们收集与本案有关的材料，也就是说，律师收集证据材料有一个前提，即必须经过提供证据材料的证人或其他有关单位和个人的同意，如果不经证人或有关单位和个人的同意，律师不能强制性地要求证人或有关单位和个人提供证据，这一点与司法机关的调查取证有明显的不同。司法机关调查取证具有法律的强制性，即除了采用询问的方式外，还可以使用搜查、扣押等强制性方法，而律师是不能使用法律规定的搜查、扣押等强制性方法的。第二，辩护律师经人民检察院许可，并且经被害人或者其近亲属、被害人提供的证人同意，可以向他们收集与本案有关的材料。第三，当辩护律师在上述情况下仍无法取得有关的证据材料时，可以申请人民检察院收集、调取证据，关于这一点，决定权在人民检察院，律师只有申请权，人民检察院是否收集、调取证据，由人民检察院根据案件的具体情况判断决定，对于人民检察院决定收集、调取证据的，应当由人民检察院收集、调取证据，而不是由律师收集、调取。

4. 辩护人可以申请人民检察院调取侦查期间搜集但未提交的有关材料。辩护人认为在侦查期间公安机关收集的证明犯罪嫌疑人、被告人无罪或者罪轻的证据材料未提交的，有权申请人民检察院调取。

61. 辩护人不得进行哪些行为？

根据刑事诉讼法规定，辩护律师和其他辩护人不得干扰司法活动正常进行的行为主要有以下几种：

1. 不得帮助犯罪嫌疑人、被告人隐匿、毁灭、伪造证据或者串供。这里所说的证据，是指刑事诉讼法规定的物证、书证、证人证言、被害人陈述、犯罪嫌疑人和被告人的供述和辩解、鉴定意见、勘验检查、辨认、侦查实验等笔录、视听资料、电子数据。除此之外，这些证据还应该是与案件有关的证据，即对于证明犯罪嫌疑人、被告人是否有罪，罪重、罪轻等案件事实问题具有证明意义的证据。帮助犯罪嫌疑人、被告人隐匿、毁灭、伪造这些证据，都是法律禁止的行为。至于辩护人帮助犯罪嫌疑人、被告人隐匿、毁灭、伪造证据的目的和动机可能各种各样，有的是为了虚荣，以显示自己很有辩护能力，有的可能与犯罪分子有勾结，为了谋取一定利益，等等。刑事诉讼中的串供，主要是指在共同犯罪中犯罪嫌疑人、被告人之间为了编造虚假的事实，或者隐藏犯罪证据，以逃避司法机关的追究，相互交换、传递供述情况，或者相互订立攻守同盟，统一口径，以对付司法机关的行为。辩护人帮助犯罪嫌疑人、被告人串供，显然是严重违背法律职责、破坏司法机关追究犯罪活动的行为，应当予以禁止。

2. 不得威胁、引诱证人改变证言或者作伪证。证人证言是刑事诉讼当中的一个重要证据种类，证人能否客观反映自己所知的真实情况，对于证明案件事实十分重要，这就要求证人作证必须以事实为根据，不得掺杂个人好恶和推测，并且前后应当一致，不出现自相矛盾。有的情况下，证人作证因记忆不清，可能会出现前后作证内容不一致或矛盾的情况，有的后一次作证对前一次作证会作一些改变或修正，这属于正常情况。但如果明知不符合事实或故意编造虚假内容去改变原来符合事实的证言，是法律不允许的。刑事诉讼法对辩护人使用威胁、引诱手段以使证人改变原先所作的符合事实的证言作了禁止性规定，是很有必要的。这里应注意的是，只有故意以虚假的内容去改变原先符合事实的证言，才属于法律规定的这种情况，如果改变后的证言是符合事实的，则说明原先的证言存在问题，不属于法律规定的这种情况。

3. 其他干扰司法机关诉讼活动的行为。辩护人除不得有以上两项干扰司法机关诉讼活动的行为外，可能还会有其他一些干扰司法机关诉讼活动的情况，比如辩护人在法庭审理案件过程中哄闹法庭，严重扰乱法庭秩序，使用非法的方法调查取证，等等，都是辩护人不得进行的行为。

根据刑事诉讼法的规定，辩护人有上述几类行为的，应当依法追究法律责任。就是说对上述几种行为，法律规定了什么责任，就应当追究什么责任，构成犯罪的，依法追究刑事责任，以此才能体现出法律规定的禁止性行为的约束力。在修改刑法时，为了体现刑事诉讼法的上述规定，刑法规定了几种涉及辩护人的犯罪行为。

总之，辩护人在履行辩护职责时，一方面应当充分行使法律赋予自己的权利；另一方面又要坚持严守事实和法律的原则，遵守职业道德，才能更好地完成刑事诉讼法所赋予的任务。

62. 被害人何时可以委托诉讼代理人？

刑事诉讼法规定，公诉案件的被害人，自案件移送审查起诉之日起，有权委托诉讼代理人，即案件经过侦查机关侦查终结，移送人民检察院审查起诉的时候，被害人就可以委托诉讼代理人。法律还规定，被害人的法定代理人或者近亲属，也可以为被害人委托诉讼代理人，比如有的被害人是未成年人，其父母或其他监护人作为法定代理人，就可以为该未成年人委托诉讼代理人，有的被害人因伤重等原因，其近亲属也可以为其委托诉讼代理人。为了便于被害人行使这一权利，人民检察院自收到移送审查起诉的案件材料之日起3日以内，应当告知被害人及其法定代理人或者其近亲属有权委托诉讼代理人。

作为自诉案件的被害人，一般情况下就是自诉案件的自诉人，法律规定自诉人及其法定代理人有权随时委托诉讼代理人，即只要自诉人向人民法院提起诉讼，就可以委托诉讼代理人。人民法院也应当在受理自诉案件之日起3日以内告知自诉人及其法定代理人有权委托诉讼代理人。

关于被害人委托诉讼代理人的范围问题，刑事诉讼法也作了明确规定，即参照刑事诉讼法关于犯罪嫌疑人、被告人委托辩护人的范围执行。被害人委托诉讼代理人的主要范围包括：律师；人民团体或者被害人所在单位推荐的人；被害人的监护人和亲友。也就是说，刑事案件的被害人可以在上述范围内委托1至2人作为诉讼代理人。

63. 人民检察院审查起诉时能把案件再退回到公安机关吗？

一般的刑事诉讼过程，是案件经过公安机关侦查后，认为需要追究刑事责任的，由公安机关将案件移送人民检察院，人民检察院审查是否需要向人民法院提起公诉。法律规定，人民检察院审查案件的时候，主要应当查明犯罪事实、情节是否清楚，证据是否确实充分，犯罪性质和罪名的认定是否正确，有无遗漏罪行，是否有不应追究刑事责任的情况等。人民检察院经过审查案件后，可能就有两种结果：一是认为犯罪嫌疑人的犯罪事实已经查清，证据确实、充分，符合起诉条件，决定向人民法院提起诉讼；二是认为不具备起诉条件，不能向人民法院提起诉讼。在不具备起诉条件的诸多因素中，其中有一种情况就是人民检察院认为犯罪事实不清、证据不足或者遗漏与定罪量刑有关的重要情节，需要补充侦查的。对这种情况，作为起诉一方的人民检察院由于提不出足以证明犯罪嫌疑人的确凿证据，如果再向人民法院提起公诉，就刑事诉讼活动而言是一种不负责任的做法，与刑事诉讼法规定的任务也是不相吻合的。因此，刑事诉讼法规定，人民检察院审查案件，对于需要补充侦查的，可以退回公安机关补充侦查，也可以自行侦查。从某种意义上讲，这也是人民检察院对公安机关侦查活动的一种监督。公安机关应当认真对案件重新进行审查，补充需要的证据。根据法律规定，公安机关补充侦查是有期限限制的，即公安机关接到人民检察院退回补充侦查的案卷材料后，应当在一个月内补充侦查完毕。在这一个月的补充侦查时间里，如果犯罪嫌疑人原来已被采取了强制措施，如已被逮捕、取保候审或者监视居住，是否需要变更或取消强制措施，一般应由公安机关决定。公安机关经过补充侦查后，认为证据已经确实、充分，足以证明犯罪的，可以再次移送人民检察院，要求起诉。如果公安机关在一个月内没有掌握能够证明犯罪嫌疑人犯罪的证据，可以作撤销案件处理。

人民检察院将案件退回公安机关补充侦查，公安机关在一个月内补充侦查完后，将案件重新移送检察院，检察院依法可以重新计算审查起诉的期限。为了避免司法机关反复对同一个案件审查、侦查，无限制地延长诉讼时间，刑事诉讼法对人民检察院将案件退回公安机关补充侦查的次数也作了限制性规定，即补充侦查以两次为限。这就是说，如果公安机关经过两次补充侦查仍不能掌握足以证明犯罪嫌疑人的证据的，应当作撤销案件处理，不能再移送人民检察院要求起诉，人民检察院也不能再退回公安机关要求补充侦查，应当作出不起诉决定。

64. 人民检察院审查起诉的法定期限有多长？

刑事诉讼法规定，人民检察院对于公安机关移送起诉的案件，应当在一个月以内作出决定，重大、复杂的案件，可以延长半个月。上述审查起诉期限，是指犯罪嫌疑人已被羁押而言。对于犯罪嫌疑人未被羁押的，法律未规定审查起诉期限，但检察机关应抓紧时间进行审查，不得拖延时间。法律规定办案期限，主要是根据司法机关的办案水平和实际需要进行考虑的，既要保证司法机关有足够的时间审查案件，如检察院在审查案件过程中要讯问犯罪嫌疑人，询问证人、被害人，要对各种证据进行核查，有的还要进行技术鉴定，对证据不够充分的，检察院可以自行进行侦查，以保证做到准确、不出差错；同时又要防止办案时间过分延长，使案件久拖不决，不利于保障犯罪嫌疑人的合法权益。刑事诉讼法规定的上述检察院审查案件的时间基本上是符合我国的情况的。这里应当注意两种情况，一是人民检察院在审查案件当中，认为事实不清，证据不足，需要退回公安机关补充侦查的，经公安机关在一个月内补充侦查完毕，又移送人民检察院要求起诉的，人民检察院可以重新计算审查期限；二是在人民检察院审查案件中，发现该案件依照法律规定不属于自己管辖，而属于另外一个检察院管辖的，或是由上级人民检察院指定将该案件交给另一个检察院管辖的，改变管辖后的人民检察院应当重新计算审查期限。

65. 人民检察院对哪些案件可以决定不起诉？

人民检察院审查起诉案件，认为犯罪嫌疑人的犯罪事实已经查清，证据确实、充分，依法应当追究刑事责任的，应当作出起诉决定，按照法院审判管辖的规定，向人民法院提起公诉。认为不具备起诉条件的，应当作出不起诉决定。

根据法律规定，人民检察院对案件作出不起诉决定，主要有以下几种情况：

1. 人民检察院经审查后认为没有犯罪事实或者依法不应追究刑事责任的，应当作出不起诉的决定。比如在侦查当中把事实搞错了，或者对法律理解有误，把不属于犯罪的情况当作犯罪来追究，或者把无辜的人误认为是犯罪嫌疑人，也有的是因为行为人是精神病人或不满 14 周岁的未成年人，依照法律规定不能追究刑事责任，等等，人民检察院应当作出不起诉的决定。

2. 人民检察院对于退回补充侦查的案件，仍然认为证据不足，不符合起诉条件的，可以作出不起诉决定。人民检察院审查起诉案件，对于证据不足，事实不清的，应当退回公安机关补充侦查或者自行侦查，一般情况下，检察院不应当不经过补充侦查的程序而直接作出不起诉的决定。只有经过补充侦查后，仍然证据不足，才可以作出不起诉的决定，比如经过补充侦查，仍然缺乏定罪的主要证据或基本的证据，或者定罪的证据存在疑问，又无法查证属实，各种证据之间有矛盾，不能合理排除，有可能得出其他结论的，等等，都属于证据不足的情况。但是不是一定要经过两次补充侦查后，才能作出不起诉的决定，法律没有要求。即便案件只经过一次补充侦查，只要人民检察院认为证据不足，而又没有必要进行第二次补充侦查的，就可以作出不起诉的决定。但是如果经过二次补充侦查，证据仍然不足，则应当不起诉。

3. 犯罪嫌疑人有刑事诉讼法规定的情形之一的，人民检察院应当作出不起诉决定。刑事诉讼法第 15 条规定了以下几种情形：第一，情节显著轻微、危害不大，不认为是犯罪的；第二，犯罪已过追诉时效期限的；第三，经特赦令免除刑罚的；第四，犯罪嫌疑人、被告人死亡的；第五，其他法律规定免予追究刑事责任的。

4. 对于犯罪情节轻微，依照刑法规定不需要判处刑罚或者免除刑罚的，人民检察院可以作出不起诉决定。对此可以分为两种情况，一种情况是犯罪情节轻微，依照刑法规定不需要判处刑罚的。这主要是指犯罪情节轻微不需要判处刑罚的，可以免予刑事处罚，如有的犯罪是初犯，且没有造成较严重的后果，有的是过失犯罪，情节也比较轻，不判处刑罚，更有利于对其本人的教育。另一种情况是犯罪情节轻微，依照刑法规定应当或者可以免除处罚的，如犯罪后自首、有立功表现、犯罪未遂、犯罪中止，或属于正当防卫、紧急避险等，刑法对这些情况分别作了具体规定，其中有些可以免除处罚，有些应当免除处罚。

以上是人民检察院对案件作出不起诉决定的四种情况。人民检察院作出不起诉决定的，应当制作不起诉决定书，公开宣布，并且应将不起诉决定书送到被不起诉人和他所在的单位。如果被不起诉人在押的，应当立即释放。不起诉决定在法律后果上属于无罪。

对于公安机关移送检察院审查起诉的案件，人民检察院决定不起诉的，应当将不起诉决定书送达公安机关。公安机关如果认为不起诉决定错了，可以要求该检察院复议一次，如果人民检察院仍坚持不起诉意见，公安机关还可以向上一级人民检察院提请复核，上一级人民检察院维持原决定的，为最终的决定。无论在公安机关提请人民检察院复议或者复核期间，都不得影响不起诉的执行，不能以复议、复核为理由继续羁押被不起诉人。

66. 人民检察院决定不起诉后对案件扣押的财物还能不能处理？

人民检察院审查起诉案件，会涉及查封、扣押与犯罪有关的财物的问题。这些财物，主要是检察机关在审查案件中自行侦查所查封、扣押或冻结的，有的是检察院在办理由自己管辖的案件的侦查过程中所查封、扣押或冻结的财物，也有的是公安机关扣押后在移送案件时作为证据同时移送检察院的。对这些财物，人民检察院在办案过程中应当妥善保管，以供查核，不得挪用或者自行处理。如果人民检察院在对案件审查后作出不起诉决定的，应当依照法律规定对侦查中查封、扣押、冻结的财物解除查封、扣押、冻结。其中，对解除查封、扣押的财物，包括现金、货物、物品、有关文件、邮件、电报等，应当及时退还所有人；对于犯罪嫌疑人的存款、汇款的财产，如果是因犯罪嫌疑人死亡而不起诉的，人民检察院应当申请人民法院作出裁定，由人民法院根据裁定通知冻结犯罪嫌疑人存款、汇款的金融机构上缴国库或者返还所有人，对其他情况作出不起诉决定的，人民检察院应当及时通知被不起诉人存款、汇款的金融机构对该存款、汇款予以解冻，由金融机构依法退还所有人。

对于贪污贿赂犯罪、恐怖活动犯罪等重大犯罪案件，犯罪嫌疑人、被告人逃匿，在通缉一年后不能到案，或者犯罪嫌疑人、被告人死亡，依照刑法规定应当追缴其违法所得及其他涉案财产的，人民检察院可以向人民法院提出没收违法所得的申请。公安机关认为有前款规定情形的，应当写出没收违法所得意见书，移送人民检察院。人民法院经审理，对经查证属于违法所得及其他涉案财产，除依法返还被害人的以外，应当裁定予以没收；对不属于应当追缴的财产的，应当裁定驳回申请，解除查封、扣押、冻结措施。

67. 人民检察院对犯罪嫌疑人决定不起诉，被害人不服的怎么办？

对于有被害人的公诉案件，人民检察院根据刑事诉讼法的有关规定经过审查，决定对犯罪嫌疑人不起诉的，人民检察院应当将不起诉决定书送达被害人（被害人既包括公民个人，也包括法人或有关单位）。为什么人民检察院应当将不起诉决定书送达被害人呢？这是因为，犯罪嫌疑人的行为给被害人造成了一定的危害结果，为了使被害人能够更好地保护自己的合法权益，必须及时了解人民检察院对案件的处理情况，这也是人民群众监督检察机关审查起诉工作是否合法、公正的重要措施。对于人民检察院对犯罪嫌疑人决定不起诉的，被害人如果认为对被不起诉人的行为应当被追究刑事责任，对人民检察院不起诉的决定不服的，可以从收到人民检察院送达的不起诉决定书的那天算起 7 天以内向送达不起诉决定书的人民检察院的上一级人民检察院提出申诉，请求人民检察院对这个案件提起公诉。上一级人民检察院接到被害人的申诉请求后，应当对这一案件及时进行复查，根据复查的情况作出起诉或者维持不起诉的决定，并将这一决定告诉被害人。被害人对上一级人民检察院经过复查后仍然维持原来人民检察院不起诉的决定还是不服，认为司法机关应当追究被不起诉人的刑事责任的，如果该案件属于侵犯公民人身权利、财产权利的案件，而且被害人又具有对犯罪嫌疑人应当追究刑事责任的证据，被害人可以直接向当地人民法院提起自诉，请求人民法院依法作出判决。被害人对于人民检察院不起诉的决定不服，也可以直接向人民法院起诉，就是被害人手中有证据可以证明被不起诉人侵犯自己的人身或财产权利的行为应当追究刑事责任时，而人民检察院则作出不起诉的决定，被害人对这一决定又不服时，被害人可以不向上一级人民检察院提出申诉，直接向当地人民法院提起诉讼。被害人向人民法院提起诉讼，人民法院决定受理这一案件后，人民检察院应当将有关案件的材料一起及时移送人民法院，保证法院的审判工作顺利进行。

68. 人民检察院决定不起诉，被不起诉人不服的能申诉吗？

法律既保护被害人的合法权益和诉讼权利，同时也保护犯罪嫌疑人的合法权益和诉讼权利。法律规定了被害人对人民检察院对犯罪嫌疑人作出不起诉的决定不服的，可以申诉，也可以直接向人民法院起诉。同时也规定了犯罪嫌疑人对人民检察院依法对其作出的不起诉的决定不服的，也可以向人民检察院提出申诉。一般来讲，不起诉认定犯罪嫌疑人无罪的决定，被不起诉的人不会再就不起诉的决定起诉，但在不起诉的决定中，有一种情况是犯罪嫌疑人有犯罪行为，但从性质、情节和危害后果看都很轻，即犯罪情节轻微，按照我国刑法的规定对犯罪嫌疑人不需要判处刑罚或者免除刑罚的，人民检察院可以对犯罪嫌疑人作出不起诉的决定。尽管人民检察院作出不起诉决定，被不起诉人认为我根本就没有犯罪，不存在什么犯罪情节轻微的问题，被不起诉人都可以向人民检察院提出申诉。这个申诉材料被不起诉人必须从收到不起诉决定书那天起 7 天内交给作出不起诉决定的人民检察院。为了更好地保护被不起诉人的合法权益不受侵犯，如果被不起诉人被关押，其权益受到了侵害，在确实证实其没有犯罪的情况下，被不起诉人也可以向人民检察院提出申诉的同时提出赔偿问题。

被不起诉人向人民检察院提出申诉的，人民检察院在接到申诉后，必须认真进行复查，并作出复查决定。如果是人民检察院自侦的案件，人民检察院应当将复查决定通知被不起诉人。如果是公安机关移送的案件，人民检察院在通知被不起诉人的同时，应当将复查决定抄送移送起诉的公安机关。

69. 对哪些案件、哪些人可以直接向人民法院起诉？

人民法院受理的案件分两种情况：一种是由人民检察院向人民法院起诉的案件，这种案件称为公诉案件；另一种是由公民自己直接向人民法院起诉的案件，这种案件称为自诉案件。自诉案件，是指被害人或者其法定代理人以书面或者口头形式直接向人民法院提起刑事诉讼，由人民法院直接受理的刑事案件。除了自诉案件外，其他案件都是公诉案件。

公民可以直接向人民法院起诉的案件有以下三种情况：

1. 告诉才处理的案件。也就是说，当事人主动到人民法院起诉的，人民法院才处理，当事人不主动起诉的，人民法院就不处理。法院不主动处理这类案件。根据刑法规定，共有四种案件是告诉才处理的案件：（1）公然侮辱、诽谤的案件（刑法第 246 条规定的，但是严重危害社会秩序和国家利益的除外）；（2）暴力干涉他人婚姻自由的案件（刑法第 257 条第 1 款规定的）；（3）虐待家庭成员案件（刑法第 260 条第 1 款规定的）；（4）侵占他人委托保管财物的案件（刑法第 270 条规定的）。

2. 被害人有证据证明的轻微刑事案件。主要包括：（1）故意伤害的案件（刑法第 234 条第 1 款规定的）；（2）非法侵入他人住宅的案件（刑法第 245 条规定的）；（3）侵犯通讯自由的案件（刑法第 252 条规定的）；（4）重婚的案件

（刑法第 258 条规定的）；（5）遗弃的案件（刑法第 261 条规定的）；（6）生产、销售伪劣商品的案件（刑法分则第三章第一节规定的，但是严重危害社会秩序和国家利益的除外）；（7）侵犯知识产权的案件（刑法分则第三章第七节规定的，但是严重危害社会秩序和国家利益的除外）；（8）属于刑法分则第四章、第五章规定的，对被告人可能判处 3 年以下有期徒刑以下刑罚的案件。对于这八类案件，被害人直接向人民法院起诉的，人民法院应该依法受理。对于其中证据不足、可由公安机关处理的，或者认为对被告人可能判处 3 年有期徒刑以上刑罚的，应该移送公安机关立案侦查。也就是说，对上述八类案件，如果犯罪轻微，被害人能够向人民法院提供证明被告人对自己实施了犯罪行为的证据的，以自诉方式直接向人民法院起诉。

3. 被害人有证据证明被告人实施了侵犯自己人身权利、财产权利的行为，应当依法追究刑事责任，而公安机关或者人民检察院没有立案侦查或者作出撤销案件的处理或者作出不起诉决定的。

一般来讲，在自诉案件中，应当由被害人作为自诉人向人民法院提起诉讼。被害人有能力向人民法院起诉的，应当由被害人自己直接向人民法院起诉，这是被害人的诉权，其他任何人也不能任意代替。如果犯罪行为致使被害人死亡或者被害人丧失了依法行使权利和承担义务的能力，或者被害人在案件发生后，因为其他原因而死亡或者本来就属于法律上所说的没有行为能力的人，如被害人因病去世、先天呆傻等，这种情况下可以由被害人的法定代理人（法定代理人是指未成年或者丧失行为能力的被害人的父母、养父母、监护人和负有保护责任的机关、团体的代表）或者被害人的近亲属（近亲属是指被害人的丈夫、妻子、父亲、母亲、儿子、女儿和同胞兄弟姐妹）代替被害人向人民法院直接起诉，人民法院应该按照刑事诉讼法案件管辖等有关规定受理。也就是说，人民法院对于被害人提起诉讼的属于自诉范围的案件，都应当依法受理，不能以任何借口不受理。

70. 被害人因遭受犯罪行为侵害造成物质损失的，能否要求赔偿？

按照我国刑事诉讼法的规定，被害人因遭受犯罪行为侵害造成物质损失的，在刑事诉讼过程中，有权向人民法院提起附带民事诉讼。这种附带民事诉讼的提起以被告人的行为构成刑事犯罪为前提，并且被告人的犯罪行为给被害人造成了损失，这个损失是物质的财产损失，这种情况被害人可以向人民法院提起附带民事诉讼，请求司法机关在追究被告人刑事责任的同时，让他承担民事赔偿责任。

附带民事诉讼的提起，只能在刑事诉讼过程中提出。也就是说，在刑事案件判决以前提出都是可以的。如果待刑事案件判决后再提出附带民事诉讼就不可以了。这里所说的被害人是指遭受犯罪行为侵害的公民和其他组织，也就是说包括个人和单位。如果被告人的行为未构成犯罪或者刑事审判已经终结，被害人应按照民事诉讼程序，通过提起民事诉讼的方式向人民法院提出赔偿的要求。

个人或者单位的财产遭受损失的，个人或者单位有权提起附带民事诉讼。但如果这个单位是国有或者集体所有的单位，他的财产属于国家或集体所有，对于国家或者集体的财产遭受损失的，人民检察院在提起公诉的同时，可以提起附带民事诉讼。人民检察院提起附带民事诉讼必须是在被害单位没有提起附带民事诉讼时，为了保护国家财产和集体财产不受损失，才提起附带民事诉讼。如果被害单位已经提起附带民事诉讼，人民检察院就不能再次提起附带民事诉讼。

71. 人民法院决定开庭审判后，应当进行哪些工作？

刑事诉讼法规定，人民法院决定开庭审判后，应当进行以下工作：

1. 确定合议庭的组成人员。人民法院在审判公诉案件时，都应当组成合议庭进行。确定合议庭的组成人员主要包括两方面的内容：一是确定由哪些人参加合议庭；二是确定由谁来担任审判长。成员一般是由审判员组成或者由审判员和人民陪审员共同组成合议庭，合议庭成员必须是单数。根据不同的审级，合议庭的成员最少 3 人最多不得超过 7 人。即基层人民法院、中级人民法院审判第一审案件，应当由审判员 3 人或者由审判员和人民陪审员共 3 人组成合议庭进行，但是基层人民法院适用简易程序的案件可以由审判员 1 人独任审判。高级人民法院、最高人民法院审判第一审案件，应当由审判员 3 人至 7 人或者由审判员和人民陪审员共 3 人至 7 人组成合议庭进行。人民法院审判上诉和抗诉案件，由审判员 3 人至 5 人组成合议庭进行。书记员是参与合议庭的工作人员，他不属于合议庭的组成人员。审判长一般应由合议庭组成人员中经验丰富、审判工作能力较强的审判员担任，如果院长、庭长参加合议庭，应当由他们担任审判长。

2. 将人民检察院的起诉书副本至迟在开庭 10 日以前送达被告人及其辩护人。

3. 在开庭以前，审判人员可以召集公诉人、当事人和辩护人、诉讼代理人，对回避、出庭证人名单、非法证据排除等与审判相关的问题，了解情况，听取意见。

4. 决定开庭以前如果被告人未委托辩护人的，人民法院应当告知被告人可以委托辩护人。如果被告人是因为家庭经济困难或者其他原因没有委托辩护人的，人民法院可以告知本人或其近亲属向法律援助机构申请法律援助。如果被告人是聋、哑、盲人或者是尚未完全丧失辨认或者控制自己能力的精神病人或者是未满 18 周岁的人或者是可能被判处无期徒刑、死刑的而没有委托辩护人的，人民法院应当通知法律援助机构指派律师为被告人提供辩护。

5. 通知当事人、法定代理人、辩护人、诉讼代理人在开庭 5 日前提供证人、鉴定人名单，以及拟定当庭出示的证据；申请证人、鉴定人、有专门知识的人出庭的，应当列明有关人员的姓名、性别、年龄、职业、住址、联系方式。

6. 应当在开庭 3 日以前将开庭的时间、地点通知提起公诉的人民检察院。

7. 传唤当事人即被害人、自诉人、犯罪嫌疑人、被告人、附带民事诉讼的原告人和被告人，通知辩护人、诉讼代理人、证人、鉴定人和翻译人员。开庭 3 日以前将传票送达当事人，将通知书分别送达辩护人、证人、鉴定人和翻译人员，以便这些人员能够准时出庭，使法庭的审判工作顺利进行。如果传票和通知书没有送达或者上述人员在开庭前没有收到传票和通知书，则会影响法庭审判的正常进行。

8. 人民法院审判案件多数案件是公开审判，根据法律的规定有些案件是不公开审判的。对于公开审判的案件，人民法院应当在开庭 3 日以前将案由、被告人姓名、开庭时间和地点以公告的形式先期公布于众，让与案件有关的人和其他公民及时了解案件的审理情况，想参加旁听案件的公民可以做好旁听的准备。但应注意，公告应加盖人民法院公章，公告公布后至少要保留到开庭审判的时候，否则就起不到公告的作用。

上述各项开庭前的准备工作，应当由书记员分别以文字的形式写入笔录，由审判人员和书记员分别签名后附到案卷中保存。

72. 人民法院应当为哪几种人通知法律援助机构指派律师提供辩护？

人民法院应当为以下几种人通知所在地同级司法行政机关所属的法律援助机构指派律师为其提供辩护：

1. 具有盲、聋、哑等生理缺陷的被告人。不需要盲、聋、哑同时具备，只要具备其中一项即可，如果没有委托辩护人，人民法院应当指定承担法律援助义务的律师为其提供辩护。盲，必须是双目失明；聋，两只耳朵都听不见声音；哑，不能说话。这些生理上的缺陷，给行为人带来了困难或者障碍，不可能和正常人一样认识问题和识别事物，所以人民法院必须指定律师为其提供辩护。

2. 未成年被告人。就是按公历计算，年龄未满 18 周岁，如果没有委托辩护人的，人民法院应当指定承担法律援助义务的律师为其提供辩护。因为未成年人正在生长、发育阶段，智力发育还不够完善，社会知识少，还不具有完全识别和控制自己行为的能力。同时，也缺乏依法保护自己诉讼权利的意识。由于未成年人处于这样一个特殊的时期，法律这样规定，也是充分保障其权利的具体体现。

3. 人民法院根据人民检察院起诉提供的情况和证据材料认为被告人可能被判处无期徒刑、死刑，如果被告人没有委托辩护人，人民法院应当通知法律援助机构指派律师为其提供辩护。如果人民法院在审判过程中，发现根据案情被告人可能被判处无期徒刑、死刑，被告人没有委托辩护律师的，应当休庭，为被告人通知法律援助。为什么这样做呢？因为无期徒刑、死刑是我国处刑中最重的刑罚。尤其人的生命只有一次，一旦执行了死刑，事后发现了错误也是无法挽回的，因此，必须慎重对待无期徒刑、死刑，让被告人充分行使自己的辩护权。这也充分体现了我国对于重刑犯的特殊保护。

4. 尚未完全丧失辨认和控制自己行为能力的精神病人。对这种限制行为能力的人，法律也体现了对其特殊保护。

另外，根据有关司法解释，具有下列情形之一，被告人没有委托辩护人的，人民法院可以通知法律援助机构指派律师为其提供辩护：（1）共同犯罪案件中，其他被告人已经委托辩护人；（2）有重大社会影响的案件；（3）人民检察院抗诉的案件；（4）被告人的行为可能不构成犯罪；（5）有必要指派律师提供辩护的其他情形。

73. 哪些人可以在刑事诉讼中申请法律援助机构进行法律帮助？

根据最高人民法院、最高人民检察院、公安部、司法部《关于刑事诉讼法律援助工作的规定》，犯罪嫌疑人、被告人因经济困难没有委托辩护人的，本人及其近亲属可以向办理案件的公安机关、人民检察院、人民法院所在地同级司法行政机关所属法律援助机构申请法律援助。具有下列情形之一，犯罪嫌疑人、被告人没有委托辩护人的，可以依照前款规定申请法律援助：（1）有证据证明犯罪嫌疑人、被告人属于一级或者二级智力残疾的；（2）共同犯罪案件中，其他犯罪嫌疑人、被告人已委托辩护人的；（3）人民检察院抗诉的；（4）案件具有重大社会影响的。

同时规定，公安机关、人民检察院在第一次讯问犯罪嫌疑人或者采取强制措施的时候，应当告知犯罪嫌疑人如果符合上述规定，本人及其近亲属可以向法律援助机构申请法律援助。人民检察院自收到移送审查起诉的案件材料之日起3日内，人民法院自受理案件之日起3日内，均应当告知犯罪嫌疑人如果符合上述规定，本人及其近亲属可以向法律援助机构申请法律援助；应当告知被害人及其法定代理人或者近亲属有权委托诉讼代理人，并告知其如果经济困难，可以向法律援助机构申请法律援助。

人民法院决定再审的案件，应当自决定再审之日起 3 日内履行相关告知职责。公诉案件中的被害人及其法定代理人或者近亲属，自诉案件中的自诉人及其法定代理人，因经济困难没有委托诉讼代理人的，可以向办理案件的人民检察院、人民法院所在地同级司法行政机关所属法律援助机构申请法律援助。

74. 原来没有委托辩护人的，在审判阶段能否委托？

对于这个问题的回答是肯定的。也就是说，原来没有委托辩护人的，案件到了人民法院的审判阶段被告人仍然可以行使自己的权利委托辩护人为自己辩护。我们说的原来没有委托辩护人的，在审判阶段能否委托，主要是指针对公诉案件来说的。按照我国刑事诉讼法的规定，公安机关侦查的公诉案件，从公安机关对案件侦查终结后，移送到人民检察院，人民检察院对案件进行审查起诉的那天起，犯罪嫌疑人就有权委托辩护人。对于人民检察院自己侦查的案件侦查终结后，移送刑事检察部门审查起诉的那天起犯罪嫌疑人就有权委托辩护人。在审查起诉阶段，犯罪嫌疑人未委托辩护人，而开庭审判后提出委托辩护人要求的，人民法院应当准许。对于被害人直接向人民法院提起自诉的案件，被告人有权随时委托辩护人。也就是说，自诉案件直接进入审判程序，在人民法院受理自诉案件以后，到案件判决以前，被告人随时都可以委托辩护人。

对于犯罪嫌疑人或被告人什么时候可以委托辩护人的问题，我国刑事诉讼法规定，人民检察院从收到审查起诉的材料之日起 3 日以内，应当告诉犯罪嫌疑人有权委托辩护人。对于自诉案件，人民法院应当从受理自诉案件之日起 3 日以内，告诉被告人有权委托辩护人。告诉犯罪嫌疑人或被告人有权委托辩护人是人民检察院和人民法院的法定义务，如果不告诉就是违法的。对于犯罪嫌疑人或被告人及其家属，通过普法学习，知道犯罪嫌疑人或被告人有权享有委托辩护人的权利，而人民检察院或人民法院没有告诉的，可以依法委托辩护人。

75. 被告人认为辩护人不称职，能拒绝辩护人辩护或者重新委托辩护人吗？

委托辩护人为自己进行辩护是被告人在诉讼中的一项权利。辩护人接受委托，在审判中为被告人依法进行辩护，是辩护人的一项义务。被告人认为辩护人的辩护对自己不利或者是违背了自己的意愿的，有权拒绝辩护人的辩护，由自己进行辩护，或者被告人认为自己有罪，完全认可公诉人的指控，没有让辩护人辩护的必要，也可以中途拒绝辩护人继续为自己辩护。如果被告人认为辩护人为自己的辩护没有说服力或者不同意辩护人的辩护意见的，可以拒绝他的辩护另行委托其他辩护人为自己进行辩护。这是法律赋予被告人在诉讼中的一项权利，法律也是允许的。

对被告人没有委托辩护人，由人民法院为他通知法律援助机构指派辩护人辩护的，如果被告人坚决拒绝指定的辩护人为他辩护，坚持自己行使辩护权的，人民法院可以准许，并应当记录在案。如果被告人是属于聋、盲、哑人或者间歇性精神病人和不能完全辨认自己行为的精神病人；开庭审理时不满18周岁的未成年人；可能被判处无期徒刑、死刑的人，人民法院为他指定了辩护人，而被告人有正当理由拒绝人民法院为他指定的辩护人为自己辩护的，人民法院应当允许，但被告人需另行委托其他辩护人，或者人民法院重新为其通知法律援助机构指派其他辩护人。

76. 辩护律师在审判阶段具有哪些权利？

公诉案件一般来说都要经过公安机关立案侦查、人民检察院审查起诉、人民法院审判这三个阶段。公安机关侦查终结，将案件移送人民检察院，人民检察院受理了该案件，该案便进入了审查起诉阶段。人民检察院对公安机关移交的案件进行审查后，认为犯罪嫌疑人的犯罪事实已经查清，证据确实充分，应追究其刑事责任，决定向人民法院提起公诉，自人民法院受理该案之日起，该案便进入审判阶段。辩护律师在审判阶段具有下列权利。

1. 可以查阅、摘抄、复制本案案卷材料。检察机关在提起公诉时，向人民法院移送的案卷材料，自诉人向人民法院起诉时提交的证明被告人犯罪的有关证据材料，辩护律师可以查阅、摘抄、复制。其他辩护人经法院许可，也可以行使这一权利。

在法庭审理过程中，辩护律师如果认为公安机关、检察机关收集到的某一个证据对被告人有利，可以证明被告人无罪或者罪轻，需要在法庭上出示，而这个证据材料没有被检察机关提供法庭，辩护律师可以申请人民法院向人民检察院调取该证据材料。

2. 辩护律师可以同在押的被告人会见和通信。辩护律师同在押的被告人会见和通信，可以听取他们对案件情况的介绍及他们的辩护意见，同时，还可以向他们宣讲法律。其他辩护人行使这一权利时，必须经人民法院许可。

3. 辩护律师经证人或者其他有关单位和个人同意，可以向他们收集与本案有关的材料，也可以申请人民检察院、人民法院收集、调取证据，或者申请人民法院通知证人出庭作证。这是法律赋予律师的调查取证的权利，其他辩护人没有这个权利。律师为了辩护的需要，经证人或者其他有关单位和个人同意，向他们收集证实被告人是否犯罪、罪重还是罪轻的物证、书证、视听资料和证人证言。

在实践中，由于各种原因，造成律师取证比司法机关取证困难得多，证人或其他单位或个人拒绝与律师见面，向律师提供证据，拒绝作证的情况时有发生，针对这种情况，刑事诉讼法赋予律师可以申请人民检察院、人民法院收集、调取证据及申请人民法院通知证人出庭作证的请求权。例如，律师请了解案件情况的人提供证言，遭到拒绝时，就可以申请人民法院向其发出出庭作证的通知。对于律师申请人民法院、人民检察院收集、调取证据的，人民法院、人民检察院都应当亲自收集和调取。律师申请人民法院、人民检察院收集、调取证据，并不都是要先向证人、被害人或有关单位和个人取证，遭到拒绝时才能向人民法院提出申请，律师如果认为某些证据材料对案件的定罪量刑起着非常重要的作用，而且容易丢失，或律师调取、收集确实有困难的，可以不亲自去收集、调取，而直接申请人民法院、人民检察院收集、调取。

4. 辩护律师经人民检察院或者人民法院许可，并且经被害人或者其近亲属、被害人提供的证人同意，可以向他们收集与本案有关的材料。这同样是法律专门赋予律师的调查取证的权利，其他辩护人不享有这个权利。但律师在行使这一权利时，要受到以下限制：一是要经过人民法院的许可。人民法院是否许可，主要看律师调查取证是否会给被害人造成伤害，是否会影响案件的公正审理。二是必须经被害人、被害人近亲属、被害人提供的证人同意。

77. 在人民法院审判阶段如何委托诉讼代理人？

在人民法院审判阶段，公诉案件的被害人、自诉案件的自诉人等刑事诉讼当事人可以委托诉讼代理人参与刑事诉讼，使自己的权益得到充分保护。

诉讼代理人是刑事诉讼的参与人，是指接受代理人的委托，参加刑事诉讼，代替委托人行使部分权利的人。根据刑事诉讼法的有关规定，接受委托的诉讼代理人包括：律师；人民团体或者被害人、自诉人、附带民事诉讼的当事人所在单位推荐的人；被害人、自诉人、附带民事诉讼的当事人的监护人、亲友。刑事诉讼法除规定被害人、自诉人、附带民事诉讼的当事人自己直接委托诉讼代理人外，还规定被害人的近亲属，被害人、自诉人、附带民事诉讼的当事人的法定代理人也有权委托诉讼代理人。在公诉案件中，有些被害人已经死亡，无法委托诉讼代理人，如杀人案中，被害人已经死亡，在这种情况下，就可由其近亲属委托诉讼代理人参加诉讼。在有些案件中，被害人、自诉人、附带民事诉讼的当事人是未成年人或无行为能力人，他们的一些权利包括诉讼权利由其法定代理人代为行使。如在伤害案中，被害人是不满 10 周岁的未成年人，不具有民事行为能力，可以由他的父母代其委托诉讼代理人代为行使诉讼权利。

在委托诉讼代理人时，应填写诉讼委托书，明确诉讼代理人的权限，也就是说，诉讼代理人必须在被代理人授权的范围内行使代理权，并不得违背被代理人的意愿。

从何时开始可以委托诉讼代理人呢？公诉案件从案件移送审查起诉的那天起，有权委托诉讼代理人，人民检察院从收到移送审查起诉的案件材料的第 2 日开始算起 3 日内，应当告诉被害人及其法定代理人或者其近亲属、附带民事诉讼的当事人及其法定代理人有权委托诉讼代理人，这是人民检察院的义务。自诉案件由法院直接受理，直接进入审判阶段，对这些案件，无论诉讼是否开始，都不影响诉讼代理人的委托，也就是说，自诉人还未向人民法院提起诉讼，但准备向人民法院起诉，这时，他就可以委托诉讼代理人代其完成起诉前的准备工作。即他们有权随时委托诉讼代理人。这里讲的随时，就是指在诉讼中的任何阶段，包括开庭以后，对于开庭审判以后，没有委托诉讼代理人的，自诉人及其法定代理人或者附带民事诉讼当事人及其法定代理人提出要求委托诉讼代理人的，法院应当允许，不能以任何理由拒绝。尽管在自诉案件中，自诉人及其法定代理人、附带民事诉讼的当事人及其法定代理人有权随时委托诉讼代理人，人民法院也应在受理自诉案件的第 2 日开始算起 3 日内，告诉他们有权委托诉讼代理人，这同样是人民法院的义务。

78. 哪些案件人民法院必须公开审理？

公开审理是指人民法院审理案件对社会公开，允许群众旁听人民法院对刑事案件的审理。公开审判是我国刑事诉讼的一项基本原则。人民法院审判案件原则上都应当公开进行。无论是基层人民法院管辖的普通刑事案件、中级人民法院管辖的危害国家安全的案件以及可能判处无期徒刑、死刑的普通刑事案件、外国人犯罪的刑事案件，还是高级人民法院管辖的全省性的重大刑事案件和最高人民法院管辖的全国性重大刑事案件，除法律另有规定以外，都应当公开进行。

在这些案件中，有关国家秘密或者个人隐私的案件不公开审理。国家秘密是指关系国家安全和利益，依照法律的程序确定，在一定的时间内只限于一定范围的人员知悉的事项。根据《保守国家秘密法》的规定，国家秘密主要包括国家事务的重大决策中的秘密事项；国防建设和武装力量活动中的秘密事项；外交和外事活动中的秘密事项以及对外承担保密义务的事项；国民经济和社会发展中的秘密事项；科学技术中的秘密事项；维护国家安全活动和追查刑事犯罪中的秘密事项；其他经国家保密工作部门确定应当保守的国家秘密事项。另外，政党的秘密事项符合国家秘密性质的，也属于国家秘密。个人隐私案件，主要是指案件涉及个人不愿公开的隐秘，这些隐秘如果公开将会给当事人的生活带来麻烦，给他们的内心造成创伤和压力，如两性关系、生育能力等。除此以外，对于审判的时候不满 18 周岁的案件也不公开审理。因为未成年人的心理和生理尚处于成长、发育状态，思想不稳定，很容易受外界的影响，不公开审理有利于对他们的教育和挽救。但是经未成年被告人及其法定代理人同意，未成年被告人所在学校和未成年人保护组织可以派代表到场。涉及商业秘密的案件，当事人申请不公开审理的，可以不公开审理。对上述案件不公开审理，是指对上述案件的审理过程不公开，不允许群众旁听，也不允许记者报道，但宣判一律公开进行。对不公开审理的案件，法院应当当庭宣布不公开审理的理由。

79. 不服法院一审判决，哪些人有权提出上诉？

刑事诉讼法规定，有关人员不服地方各级人民法院第一审的判决、裁定，有权用书面或口头形式向上一级人民法院上诉。这样规定是为了保证人民法院的判决、裁定准确、无误，准确、及时打击犯罪，保障无罪的人不受刑事追究，保护公民的合法权益。根据法律规定，以下人员可以提出上诉：

1. 被告人、自诉人和他们的法定代理人不服人民法院第一审判决、裁定的，有权向上一级人民法院上诉。

2. 被告人的辩护人和近亲属，经被告人同意，可以提出上诉。

3. 附带民事诉讼的当事人和他们的法定代理人，可以对地方各级人民法院第一审的判决、裁定中的附带民事诉讼部分，提出上诉。

根据法律规定，对被告人的上诉权，不得以任何借口加以剥夺。

80. 不服法院一审判决，被害人有权提出上诉吗？

被害人作为犯罪的直接受害者，在刑事诉讼中应当享有相应的诉讼权利和诉讼地位，以便能够充分地表达意见，保护自己的合法权利。在不同的刑事诉讼活动中，被害人的诉讼权利也是不完全相同的，在公诉案件中，被害人如果对各级人民法院第一审公诉案件的判决有不同意见，不能直接提出上诉。但是，有权请求人民检察院向人民法院提起抗诉。

如果被害人是未满 18 周岁的未成年人或者是精神病人，其法定代理人也有权代替他们向人民检察院提出请求，请求人民检察院向人民法院提起抗诉。

被害人及其法定代理人请求人民检察院提起抗诉的时间期限，是在被害人及其法定代理人收到原审人民法院的判决书后 5 日以内。人民检察院收到被害人及其法定代理人的请求后，认为原审人民法院判决确有错误的，可以向人民法院提起抗诉；如果认为原审人民法院判决没有错误的，也可以不提起抗诉。不论人民检察院作出何种决定，都应当在收到被害人及其法定代理人的请求后 5 日以内，作出是否抗诉的决定并答复请求人。

在自诉案件中，被害人作为自诉人有权对人民法院的一审判决提出上诉。根据我国法律规定，自诉案件包括三种：告诉才处理的案件；被害人有证据证明的轻微刑事案件；被害人有证据证明对被害人侵犯自己人身、财产权利的行为应当依法追究刑事责任，而公安机关或者人民检察院不追究被告人刑事责任的案件。第三类自诉案件必须同时具备以下三个条件：被告人实施了犯罪行为，应当依法追究刑事责任；被害人有证据证明；公安机关或者人民检察院不予追究，也就是公安机关、人民检察院对报案、控告、检举不立案侦查，或者撤销案件，或者不起诉。

81. 上诉必须在几天内提出？

被告人、自诉人和他们的法定代理人、被告人的辩护人和近亲属、附带民事诉讼的当事人和他们的法定代理人，不服地方人民法院的第一审判决，必须在收到人民法院的判决书 10 日内，向原审人民法院或第二审人民法院提出上诉。上诉人不服地方各级人民法院第一审的裁定，提出上诉的期限为 5 日。原审法院作出判决、裁定后，被告人、自诉人、附带民事诉讼的当事人和他们的法定代理人，应当在法定期限内提出上诉请求。

有权提出上诉的人，包括被告人、自诉人和他们的法定代理人。被告人的辩护人和近亲属，经被告人同意，可以提出上诉。附带民事诉讼的当事人和他们的法定代理人，可以对地方各级人民法院第一审判决、裁定中的附带民事诉讼部分，提出上诉。刑事附带民事诉讼当事人指附带民事诉讼原告人、被告人。近亲属是指夫、妻、父、母、子、女及兄弟姐妹。

上诉期限从接到判决书、裁定书的第 2 日起计算。在上诉期限内，提出的上诉具有法律效力，意味着案件要进行第二审程序。如果超出这个期限，提出的上诉和抗诉就不具有法律效力，第一审判决、裁定即告生效。但也有特殊情况，如当事人由于不能抗拒的原因或者有其他正当理由而耽误提起上诉期限的，在障碍消除后 5 日内，可以申请继续进行应当在期满以前完成的诉讼活动。这种申请是否准许，由人民法院裁定。如果没有正当理由，人民法院即予裁定驳回申请。

根据规定，上诉人既可以直接向第二审人民法院提出上诉，也可以通过原审人民法院提出上诉。上诉人通过原审人民法院上诉的，原审人民法院应当在 3 日以内将上诉状连同案卷、证据移送上一级人民法院，同时将复制上诉状分别送交同级人民检察院和对方当事人各一份。当事人直接向第二审人民法院提出上诉的，第二审人民法院应当在 3 日内将上诉状交原审人民法院，并将上诉状送交同级人民检察院和对方当事人各一份。

当事人向人民法院提出上诉，用书面或口头两种形式均可。当事人要求上诉，用口头表示的，人民法院应当制作笔录存放在法院的案卷中。

82. 一个刑事案件经过几审就结束了?

在我国一个刑事案件经过两级人民法院的审判就结束了。我们国家的人民法院按四级设置，即最高人民法院、高级人民法院、中级人民法院和基层人民法院。人民法院收到起诉的刑事案件，依照法律规定的程序开庭审判，这就是通常所说的"一审"。在通常情况下，一审所作出的判决、裁定不能立即生效，在法律规定的期限内，被告人、自诉人和他们的法定代理人不服可以提起上诉，人民检察院也可以提起抗诉。一审的人民法院就应当将该案送交给它的上一级人民法院按照第二审程序再进行审理，这就是通常所说的"二审"，审理结案以后所作出的判决、裁定就是最后的判决、裁定，审判结果宣布以后立即生效，交付执行。这种两级审判制度被称为两审终审制，它是我们国家人民法院审判案件的一项重要制度。但是，在实际生活中并不是所有的案件都要经过两级人民法院审判才能生效，有些案件实际并不需要经过两级人民法院审判就能生效；而又有些案件即使经过两级人民法院审判也不能生效。

1. 对一审人民法院所作出的判决、裁定，被告人、自诉人和他们的法定代理人在法律规定的期限内，没有提出上诉，人民检察院也没有提起抗诉，在法律规定的期限到期以后，就不需要再经过第二审程序，一审人民法院所作出的判决、裁定就发生法律效力，可以交付执行。

2. 两审终审只适用于地方各级人民法院（即各省、自治区、直辖市的高级人民法院、中级人民法院、基层人民法院）审判的案件，而不适用于最高人民法院直接审判的案件，因为最高人民法院是国家的最高审判机关，它所作出的判决、裁定也就是最终的判决、裁定。因此，经它审判的一切案件宣判，立即生效。

3. 判处死刑的案件，经过两级人民法院宣判以后，还必须经过一个法律规定的死刑复核程序进行核准以后，死刑的判决、裁定才能生效，交付执行，也就是说，对于这类案件的判决、裁定，即使经过两级审判，如果没有经过核准，也不能生效，不能交付执行。

人民法院实行两审终审的制度有利于提高办案质量。人民法院收到案件以后，经过上下两级人民法院分别进行审判，可以更好地保证办案的质量，做到公正裁判。由于我国幅员辽阔，一些地方交通并不便利，在审级的设置上，除为保证办案质量设置必要的审级外，还必须考虑方便群众、减少当事人的负担、保证当事人的权利等因素，审级不易过多，诉讼时间也不宜太长。因此，实行两级审判制度比较符合当前我国的实际情况，既能保障老百姓的基本权利和案件质量，又能方便群众，节省人力、物力和时间。

（二）刑诉新规

1. 为何要将"尊重和保障人权"写入新刑诉法？

"尊重和保障人权"是我国宪法确立的一项重要原则，体现了社会主义制度的本质要求。刑事诉讼法在程序设置和具体规定中都贯彻了这一宪法原则。考虑到刑事诉讼制度关系公民的人身自由等基本权利，将"尊重和保障人权"明确写入刑事诉讼法，既有利于更加充分地体现我国司法制度的社会主义性质，也有利于司法机关在刑事诉讼程序中更好地遵循和贯彻这一宪法原则。据此，新刑事诉讼法①（以下简称新刑诉法）第 2 条规定："中华人民共和国刑事诉讼法的任务，是保证准确、及时地查明犯罪事实，正确应用法律，惩罚犯罪分子，保障无罪的人不受刑事追究，教育公民自觉遵守法律，积极同犯罪行为作斗争，维护社会主义法制，尊重和保障人权，保护公民的人身权利、财产权利、民主权利和其他权利，保障社会主义建设事业的顺利进行。"

"尊重和保障人权"绝不仅仅是一个宣示性表述，它作为贯穿于刑事诉讼法始终的一条基本原则，有十分具体的内容。作为一部比较集中体现人权保障水平的法律，刑事诉讼法在本次修改过程中很多制度的设计、修改与完善，是以"尊重和保障人权"作为指导思想的。比如完善证据制度，防止刑讯逼供；扩大法律援助的范围、完善辩护制度，解决律师在执业中反映强烈的会见难、阅卷难、调查取证难等突出问题；规定讯问时录音录像制度、强化对侦查活动的监督、完善死刑复核程序等规定都体现了尊重和保障人权的基本原则。

将"尊重和保障人权"作为刑事诉讼法的任务之一，它明确要求公、检、法机关要将"尊重和保障人权"与"惩罚犯罪"放在同等重要的位置，在整个刑事诉讼活动中，正确处理惩罚犯罪与保障人权、实体和程序、公正与效率的关系。

这次刑事诉讼法的修改完善并非只注重保障人权，忽视打击犯罪。当前中国社会矛盾凸显，刑事犯罪形势严峻，严重干扰改革开放的进行。追究犯罪是刑事诉讼基本的、不能回避的任务之一。这次修改进一步完善了强制措施和侦查措

---

① 指 2012 年 3 月 14 日第十一届全国人民代表大会第五次会议修正的刑事诉讼法，自 2013 年 1 月 1 日起实施，下同。

施，将技术侦查和秘密侦查措施法律化，明确用技术侦查措施收集的材料可以作为证据使用；规定了对犯罪嫌疑人和被告人逃匿、死亡的，对其违法所得的财产的没收程序等，体现了尊重和保障人权与打击犯罪并重的立法指导思想。

2. 新刑诉法是否规定刑讯逼供取得的证据必须排除？

新刑诉法第 54 条规定："采用刑讯逼供等非法方法收集的犯罪嫌疑人、被告人供述和采用暴力、威胁等非法方法收集的证人证言、被害人陈述，应当予以排除。收集物证、书证不符合法定程序，可能严重影响司法公正的，应当予以补正或者作出合理解释；不能补正或者作出合理解释的，对该证据应当予以排除。""在侦查、审查起诉、审判时发现有应当排除的证据的，应当依法予以排除，不得作为起诉意见、起诉决定和判决的依据。"本条规定首先明确了以非法方法取得的言词证据无条件排除范围。

人们普遍认为，刑讯逼供是一种野蛮、不人道的取证手段，它严重侵犯公民的人身权利，极易导致冤假错案。针对有的地方、有的办案机关和办案人员不仅对犯罪嫌疑人和被告人实施刑讯逼供，而且对证人、被害人也使用暴力威胁手段非法取证的实际情况，本条明确了以非法方法取得的言词证据应当无条件排除的范围，即"采用刑讯逼供等非法方法收集的犯罪嫌疑人、被告人供述和采用暴力、威胁等非法方法收集的证人证言、被害人陈述，应当予以排除。"所谓"应当予以排除"，就是必须无条件排除，没有商量的余地。这里，法律对于应当排除的犯罪嫌疑人和被告人供述使用了"采用刑讯逼供等非法方法"，而对证人证言和被害人陈述使用了"采用暴力、威胁等非法方法"，在手段的表述上有所不同。这主要是考虑到实际发生的非法取证行为由于对象的不同而在非法取证手段、使用暴力的程度上是有区别的，对犯罪嫌疑人和被告人更多的是表现为刑讯逼供，而对证人、被害人通常不是采用刑讯逼供，而更多表现为暴力、威胁。但是，尽管非法取证针对的对象不同、非法收集言词证据的手段不同，但在证据应当排除上是没有区别的。这样规定不仅有针对性，而且更符合保障诉讼参与人合法权益的要求。

在新刑诉法讨论过程中，有意见提出：普通老百姓和一些办案人员在提到刑讯逼供时通常理解为动手打人，但实践中针对犯罪嫌疑人和被告人的非法取证行为除刑讯逼供外，还有一些变相的刑讯逼供和精神折磨手段，它不以公然使用暴力、打人的方式表现出来，而是对犯罪嫌疑人和被告人采用饿（长时间不给吃饭）、烤（强光照射）、冻（在严寒气温下在室外穿薄衣冷冻）、晒（高温下暴晒）、熬（体罚或疲劳审讯）等非法手段逼取口供，也严重侵犯了人权。建议对犯罪嫌疑人、被告人的口供排除范围除明确刑讯逼供外，再加上"或者以体罚、虐待手段"，或者采用我国已经批准的《联合国禁止酷刑公约》所禁止的"以酷刑手段获取的口供"。因为根据公约的定义，"酷刑"包含"蓄意使某人在肉体或精神上遭受剧烈疼痛或痛苦的任何行为"，这样就可以把刑讯逼供以及体罚、虐待等变相刑讯逼供和精神折磨手段都包括在内了。但在研究过程中，绝大多数部门、专家认为：对于刑讯逼供的解释不能过于狭窄，对于情节严重的饿、烤、冻、晒、熬等非人道手段应当包括在刑讯逼供的含义中，用此手段获取的口供完全应当予以排除。还有的认为，本条规定虽然主要是针对刑讯逼供，但法律规定并不仅限于此，还包括"其他非法方法"，也应当将情节严重的体罚、虐待或者饿、烤、冻、晒、熬等非法取证手段包括进去，对获取的言词证据予以排除。

3. 根据新刑诉法，物证和书证在哪些情况下不能作为定案的依据？

证据排除规则的制定回避不了物证、书证的排除问题，对此大体上有三种意见：第一种意见认为，凡以非法手段取得的证据，都应当排除，实物证据和书证也不应当例外。否则，非法取证难以禁止。第二种意见认为，实物证据、书证与口供等言词证据不同，是可以证明案件事实真相的实实在在的证据，具有不可替代性。取证手段一般并不影响所取得的实物证据的证据价值。当前的重点应当是遏制刑讯逼供行为，并排除以此手段收集的言词证据，对物证、书证等实物证据不应当排除。《联合国禁止酷刑公约》规定非法证据排除的范围也仅限于言词证据，并未包括实物证据及"毒树之果"。如果因为排除真实的实物证据和书证而导致罪犯脱逃法律制裁，恐怕广大群众也很难接受。因此，不能仅因为实物证据和书证收集的方法不合法就排除，而应当看实物证据和书证本身是否真实，如果实物证据和书证本身不存在疑点且与其他证据相互印证，能够证明案件事实，就不应当排除。第三种意见认为，实物证据和书证不同于言词证据，不能简单地一概排除或者不予排除。将所有非法获得的实物证据和书证都予以排除，要求过高。如果一律不排除，也难以遏制严重侵犯当事人合法权益的非法取证行为。建议只对侦查人员有重大违法行为，亦即违法取证侵犯了公民的宪法性实体权利而获得的实物证据应当无条件排除。例如，实施刑讯逼供侵犯了宪法第 37 条规定的公民人身自由权——中华人民共和国公民的人身自由不受侵犯；非法监听侵犯了宪法第 40 条规定的公民的通信自由权——中华人民共和国公民的通信自由和通信秘密受法律的保护；非法进入公民住宅进行搜查侵犯了宪法第 39 条规定的公民住宅不受非法侵入权——中华人民共和国公民的住宅不受侵犯。上述非法取证行为不仅侵犯了公民的宪法性权利，而且还构成了我国刑法中的刑讯逼供罪、侵犯通信自由罪和非法侵入住宅罪等刑事犯罪。换句话讲，如果非法取证行为本身就是一种犯罪行为，由此获取的物证、书证理所应当予以排除。除此以外，以其他非法方法获取的物证、书证不应当排除。

立法机关在对各种意见进行认真研究之后，考虑到中国的国情和实际情况，兼顾打击犯罪与保护人权的平衡关系，认为对实物证据和书证的排除应当采取十分慎重的态度，物证、书证原则上不应当排除，对需要排除的应当规定严格的条件。

新刑诉法第54条对以非法方法收集的实物证据和书证的排除条件作了明确规定："收集物证、书证不符合法定程序，可能严重影响司法公正的，应当予以补正或者作出合理解释；不能补正或者作出合理解释的，对该证据应当予以排除。"

4. 怎样收集证据属于"可能严重影响司法公正"？

"可能严重影响司法公正"，是指收集物证、书证不符合法定程序的行为明显违法或者情节严重，如果允许办案人员以这种行为收集证据的话，可能会对司法机关办案的公正性、权威性以及司法公信力产生严重的损害。以非法方法收集的实物证据和书证是否排除应当综合考虑案件性质及犯罪的严重程度、非法取证的严重程度、非法取证行为对社会造成的不良影响、对司法公正造成的危害程度和社会公共利益等几方面的因素，还要结合案件的其他证据是否能够补证或者侦查机关能否作出合理解释等情况，最终决定是否予以排除。所谓"补证"，是指对取证程序上的非实质性的瑕疵进行补救，如在缺少侦查人员签名的勘验、检查笔录上签名等。"合理解释"是指对取证过程的瑕疵作出符合逻辑的解释。

5. 公、检、法三机关都有避免使用非法证据的义务吗？

证据排除规则制定出来以后，排除非法证据既是办案机关的一种权力，也是一种义务。但是排除非法证据是法院一家的义务还是公、检、法三机关的共同义务，在研究中有些不同意见。一种意见认为，非法证据排除主要是法院在审判阶段由法官行使的一种权力，借以制约侦查人员的非法取证行为。因此，排除非法证据主要是法官的义务。检察官在审查起诉过程中可以参考运用证据规则。公安机关在侦查阶段主要任务是侦破案件，不应当受证据排除规则的约束。另一种意见认为，制定证据排除规则的主要目的之一是规范侦查人员的取证行为，公安机关、检察机关在办理案件过程中有义务按照证据排除规则的规定，通过合法程序收集证据。如果案件在侦查阶段或者审查起诉阶段可以不适用证据排除规则，意味着公安机关、检察机关的调查取证、审查证据的活动不受证据排除规则的约束，这对遏制侦查阶段的非法取证行为没有任何好处，制定证据排除规则的实际意义也会大打折扣。在侦查阶段，侦查机关发现有通过非法手段获取证据的，也应予以排除。在审查起诉阶段，检察机关无论是作为法律监督机关，还是从履行职责和保证起诉质量的角度出发，都应当主动排除非法证据。如果等检察机关提起公诉的案件到了审判阶段再由法官运用证据规则对非法方法取得的证据予以排除，势必造成一些本可以定罪的案件由于非法证据排除而无法定案。有些案件补充侦查由于时过境迁，证据灭失，补证已无可能，势必影响对于犯罪的打击和司法的公信力。我国虽然不采用西方那种通过法官排除非法证据的方式来控制警察的非法取证行为，但是应当明确证据排除规则对公、检、法三机关收集、运用证据的活动都有普遍的指导意义，公、检、法三机关在各自的诉讼阶段都有义务严格按照证据排除规则的要求对非法取得的证据予以排除，不应当将非法证据的排除问题都推到法庭审理阶段交由法官处理。

新刑诉法采纳了第二种意见。新刑诉法第 54 条对公、检、法三机关在各自诉讼阶段都负有对非法证据的排除义务作了明确规定："在侦查、审查起诉、审判时发现有应当排除的证据的，应当依法予以排除，不得作为起诉意见、起诉决定和判决的依据。"

6. 新刑诉法对排除非法证据线索的提供和检察机关的责任是怎样规定的？

1. 非法证据排除的申请应当提供相关证据和线索。关于对刑讯逼供证据的审查程序如何启动，普遍认为，为了保证法庭调查程序的顺利进行，避免启动非法证据排除的随意性，被告人提出自己受到过刑讯逼供行为应当提供证据或者线索。否则，可能会造成相当多的被告人在法庭上声称被刑讯逼供。刑诉法修改前，实践中已经发生有些被告人无理取闹，有意拖延诉讼时间的现象。但是，要求被告人提出刑讯逼供的证据标准不能太高，只要能提供出证据或者线索，如非法取证的时间、地点、方式、造成的伤痕、其他旁证等，引起法官对可能存在非法取证行为的合理怀疑，法庭就应当进行调查，不必要求提供的证据达到充分的程度。

新刑诉法第 56 条规定："法庭审理过程中，审判人员认为可能存在本法第五十四条规定的以非法方法收集证据情形的，应当对证据收集的合法性进行法庭调查。""当事人及其辩护人、诉讼代理人有权申请人民法院对以非法方法收集的证据依法予以排除。申请排除以非法方法收集的证据的，应当提供相关线索或者材料。"

2. 明确检察机关对证据收集合法性负有证明责任。刑诉法修改前，在实践中对非法言词证据难以排除，主要原因之一是由于没有对非法证据的证明责任作出规定并缺乏相关的程序规定。各方面意见普遍认为，检察机关作为代表国家对犯罪提起公诉的机关，应当对其用以指控、证明犯罪的证据收集的合法性负有证明责任。新刑诉法第57条第1款规定："在对证据收集的合法性进行法庭调查的过程中，人民检察院应当对证据收集的合法性加以证明。"

3. 明确检察机关对非法取证行为的调查权和有权要求公安机关对证据收集的合法性作出说明。在新刑诉法征求意见的过程中，检察机关提出，根据刑诉法修改前各界反映强烈的对侦查活动中非法取证监督不力的问题，应当明确检察机关对侦查机关的违法取证行为有调查权，并有权要求公安机关对其证据收集的合法性作出说明，这也是加强检察机关对侦查行为法律监督的迫切要求，新刑诉法采纳了这个意见。

新刑诉法第55条规定："人民检察院接到报案、控告、举报或者发现侦查人员以非法方法收集证据的，应当进行调查核实。对于确有以非法方法收集证据情形的，应当提出纠正意见；构成犯罪的，依法追究刑事责任。"第171条第1款规定："人民检察院审查案件，可以要求公安机关提供法庭审判所必需的证据材料；认为可能存在本法第五十四条规定的以非法方法收集证据情形的，可以要求其对证据收集的合法性作出说明。"

7. 侦查机关在排除非法证据中有出庭作证的义务吗？

新刑诉法明确了侦查人员在非法证据排除程序中的出庭义务。在研究庭审中非法证据排除时，警察出庭问题是各界普遍关心的一个问题。公安机关提出，侦查行为在案卷中已有记录，有的还有录音录像，再通知侦查人员出庭作证意义不大。而且现在警力普遍不足，警察出庭作证会给公安机关带来很大负担，在实践中不可行。但是绝大多数意见认为，为了查明侦查人员是否有刑讯逼供行为，侦查人员出庭是必要的。警察出庭作证是世界通例。很多国家刚开始实行警察出庭作证制度时，警察也不适应，但后来发现警察出庭不仅大大有利于规范警察的执法行为，提高警察的工作能力，而且有利于证明证据收集的合法性，更好地揭露犯罪、证明犯罪，履行打击犯罪的义务，在公众中树立公正执法的良好形象。因此，世界上许多国家的警察都把出庭作证看作很正常的事了。刑诉法应当明确警察的出庭义务。

新刑诉法第57条规定："在对证据收集的合法性进行法庭调查的过程中，人民检察院应当对证据收集的合法性加以证明。""现有证据材料不能证明证据收集的合法性的，人民检察院可以提请人民法院通知有关侦查人员或者其他人员出庭说明情况；人民法院可以通知有关侦查人员或者其他人员出庭说明情况。有关侦查人员或者其他人员也可以要求出庭说明情况。经人民法院通知，有关人员应当出庭。"

本条规定了对非法证据的证明方法。首先看现有证据材料能否证明证据收集的合法性。如果现有证据材料不能证明，就需要侦查人员出庭说明情况：一是由检察院提请法院通知有关侦查人员或者其他人员出庭说明情况；二是法院也可以依职权通知有关侦查人员或者其他人员出庭说明情况；三是有关侦查人员或者其他人员也可以主动要求出庭说明情况。针对刑诉法修改前侦查人员普遍不出庭的情况，本条明确规定，"经人民法院通知，有关人员应当出庭。"

应当指出的是，过去所有出庭人员都由法院依职权通知出庭，不仅过多地承担了调查任务，也与居中审判的职责不相符。考虑到庭审过程中侦查人员主要是应检察机关要求出庭，目的是配合检察院证明证据收集的合法性，随着全社会出庭作证意识的提高，侦查人员主动要求出庭作证的情况也会增加。因此，刑诉法在保留法院依职权通知出庭的基础上，增加了"人民检察院可以提请人民法院通知有关侦查人员或者其他人员出庭说明情况"和"有关侦查人员或者其他人员也可以要求出庭说明情况"的规定。

8. 根据新刑诉法，刑事案件达到什么标准才能被起诉和判决有罪？

在刑事诉讼中，刑事证明标准表明承担证明责任的人提供证据对案件事实加以证明所要达到的程度。它是决定具体案件事实是否能够认定的准则，指引诉讼各方实施正确的诉讼行为。根据刑事诉讼法的规定，侦查机关侦查终结的案件，对于事实清楚，证据确实、充分的，应当移送起诉。人民检察院经审查认为犯罪嫌疑人的犯罪事实已经查清，证据确实、充分的，应当提起公诉。在法院审判阶段，合议庭认为案件事实清楚，证据确实、充分，依据法律认定被告人有罪的，应当作出有罪判决。刑事诉讼法对三个诉讼阶段规定的证明标准都是："案件事实清楚，证据确实、充分"。但是公、检、法三机关普遍反映，这一标准不够具体，难以掌握，实践中经常出现认识上的分歧。公安机关侦查终结的案件，认为案件事实清楚，证据确实、充分，移送检察院后，检察机关认为还没有达到标准，退回补充侦查；检察机关认为案件事实清楚，证据确实、充分的案件，起诉到法院后，法院认为没有达到标准，需要补充侦查或者证据不足，指控的犯罪难以成立。实践中公、检、法机关常为是否达到证明标准发生争议，建议对"证据确实、充分"的具体条件作明确规定，以便在实践中准确适用。

新刑诉法第 53 条规定："对一切案件的判处都要重证据，重调查研究，不轻信口供。只有被告人供述，没有其他证据的，不能认定被告人有罪和处以刑罚；没有被告人供述，证据确实、充分的，可以认定被告人有罪和处以刑罚。""证据确实、充分，应当符合以下条件：（一）定罪量刑的事实都有证据证明；（二）据以定案的证据均经法定程序查证属实；（三）综合全案证据，对所认定事实已排除合理怀疑。"

本条规定的"证据确实、充分"有以下几层含义：第一，认定案件事实，必须以证据为依据。法官对所有犯罪事实的判断和认定，都必须建立在证据之上，以区别法官的主观臆断。第二，据以定罪量刑的证据均已由法庭查证属实，即用以证明犯罪事实成立的证据的合法性已被法庭确认。第三，案件事实均有必要的证据证明。证据之间、证据与案件事实之间的矛盾已被排除，对案件的证明结论是唯一的、排他性的，已经排除了合理怀疑。

"排除合理怀疑"表示的是一种主观心理状态，很难用一种客观尺度来衡量。它要求法官在定案时，在理念上遵循一种原则，要达到"内心确信无疑"的程度。这需要法官基于司法良知，根据司法实践经验的积累，建立在对单个证据的真实性、关联性、合法性的审查采信和全案证据的综合判断，排除任何人为和非人为因素干扰的情况下，在其自身知识和经验范围内，感到对案件事实认定确有把握，而不是似是而非、疑惑不定，排除任何有根据的合理怀疑。这需要通过法官的良心和素质来达到。所谓"合理怀疑"，是指建立在一定的理由之上，有合理根据的怀疑。那些没有根据的任意猜测、怀疑或推测等，不能算合理怀疑。法律对"证据确实、充分"的证明标准作出具体规定，有利于公、检、法三机关在办案中准确把握证明标准，正确办案，防止错案。

9. 新刑诉法规定在何种情况下证人应当出庭？

刑事诉讼法规定证人有出庭作证的义务，并不意味着全部刑事案件都要求证人出庭作证，应当根据控辩双方对案件事实的争议情况来确定证人是否需要出庭作证，既保证证人能够出庭作证，又尽量做到诉讼经济。

新刑诉法第 187 条规定："公诉人、当事人或者辩护人、诉讼代理人对证人证言有异议，且该证人证言对案件定罪量刑有重大影响，人民法院认为证人有必要出庭作证的，证人应当出庭作证。""人民警察就其执行职务时目击的犯罪情况作为证人出庭作证，适用前款规定。""公诉人、当事人或者辩护人、诉讼代理人对鉴定意见有异议，人民法院认为鉴定人有必要出庭的，鉴定人应当出庭作证。经人民法院通知，鉴定人拒不出庭作证的，鉴定意见不得作为定案的根据。"

根据上述规定，案件符合以下三个条件，证人必须出庭：一是公诉人、当事人或者辩护人、诉讼代理人对证人证言有异议。对证言有异议，证人必须出庭接受质证，以辨明证言的真伪，这是公正审判最起码的要求。很难想象，对有异议的证人证言不经过质证，仍然以该证言作为定罪量刑的证据的审判在形式上能称得上是一个完美无缺的公正审判。二是该证人证言对案件定罪量刑有重大影响。有时候一个案件证人的证言多达几十份，有的对定罪量刑有重大影响，有的与定罪量刑没有多大关系。但是，其证言对定罪量刑有重大影响的证人应当出庭接受质证，这是保证公正审判所必需的。三是人民法院认为证人有必要出庭作证的。在研究过程中，也有意见对第三个条件的必要性提出质疑，认为只要符合前两个条件的，证人就都必须出庭，法院也没有任何理由不让证人出庭。因此，只要规定前两个条件就可以了。但是，另一种意见认为，在庭审过程中，控辩双方对于哪些属于对定罪量刑有重大影响的证言常常会看法不一，发生争执。一方认为该证人的证言无关紧要，但另一方可能认为对定罪量刑有重大影响。在这种情况下，到底是否属于对定罪量刑有重大影响，证人是否有必要出庭作证就应当由法官作出决定，将"人民法院认为证人有必要出庭作证"作为一个出庭判断条件之一在司法实践中有实际意义。新刑诉法采纳了这个意见。

10. 鉴定人在什么情况下应当出庭？

控辩双方对鉴定意见有异议的，鉴定人必须出庭。在新刑诉法起草过程中，各方意见普遍认为，刑诉法修改前，鉴定制度在实践中存在的突出问题是多头鉴定、重复鉴定，使有的案件久拖不决，损害了当事人的合法利益，影响了司法的权威。刑诉法修改前实践中由于鉴定人都不出庭，法官在法庭上只宣读简短的鉴定结论，对其科学性无法提出质疑，特别是在一个案件有不同鉴定结论的情况下，无法展开辩论，法官也无法作决断。因此，有些法官就以鉴定机构的级别作为判断标准。这种做法形成了"打官司实际是打鉴定"的不正常现象，既缺乏科学性，也容易产生司法腐败，影响案件的正确审理，这种情况应当改变。

如何解决多头鉴定、重复鉴定的问题？各方一致认为，鉴定人出庭接受质证是解决刑诉法修改前鉴定制度中存在的弊端的一个关键。对于鉴定人以什么身份出庭参加诉讼，有的意见认为，鉴定结论属于证据的一种，鉴定人也属于证人的一种，与证人享有同样的权利，也承担同样的义务，必须出庭接受控辩双方的质证。如果鉴定人应当出庭而不出庭，应规定其鉴定结论无效。

新刑诉法第 187 条第 3 款对鉴定人出庭、鉴定意见的质证、鉴定人拒不出庭的法律后果等问题都作了明确规定："公诉人、当事人或者辩护人、诉讼代理人对鉴定意见有异议，人民法院认为鉴定人有必要出庭的，鉴定人应当出庭作证。经人民法院通知，鉴定人拒不出庭作证的，鉴定意见不得作为定案的根据。"

1. 将"鉴定结论"修改为"鉴定意见"。鉴定是聘请有专门知识的人通过科学技术手段对案件中专门性问题提出一种判断，它是基于鉴定人个人知识基础上出具的一种意见，谈不上结论。过去称为"鉴定结论"，似乎不用质证就成为定论了，过于绝对，改为"鉴定意见"，更为准确。鉴定意见有对有错，有异议就必须接受质证，更符合诉讼规律。

2. 明确控辩双方对鉴定意见有异议的，鉴定人必须出庭。鉴定意见属于证据的一种，对证据有异议的，必须经过查证属实，才能作为定案的依据。新刑诉法第187条明确规定，凡是控辩双方对鉴定意见有异议，法院认为鉴定人有必要出庭的，鉴定人就应当出庭。

这里有必要特别指出的是，刑诉法修改前有些法院在案件审理过程中，面对截然相反的鉴定意见，有的根据鉴定机构的行政级别来决定鉴定意见的取舍，这种做法是错误的。鉴定问题本质上是个科学问题，科学问题不应由行政级别来决定。鉴定是依据科学方法发现事实，只服从科学。鉴定机构不应有隶属关系，每个鉴定机构都是独立的，是根据鉴定人的水平和能力进行鉴定，没有行政级别划分，应当防止司法机关根据鉴定机构的级别对鉴定结论进行取舍的错误做法。

有的法院面对截然相反的鉴定意见，采取了另一种做法，就是对两种相反的鉴定意见谁家的都不相信，法院自己再去指定一家鉴定机构重新鉴定，最终以法院指定的鉴定机构的鉴定意见为法院采纳的意见。这种做法也是错误的。法院指定的鉴定机构提供的鉴定意见是否科学？还是否允许提出异议？还要否质证？这种做法放弃了法庭审理和对鉴定意见的质证，仍然没有走出刑诉法修改前一些地方法官被鉴定牵着鼻子转，"打官司就是打鉴定"的怪圈。

3. 明确鉴定人拒不出庭作证的法律后果。根据新刑诉法第187条的规定，经人民法院通知，鉴定人拒不出庭作证的，鉴定意见不得作为定案的根据。

11. 控辩双方是否可以聘请专家当庭对鉴定意见发表看法？

刑事诉讼中的鉴定是就某些专门性的问题聘请有专门知识的人进行鉴别和判断的一种活动。由于专业水平、工作经验及看问题角度不同，对同一问题的鉴定可能出现不同的鉴定意见，这是正常的。鉴定意见本身并没有预定的证明力，如同任何其他证据一样，不能在法庭上提出来就自然作为定案的根据。关键是要在诉讼中对鉴定意见设置审查程序当庭接受控辩双方的质证，最后由法庭决定是否予以采信。通常来讲，双方的鉴定人在法庭上会就对方鉴定人的资格、资历、经验、鉴定方法、出具鉴定意见的根据、推理过程等在法庭上进行公开的质证。外行人可能对鉴定意见提不出问题，看不出破绽。但是经验丰富的内行专家一下就能发现鉴定意见不科学、站不住脚的问题所在，挤出鉴定意见中不科学或者伪科学的水分。通过庭审质证不仅能使法官或者合议庭对鉴定意见的采信根植于坚实的科学基础之上，也是司法公正、公开的必然要求。

为了使法庭对鉴定意见的庭审质证更加公开、深入，新刑诉法引入了类似国外专家证人参加诉讼对鉴定意见质证的做法，规定当事人有权聘请专家辅助人出席法庭，协助辩护人对鉴定意见进行质证。这样有助于搞清一些技术性很强的专业问题。

新刑诉法第 192 条规定："法庭审理过程中，当事人和辩护人、诉讼代理人有权申请通知新的证人到庭，调取新的物证，申请重新鉴定或者勘验。""公诉人、当事人和辩护人、诉讼代理人可以申请法庭通知有专门知识的人出庭，就鉴定人作出的鉴定意见提出意见。""法庭对于上述申请，应当作出是否同意的决定。""第二款规定的有专门知识的人出庭，适用鉴定人的有关规定。"

根据本条规定，受一方聘请出庭的有专门知识的人并不一定从事鉴定工作，他在法庭上的任务是专门就对方的鉴定意见挑毛病、提问题，用以指出对方鉴定意见在科学性方面的破绽和问题，或者就对方提出的专门性问题进行回答，以此加强庭审质证，使得鉴定意见作为证据的一种，法官采信与否建立在公开、公正的庭审程序基础之上，当然，由此作出的判决也会更加令人信服。

12. 侦查人员可以作为证人出庭作证吗？

刑事案件的有关侦查人员和其他执法人员应当有义务就其执行职务时直接了解的案件情况出庭作证，如在犯罪现场如何发现犯罪嫌疑人，如何在搜查、勘验检查及其他执法过程中发现犯罪事实，以及如何收集到犯罪证据等。侦查人员出庭作证，有利于法庭了解案件侦查过程和全面、准确判明案情，同时有利于提高侦查水平，改善侦查机关的形象。

在新刑诉法研究过程中，有的部门提出，不要规定侦查人员有义务出庭作证，实践中公安机关的压力较大，警力不足问题突出，要求侦查人员都出庭作证不现实，应当有所限制，可限于辩方提出有关侦查人员涉及侦查过程或程序违法时，如有关侦查人员在抓获犯罪嫌疑人，进行勘验、检查、扣押、窃听、讯问犯罪嫌疑人等刑事诉讼过程中涉嫌违法行为的，才出庭作证。

新刑诉法第 187 条第 2 款规定，"人民警察就其执行职务时目击的犯罪情况作为证人出庭作证，适用前款规定"，明确了警察必须出庭的三个条件：控辩双方对警察执行职务时目击的犯罪情况有异议；该犯罪情况对定罪量刑有重大影响；法院认为警察有必要出庭。

13. 证人无正当理由能拒绝出庭作证吗？

各方普遍反映，虽然我国法律规定证人有作证的义务，但对证人拒绝出庭作证的如何处理没有明确法律依据，缺乏必要的法律强制力，这是造成出庭作证率低的一个重要原因。因此，在刑事证据制度中，要实现证人出庭作证，必须规定相应的法律强制力，对不履行出庭作证义务的采取必要的强制措施，甚至追究刑事责任；否则，证人出庭很难落在实处。

在新刑诉法研究过程中，对证人拒不作证应当承担的法律责任，主要提出以下三种：一是强制到庭。对没有正当理由拒绝出庭作证的，人民法院可以采取拘传措施将证人带至法庭。二是罚款或者拘留，对无正当理由逃避出庭、拒不出庭或者出庭拒绝作证的，规定罚款处罚，必要时应当给予治安拘留处罚。三是追究刑事责任。对拒不作证的可以藐视法庭罪或者妨害司法活动罪追究刑事责任。

考虑到我国的文化传统、公民出庭作证意识和刑诉法修改前证人出庭作证的现状等情况，新刑诉法没有规定对不出庭的证人的刑事责任，而只规定了强制到庭、训诫和拘留处罚。

新刑诉法第188条规定："经人民法院通知，证人没有正当理由不出庭作证的，人民法院可以强制其到庭，但是被告人的配偶、父母、子女除外。""证人没有正当理由拒绝出庭或者出庭后拒绝作证的，予以训诫，情节严重的，经院长批准，处以十日以下的拘留。被处罚人对拘留决定不服的，可以向上一级人民法院申请复议。复议期间不停止执行。"

在新刑诉法交由第十一届全国人大第五次会议审议时，对证人无正当理由拒不出庭的，只规定了强制到庭和拘留处罚。审议过程中有些代表反对证人没有正当理由不出庭作证的，人民法院可以强制其到庭，并可以拘留的规定。认为证人不履行出庭义务，不是违法行为，只是道德问题，拘留不合适。法律委员会经研究认为，在刑事诉讼活动中，有的案件证人出庭作证对正确定罪量刑有重大影响，证人应当履行出庭作证的法定义务，对拒绝出庭的证人予以一定处罚是必要的，可区别情节作出规定。因此在修正案表决之前，在拘留前又增加了"训诫"。

14. 是否对所有的证人都可以强制出庭作证？

刑诉法的修改为破解"证人出庭难"，设计了强制到庭措施。此次刑诉法修改，有的意见提出应当在新刑诉法中规定近亲属的拒证权，认为中国历史上就有"亲亲相隐"的传统，规定近亲属的拒证权有利于维护家庭关系的稳定，增进人与人之间的信任。但侦查机关对此建议大多不赞成，认为在不少案件中正需要犯罪嫌疑人的近亲属作证，尤其在办理贿赂案件中，往往只有近亲属知道犯罪情况，规定近亲属的拒证权不利于打击犯罪。立法机关考虑到将不愿意出庭作证的被告人的配偶、父母、子女押到庭上，强迫他们作证，不利于家庭关系的维系。因此，新刑诉法第 188 条规定对拒不出庭作证的"被告人的配偶、父母、子女"不采取强制到庭措施，体现了人道主义精神。这里有必要指出的是，对被告人的配偶、父母、子女不采取强制到庭措施与赋予"拒证权"是不同的。不强制到庭，并非鼓励不出庭，只是不采用将其押到庭上的方式强制出庭。如果被告人的配偶、父母、子女愿意大义灭亲，愿意出庭作证，揭露配偶、父母、子女的犯罪，当然还是欢迎的。"不采取强制到庭措施"，当然也包括不能采取拘留这种比强制到庭更为严厉的处罚措施。

15. 新刑诉法在哪些方面加强了对出庭作证人员的保护和保障？

普遍认为，进一步加强对证人的保护，是鼓励证人出庭作证的有效措施。新刑诉法对证人保护的范围、负有保护义务的机关、保护措施和证人出庭作证的补贴等问题作了明确具体的规定，有利于缓解证人不愿意出庭作证难题。

1. 明确证人保护的范围。新刑诉法第 62 条规定："对于危害国家安全犯罪、恐怖活动犯罪、黑社会性质的组织犯罪、毒品犯罪等案件，证人、鉴定人、被害人因在诉讼中作证，本人或者其近亲属的人身安全面临危险的，人民法院、人民检察院和公安机关应当采取以下一项或者多项保护措施：（一）不公开真实姓名、住址和工作单位等个人信息；（二）采取不暴露外貌、真实声音等出庭作证措施；（三）禁止特定的人员接触证人、鉴定人、被害人及其近亲属；（四）对人身和住宅采取专门性保护措施；（五）其他必要的保护措施。""证人、鉴定人、被害人认为因在诉讼中作证，本人或者其近亲属的人身安全面临危险的，可以向人民法院、人民检察院、公安机关请求予以保护。""人民法院、人民检察院、公安机关依法采取保护措施，有关单位和个人应当配合。"

在新刑诉法讨论过程中，对于证人保护的案件范围，不少意见认为，证人保护不应限制案件范围，无论哪种案件，只要证人因出庭作证受到严重人身威胁或者存在人生危险，并且本人提出申请的，就应当保护。有的部门提出，职务犯罪案件的证人都不愿意作证，而且也容易受到打击报复，建议将职务犯罪案件的证人也纳入保护范围。公安机关提出，证人保护措施要考虑国家的实际情况，需要人力、物力以及制度方面的保障。如果保障问题解决不了，还是不规定为好。考虑到现阶段警力的现实情况，本条把证人保护的案件范围仅限于在"危害国家安全犯罪、恐怖活动犯罪、黑社会性质的组织犯罪、毒品犯罪等"对国家利益危害最大的几类犯罪案件中作证的证人、鉴定人、被害人。只要是在上述案件中因在诉讼中作证，本人或者近亲属的人身安全面临危险的，都可以向公、检、法三机关提出保护请求。

2. 明确对证人、鉴定人、被害人的保护措施。关于对证人、鉴定人、被害人的保护措施，刑诉法规定了四项具体的保护措施和一项概括性的保护措施，并规定公、检、法三机关应当采取一项或者多项保护措施。在四项具体保护措施中，第一项和第三项措施公、检、法三机关都有能力采取，第二项措施只有法院有能力采取，第四项措施一般来说只有公安机关有能力采取。在新刑诉法研究过程中，法院提出，第四项"对人身和住宅采取专门性保护措施"，只有公安机关有这个能力，法院、检察院都没有能力采取，建议明确采取该项保护措施的机关为公安机关，或者规定"对于需要采取第四项保护措施的，由人民法院决定，公安机关执行"。考虑到本条"人民法院、人民检察院和公安机关应当采取以下一项或者多项保护措施"的规定已经包含有根据公、检、法三机关部门职能和可能采取的保护措施的实际能力等因素，因此，没有对采取各项保护措施的义务机关分项作出规定。

3. 明确对证人作证的补贴。新刑诉法第 63 条规定："证人因履行作证义务而支出的交通、住宿、就餐等费用，应当给予补助。证人作证的补助列入司法机关业务经费，由同级政府财政予以保障。""有工作单位的证人作证，所在单位不得克扣或者变相克扣其工资、奖金及其他福利待遇。"

本条对证人作证的经费补助明确由同级财政予以保障，并且对证人作证的补助项目作了明确规定，同时，对有工作单位的证人作证，明确其所在单位不得克扣或者变相克扣其工资、奖金和其他福利待遇，有利于将证人作证的补贴和待遇落在实处，进一步提高证人履行作证义务的积极性。

16. 行政机关收集的证据可以在刑事诉讼中作为证据使用吗？

在实践中，许多刑事犯罪案件的发现是从行政违法调查入手的。随着调查的深入，进而发现构成犯罪的案件，不在少数。在调查行政违法时行政机关收集的证据，如工商、税务、监察部门收集的证据，能否直接进入刑事诉讼程序，刑诉法修改前在实践中作法不一，有的直接用到刑事诉讼中，有的要求重新取证，经核实后方可作为证据使用。建议通过立法予以规范。

新刑诉法第 52 条第 2 款规定："行政机关在行政执法和查办案件过程中收集的物证、书证、视听资料、电子数据等证据材料，在刑事诉讼中可以作为证据使用。"

本条规定对行政机关收集的证据做了区分，即对行政机关在执法过程中收集的物证、书证、视听资料、电子数据等证据材料，在刑事诉讼中可以作为证据使用。而其他证据，如口供等言词证据，则不能直接在刑事诉讼中作为证据使用。

之所以这样规定，一是考虑到物证、书证、视听资料、电子数据等证据比言词证据有更强的证明力，具有不可替代性。二是有些重大案件，如重大火灾、铁路事故、海难、矿难事故等，实践中一般都是行政机关先介入调查，对事故原因作出鉴定，而后司法才介入的。如果再由司法机关重新鉴定，不仅成本太大，而且在很多案件中重新鉴定的条件已不复存在。三是行政机关在执法或者办案过程中收集的口供等言词证据，由于其有易变性和不确定性，司法机关重新收集也并不困难，必须由司法机关再行取证，或进行核实后，才能使用。

应当特别指出的是，本条"行政机关在行政执法和查办案件过程中收集的物证、书证、视听资料、电子数据等证据材料"，是指行政机关在执法和查办案件过程中收集到的可以证明行为人实施犯罪行为的物证、书证、视听资料、电子数据等证据材料，如实施犯罪时留下的作案工具和在监控设备中留下的影像资料等证据材料。行政机关在办案过程中讯问犯罪嫌疑人的录音录像不属于刑诉法第52条规定的"在刑事诉讼中可以作为证据使用"的"视听资料"，只不过是讯问时的录像资料而已，与言词证据一样，在大多数情况下，需要由司法机关核实或者重新讯问犯罪嫌疑人、被告人后决定是否用作证据使用。

17. 办案机关能强迫犯罪嫌疑人、被告人证明自己有罪吗？

对于是否应当确立不得强迫自证其罪原则，在全国征求意见过程中，虽存在一定的争论，但绝大多数部门和专家赞成在刑诉法中规定这一原则。认为它不仅是我国已签署的《公民权利和政治权利国际公约》中的一项重要原则，而且也是尊重与保障人权的要求。这一原则的确立对于防止刑讯逼供，保护犯罪嫌疑人、被告人的合法权利具有非常积极的意义。有的还认为仅规定"不得强迫证实自己有罪"是不够的，还应按照国际公约的规定，增加规定"不得强迫任何人作不利于自己的供述"。因为，实践中有时是强迫犯罪嫌疑人、被告人承认某个不利于自己的事实，而不一定强迫他认罪。

新刑诉法第50条确立了"不得强迫自证其罪"原则，该条规定："审判人员、检察人员、侦查人员必须依照法定程序，收集能够证实犯罪嫌疑人、被告人有罪或者无罪、犯罪情节轻重的各种证据。严禁刑讯逼供和以威胁、引诱、欺骗以及其他非法方法收集证据，不得强迫任何人证实自己有罪。必须保证一切与案件有关或者了解案情的公民，有客观地充分地提供证据的条件，除特殊情况外，可以吸收他们协助调查。"

"不得强迫任何人证实自己有罪"，要求办案机关和办案人员严禁采用刑讯逼供、威胁、引诱、欺骗或者其他对犯罪嫌疑人、被告人进行肉体或者精神折磨，以迫使其违背本人意愿作有罪供述的方法审讯犯罪嫌疑人、被告人。

有的意见认为，既然规定了不得强迫自证其罪原则，就应当规定犯罪嫌疑人有沉默权，并删去原实行刑诉法第93条中关于"犯罪嫌疑人对侦查人员的提问，应当如实回答"的规定。犯罪嫌疑人、被告人不愿意回答问题时，不应该强迫其回答问题，否则自相矛盾。但是也有的意见建议不要规定"沉默权"，并且应当保留"犯罪嫌疑人对侦查人员的询问应当如实回答"的规定。认为从联合国的《公民权利和政治权利国际公约》以及其他几个重要国际公约看，虽然明确规定了无罪推定原则和任何人不被强迫自证其罪的原则（即任何人都不得被强迫作不利于自己的证言或被强迫承认犯罪），但是没有直接规定沉默权。即使在英美法系国家中，近几年由于打击犯罪的需要，也对法律规定的沉默权制度作了一些限制性的规定。在法律中只明确规定不得强迫任何人自证其罪，并且将这一规定作为一项证据法中的基本原则，并建立一些相应的制度，以保证取得口供的自愿性和合法性，而不必直接规定"沉默权"。至于"应当如实回答"的规定，这是法律从正面要求的角度作出的规定，亦即犯罪嫌疑人如果要回答，就应当如实回答。对犯罪嫌疑人不如实回答的，法律也未规定任何法律后果。实践中，不少犯罪嫌疑人避重就轻或者作虚假陈述，也并未因此受到任何额外的法律制裁。因此，"应当如实回答"的规定对犯罪嫌疑人并不构成心理上的强制，与"不得强迫任何人证实自己有罪"的规定并不矛盾，建议保留。

新刑诉法第118条规定："侦查人员在讯问犯罪嫌疑人的时候，应当首先讯问犯罪嫌疑人是否有犯罪行为，让他陈述有罪的情节或者无罪的辩解，然后向他提出问题。犯罪嫌疑人对侦查人员的提问，应当如实回答。但是对与本案无关的问题，有拒绝回答的权利。""侦查人员在讯问犯罪嫌疑人的时候，应当告知犯罪嫌疑人如实供述自己罪行可以从宽处理的法律规定。"

新刑诉法在规定严禁刑讯逼供和以其他非法方法收集证据的基础上，又明确规定"不得强迫任何人证实自己有罪"，有利于保障取证活动依法进行，遏制刑讯逼供，保证案件的正确处理，促进司法公正。但新刑诉法并没有规定沉默权，仍然保留了"犯罪嫌疑人对侦查人员的提问，应当如实回答"的规定。并且增加了"侦查人员在讯问犯罪嫌疑人的时候，应当告知犯罪嫌疑人如实供述自己罪行可以从宽处理的法律规定。"主要是考虑到，不得强迫任何人证实自己有罪和沉默权是角度不同的两个问题。犯罪嫌疑人对侦查人员所提的问题，如果不愿意回答，当然不能采取刑讯逼供等非法方法强迫他回答。但是犯罪嫌疑人对于侦查人员的讯问，如果要回答，就应当如实回答，不应当作虚假陈述，误导、干扰侦查活动。《刑法修正案（八）》已经将如实供述自己的罪行规定为可以从轻或者减轻处罚的法定情节。侦查人员在讯问犯罪嫌疑人时，告诉他如实供述自己罪行可以从宽处理的法律规定，体现了法律对犯罪嫌疑人如实供述的鼓励和引导态度，与不强迫自证其罪的原则并不冲突。

18. 被拘留、逮捕的犯罪嫌疑人和被告人能在办案单位羁押吗？

不少地方反映，由于原实行刑事诉讼法对拘留、逮捕后送交看守所羁押未作明确规定，实践中存在一些执法较为随意的情况。有的在拘留、逮捕后较长时间内将犯罪嫌疑人关在派出所、刑警队或者看守所外的其他地方进行讯问。有的将犯罪嫌疑人送交看守所羁押后又提出来押解到其他地点或者"小黑屋"进行长时间讯问。在侦查阶段讯问犯罪嫌疑人出现刑讯逼供的情况，多发生于将犯罪嫌疑人关押进看守所之前和将犯罪嫌疑人提出看守所外进行讯问时。为避免在这些环节发生刑讯逼供，建议在法律中对拘留、逮捕后将犯罪嫌疑人送看守所羁押的时间和讯问地点作出明确规定。

新刑诉法第 83 条第 2 款规定："拘留后，应当立即将被拘留人送看守所羁押，至迟不得超过二十四小时。除无法通知或者涉嫌危害国家安全犯罪、恐怖活动犯罪通知可能有碍侦查的情形以外，应当在拘留后二十四小时以内，通知被拘留人的家属。有碍侦查的情形消失以后，应当立即通知被拘留人的家属。"第 91 条第 2 款规定："逮捕后，应当立即将被逮捕人送看守所羁押。除无法通知的以外，应当在逮捕后二十四小时以内，通知被逮捕人的家属。"第 116 条规定："讯问犯罪嫌疑人必须由人民检察院或者公安机关的侦查人员负责进行。讯问的时候，侦查人员不得少于二人。""犯罪嫌疑人被送交看守所羁押以后，侦查人员对其进行讯问，应当在看守所内进行。"

上述规定对以下问题作了明确规定：一是明确被拘留、逮捕的人必须在 24 小时以内送交看守所羁押；二是对于在看守所羁押的犯罪嫌疑人，讯问只能在看守所内进行。

19. 办案单位需要对讯问过程进行录音或者录像吗？

对犯罪嫌疑人、被告人在讯问时由侦查机关负责进行录音或者录像，是国内一些办案机关已经推行和采用的做法。它有助于保障犯罪嫌疑人的合法权益，遏制刑讯逼供等现象发生，保障犯罪嫌疑人供述的真实性和合法性，也有助于进一步规范侦查行为。刑诉法修改前公安机关已要求对重大案件的审讯应当实行全程录像，检察机关对职务犯罪案件实行全程录音录像，收到了很好效果。一些地方反映，凡是对犯罪嫌疑人讯问时进行全程录音、录像的，产生了三个明显的积极变化：在庭审时被告人声称自己受到刑讯逼供而翻供的大大减少了；侦查人员的讯问水平提高了；侦查人员依法收集证据的意识增强了。

在新刑诉法研究过程中有的意见提出，应当考虑在刑事诉讼法中将对犯罪嫌疑人、被告人讯问时的录音、录像制度固定下来。对于可能被判处 3 年有期徒刑以上刑罚的犯罪嫌疑人、被告人，在讯问时应当全程进行录音、录像。但也有意见提出，刑诉法修改前公安机关办理的案件量很大，各地经济发展很不平衡，在经济发达地区实行这一制度问题不大，但在全国实行有困难，一些边远贫困地区，工资都发不出，没有条件搞录音、录像，建议对录音、录像的范围进行必要的限制。考虑到各地经济发展的不平衡和公安机关、检察机关的现实情况，新刑诉法第 121 条规定："侦查人员在讯问犯罪嫌疑人的时候，可以对讯问过程进行录音或者录像；对于可能判处无期徒刑、死刑的案件或者其他重大犯罪案件，应当对讯问过程进行录音或者录像。""录音或者录像应当全程进行，保持完整性。"

有的检察机关的人提出，检察机关对于职务犯罪案件早在 2006 年按照最高人民检察院的要求就已经实行了讯问全程录音录像，如果按照新刑诉法的规定，检察机关以后对没有可能判处无期徒刑、死刑的职务犯罪案件，讯问时还录音录像吗？应当指出的是，考虑到我国幅员辽阔、经济发展很不平衡，如果规定讯问时录音、录像的案件范围过宽，有些地方难以做到。因此，刑事诉讼法只提出了一个全国各侦查机关必须做到的最低要求，即"对于可能判处无期徒刑、死刑的案件或者其他重大犯罪案件，应当对讯问过程进行录音录像"，即对可能判处无期徒刑、死刑的案件或者其他重大犯罪案件，不论经济条件多差，办案机关在讯问时都必须录音或者录像。录音、录像的目的是防止刑讯逼供、非法取证。检察机关办理职务犯罪案件既然多年前就已经开始实行全程录音录像，而且检察机关也有能力执行，就没有理由再停下来。相反，相信随着人们法治意识的提高、政法经费的增多、录音录像条件的改善，在不久的将来，也会逐步过渡到全国各地侦查机关对办理的所有刑事案件讯问时都录音录像。

在新刑诉法征求意见的过程中，有些部门、专家和律师提出：刑诉法修改前在实践中虽然一些办案机关也在讯问时搞录音、录像，但常常是犯罪嫌疑人不认罪的时候不录，在口供被突破以后才开始录，这样的录音、录像没有实际意义。建议在法律上明确，侦查机关如果在讯问时进行录音或者录像，应当每次讯问都录，并且每次讯问都要全程录。必须保证录音录像是讯问的完整记录，不能断章取义；录音录像制作完毕，讯问双方及有关责任人员应当当面封存，妥善保管，以备查核。因此，新刑诉法第 121 条第 2 款明确规定："录音或者录像应当全程进行，保持完整性。"这是对讯问时录音、录像的一个最基本的要求。至于录音、录像的具体操作规程，包括讯问主体和录制主体应当分离，录音录像的存档、保管、查询等问题，留由制定录音录像细则时去作具体规定。

20. 新刑诉法对律师在侦查阶段的身份和职责作了怎样的修改？

新刑诉法明确了辩护律师在刑事诉讼中的职责和权利。原刑诉法第 35 条规定："辩护人的责任是根据事实和法律，提出证明犯罪嫌疑人、被告人无罪、罪轻或者减轻、免除其刑事责任的材料和意见，维护犯罪嫌疑人、被告人的合法权益。"

专家学者和律师普遍反映，这条关于律师职责的规定在实践中主要存在两个问题：一是将律师的辩护范围仅限于实体权利，忽视了对犯罪嫌疑人、被告人程序权利的辩护。实践中，办案人员程序违法的行为屡屡发生，有的严重侵犯犯罪嫌疑人、被告人的合法权利。由于刑事诉讼法对律师的程序性辩护权未作规定，很多情况下律师的程序辩护意见得不到办案机关和人员的尊重和采纳，不利于遏制办案人员的程序违法行为，也不利于维护当事人的合法权益。二是将辩护权的内容定位为辩护人"提出证明犯罪嫌疑人、被告人无罪、罪轻或者减轻、免除其刑事责任的材料和意见"，"证明"二字，很容易使人产生误解，认为辩护律师须承担一定的举证责任，将证明责任推给律师，显然对律师的辩护活动理解有误，同刑事诉讼的原理是相悖的。

鉴于此，新刑诉法第 35 条规定："辩护人的责任是根据事实和法律，提出犯罪嫌疑人、被告人无罪、罪轻或者减轻、免除其刑事责任的材料和意见，维护犯罪嫌疑人、被告人的诉讼权利和其他合法权益。"

上述规定在内容上有两点修改：一是将维护犯罪嫌疑人和被告人的诉讼权利增加规定到辩护律师的职责中，有利于辩护律师在刑事诉讼中对程序违法行为提出意见，更好地维护犯罪嫌疑人、被告人的诉讼权利；二是删除了"证明"二字，进一步明确律师的职责只是提出无罪、罪轻或者减轻、免除刑事责任的材料和意见，而非承担举证责任。

此外，为了更好地保护犯罪嫌疑人和被告人的合法权益，新刑诉法将原实行法律规定仅限于犯罪嫌疑人和被告人才有权行使的要求审判人员、检察人员、侦查人员回避、申请复议的权利也赋予了辩护律师。新刑诉法第 31 条第 2 款规定："辩护人、诉讼代理人可以依照本章的规定要求回避、申请复议。"

新刑诉法明确了律师在侦查阶段作为辩护人享有的权利。新刑诉法第 36 条规定："辩护律师在侦查期间可以为犯罪嫌疑人提供法律帮助；代理申诉、控告；申请变更强制措施；向侦查机关了解犯罪嫌疑人涉嫌的罪名和案件有关情况，提出意见。"

新刑诉法对律师在侦查阶段会见犯罪嫌疑人时拥有的权利和可以了解的内容作出了明确规定，这一方面可以防止辩护律师在侦查阶段对权利的滥用，另一方面也可以限制办案机关对律师依法行使诉讼权利任意约束，有利于确保辩护律师能够依法履行职责，增强办案机关和办案人员为律师依法执业提供相应支持与便利的意识。

21. 新刑诉法是如何解决侦查阶段犯罪嫌疑人委托律师难问题的？

原刑诉法规定"犯罪嫌疑人在被侦查机关第一次讯问后"有权聘请律师，但在立法调研中律师普遍反映，有的办案机关在"后"字上做文章，将"第一次讯问后"犯罪嫌疑人聘请律师的时间有的拖得长达几天、几周甚至更长时间，使法律规定的犯罪嫌疑人委托律师的权利大打折扣。另外，犯罪嫌疑人一旦被羁押，失去人身自由，其辩护权的行使就大打折扣。有的本人要请律师，办案机关不予转达；有的其亲属虽然为其聘请了律师，律师要求会见时办案机关往往说犯罪嫌疑人没说要请律师或者说本人拒绝请律师，不准会见，严重阻碍了犯罪嫌疑人辩护权的行使。

考虑到犯罪嫌疑人、被告人在整个诉讼阶段均享有辩护权，处于羁押状态对其聘请律师会造成较大影响。新刑诉法第33条规定："犯罪嫌疑人自被侦查机关第一次讯问或者采取强制措施之日起，有权委托辩护人；在侦查期间，只能委托律师作为辩护人。被告人有权随时委托辩护人。""侦查机关在第一次讯问犯罪嫌疑人或者对犯罪嫌疑人采取强制措施的时候，应当告知犯罪嫌疑人有权委托辩护人。人民检察院自收到移送审查起诉的案件材料之日起三日以内，应当告知犯罪嫌疑人有权委托辩护人。人民法院自受理案件之日起三日以内，应当告知被告人有权委托辩护人。犯罪嫌疑人、被告人在押期间要求委托辩护人的，人民法院、人民检察院和公安机关应当及时转达其要求。""犯罪嫌疑人、被告人在押的，也可以由其监护人、近亲属代为委托辩护人。""辩护人接受犯罪嫌疑人、被告人委托后，应当及时告知办理案件的机关。"

新刑诉法对于犯罪嫌疑人委托律师作了如下规定：

1. 明确犯罪嫌疑人自被侦查机关第一次讯问或者采取强制措施之日起，有权委托辩护人，使犯罪嫌疑人委托辩护人的时间更加明确。

2. 明确规定了侦查机关告知犯罪嫌疑人有权委托辩护人的法定义务，即侦查机关在第一次讯问犯罪嫌疑人或者对犯罪嫌疑人采取强制措施的时候，应当告知犯罪嫌疑人有权委托辩护人。明确告知义务有助于让犯罪嫌疑人了解并依法行使好自己的辩护权利。

3. 明确犯罪嫌疑人、被告人在押的，其监护人、近亲属可以代为委托辩护人，以有效缓解刑诉法修改前在实践中反映强烈的犯罪嫌疑人委托辩护律师难的问题。

4. 明确规定公、检、法机关应当及时转达在押犯罪嫌疑人、被告人委托辩护人的要求，有助于解决委托律师难问题。

5. 对被监视居住的人委托辩护人问题也作出了明确规定。新刑诉法第73条第3款规定："被监视居住的犯罪嫌疑人、被告人委托辩护人，适用本法第三十三条的规定。"即犯罪嫌疑人在被侦查机关第一次讯问或者被决定监视居住之日起，有权委托辩护人。

6. 明确在侦查期间，只能委托律师作为辩护人。考虑到侦查活动的特殊性、律师自身的专业性及律师的执业规范和职业道德准则，新刑诉法第33条明确规定，犯罪嫌疑人在侦查期间，只能委托律师作为辩护人。明确律师在侦查期间的辩护人地位，有利于保障律师在侦查期间的执业权利。为便于侦查机关了解犯罪嫌疑人委托辩护人的情况，保障接受委托的律师依法行使会见权等诉讼权利，新刑诉法第33条第4款规定："辩护人接受犯罪嫌疑人、被告人委托后，应当及时告知办理案件的机关。"

22. 新刑诉法是否扩大了法律援助的范围？

新刑诉法第34条规定："犯罪嫌疑人、被告人因经济困难或者其他原因没有委托辩护人的，本人及其近亲属可以向法律援助机构提出申请。对符合法律援助条件的，法律援助机构应当指派律师为其提供辩护。""犯罪嫌疑人、被告人是盲、聋、哑人，或者是尚未完全丧失辨认或者控制自己行为能力的精神病人，没有委托辩护人的，人民法院、人民检察院和公安机关应当通知法律援助机构指派律师为其提供辩护。""犯罪嫌疑人、被告人可能被判处无期徒刑、死刑，没有委托辩护人的，人民法院、人民检察院和公安机关应当通知法律援助机构指派律师为其提供辩护。"

与原实行法律规定相比，新刑诉法在法律援助上有以下几个变化：一是法律援助的时间由原实行规定仅限于审判阶段提前到了侦查阶段，使侦查、审查起诉、审判等整个诉讼阶段都可以提供法律援助，时间大大提前。二是扩大了法律援助的对象范围。由原来的盲、聋、哑、未成年被告人和可能判处死刑的被告人扩大到具有上述情形的犯罪嫌疑人和尚未完全丧失辨认，或者控制自己行为能力的精神病人，以及可能判处无期徒刑以上刑罚的犯罪嫌疑人。三是法律援助的律师由原实行规定的法院指定改为由司法机关通知法律援助机构，再由法律援助机关指派律师。这些变化，有利于加强对于特殊群体的法律援助，也有利于法律援助事业的发展。

23. 新刑诉法在律师会见问题上作了怎样的规定？

原刑诉法第 96 条规定，律师"可以会见在押的犯罪嫌疑人，向犯罪嫌疑人了解有关案件情况。律师会见在押的犯罪嫌疑人，侦查机关根据案件情况和需要可以派员在场"。针对律师会见犯罪嫌疑人难问题，1998 年六部委在联合发布的《关于刑事诉讼法实施中若干问题的规定》第 11 条明确规定："律师提出会见犯罪嫌疑人的，应当在四十八小时内安排会见。"

法律专家和律师普遍反映，刑诉法修改前律师在侦查阶段会见在押的犯罪嫌疑人，仍然受到诸多限制。具体表现在：第一，很多地方的侦查机关要求律师会见在押的犯罪嫌疑人，都须预先提出申请，报侦查机关审批。而侦查机关对于辩护律师提出会见的要求通常都会采取拖延、搪塞的消极态度，主要理由包括：案件涉及国家秘密、会见有碍侦查、办案人员不在、领导出差、这段时间太忙过些日子再安排会见，等等。办案人员在实践中将"安排"实际上变为"批准"，能够在 48 小时内安排会见的只是极少数。第二，原刑诉法关于"涉及国家秘密的案件，律师会见在押的犯罪嫌疑人，应当经侦查机关的批准"的表述，在实践中也被滥用。一些侦查机关对本不属于国家秘密的案件仍以涉及国家秘密为由对律师会见犯罪嫌疑人横加限制。第三，一些地方侦查机关在会见时不许律师向犯罪嫌疑人了解案情，有的采取录音、摄像等监控手段，使律师和犯罪嫌疑人无法正常交谈。第四，有的侦查机关对律师会见的次数、时间等作出诸多限制。

律师会见权从形式上讲，是律师与犯罪嫌疑人的会见，但意义并非仅在于此。通过律师与犯罪嫌疑人的会见，律师能够了解案情，为律师在刑事诉讼中履行辩护职责创造条件。因此，对律师会见权的内容作出具体规定很有必要。

新刑诉法第 37 条第 2 款至第 5 款规定："辩护律师持律师执业证书、律师事务所证明和委托书或者法律援助公函要求会见在押的犯罪嫌疑人、被告人的，看守所应当及时安排会见，至迟不得超过四十八小时。""危害国家安全犯罪、恐怖活动犯罪、特别重大贿赂犯罪案件，在侦查期间辩护律师会见在押的犯罪嫌疑人，应当经侦查机关许可。上述案件，侦查机关应当事先通知看守所。""辩护律师会见在押的犯罪嫌疑人、被告人，可以了解案件有关情况，提供法律咨询等；自案件移送审查起诉之日起，可以向犯罪嫌疑人、被告人核实有关证据。辩护律师会见犯罪嫌疑人、被告人时不被监听。""辩护律师同被监视居住的犯罪嫌疑人、被告人会见、通信，适用第一款、第三款、第四款的规定。"

上述规定，重点对两个问题进行了明确：

1. 明确律师凭"三证"即可会见犯罪嫌疑人。2007 年修订的《律师法》规定了律师凭"三证"有权会见犯罪嫌疑人、被告人。刑事诉讼法吸收了这个内容。本条规定"辩护律师持律师执业证书、律师事务所证明和委托书或者法律援助公函要求会见在押的犯罪嫌疑人、被告人的，看守所应当及时安排会见，至迟不得超过四十八小时。"需要特别指出的是，法律规定的"及时安排会见，至迟不得超过四十八小时"，是说看守所安排律师实际见到犯罪嫌疑人的时间至迟不得超过 48 小时，而绝不是像有些地方的办案机关和人员仅从有利于自己办案的角度，对法律作歪曲解释，认为只是要求看守所在 48 小时以内作出安排会见的决定，至于实际见到犯罪嫌疑人的时间则有可能是安排在--周后、半月甚至更长的时间之后。

2. 删除了"涉及国家秘密的案件"的表述，对律师会见犯罪嫌疑人须经许可的案件范围作了明确规定。律师会见权虽然重要，但综观各国的法律规定，并不是在所有阶段对任何性质的案件都可以不加限制地行使。尤其是在近年来反恐形势越来越严峻的情况下，不少国家都呈现出对律师会见限制趋严的趋势。鉴于刑诉法修改前在实践中律师会见犯罪嫌疑人，一些办案人员对本不属于国家秘密的案件以案件涉及国家秘密为由随意对会见进行不合理限制，本条规定中删除了"涉及国家秘密的案件"这种易引起歧义、实践中掌握标准又很不一致的模糊字眼，从维护国家安全、公共安全和惩治腐败的需要考虑，对辩护人会见犯罪嫌疑人需经过许可的三类特殊案件进行了明确规定，即第 37 条规定的"危害国家安全犯罪、恐怖活动犯罪、特别重大贿赂犯罪案件"，并且要求侦查机关应当将上述三类案件事先通知看守所。如果看守所没有接到侦查机关于这三类案件的事先通知，不能以自己认为属于这三类案件为由拒绝律师会见。除法律明确规定这三类特殊案件以外的其他案件，辩护人会见犯罪嫌疑人无须批准。应当特别指出的是，律师会见上述三类案件的在押犯罪嫌疑人须经许可时间仅限于侦查期间，不是不让会见，只是需要经过许可。法律作出明确规定，有利于防止羁押场所对于辩护律师行使会见权作出其他不合理限制。

24. 辩护律师会见犯罪嫌疑人、被告人时办案人员可以在场监听吗?

犯罪嫌疑人、被告人作为被指控涉嫌犯罪的人，绝大部分被办案部门采取了强制措施，处于被羁押、限制人身自由的状态，其诉讼权利的实现会受到一些限制。此时，请求与聘请的律师会见，寻求律师提供法律帮助，是实现其诉讼权利的有效途径。律师在不被监听的条件下会见犯罪嫌疑人和被告人，可以使犯罪嫌疑人和被告人无所顾虑地向律师谈案情，或者其所受到的刑讯逼供等违法行为。保障律师对于案情有较全面的了解，进而保障犯罪嫌疑人和被告人辩护权的行使，这也是国际司法准则对律师会见在押的犯罪嫌疑人、被告人的基本要求。联合国《关于律师作用的基本原则》中规定，"在遭逮捕、拘留或监禁的所有的人应有充分机会、时间和便利条件，毫无迟延地、在不被窃听、不经检查和完全保密情况下接受律师来访和与律师联系协商。这种协商可在执法人员能看得见但听不见的范围内进行。"

在征求意见的过程中，有的部门提出，鉴于我国律师队伍的整体素质和职业道德水平还不高，会见不被监听应有例外，如对于危害国家安全犯罪、恐怖活动犯罪、重大贿赂犯罪等案件，应当允许监听或者侦查人员在场，可以防止个别律师有违法行为，也有利于保证律师的人身安全。考虑到当事人会见律师，属于行使辩护权的一个重要方面，应当予以保障。律师如果通过会见当事人进行串供、作伪证，刑法已规定要追究刑事责任。实践中不排除极少数律师在会见时为犯罪嫌疑人通风报信，但如果因为极少数人的行为而使会见监听合法化，不利于维护当事人的合法权益，也不利于律师执业，还可能造成群众对司法机关公信力的怀疑。考虑到对于危害国家安全犯罪、恐怖活动犯罪和特别重大贿赂犯罪案件，律师会见犯罪嫌疑人应当经过许可法律已经作了规定，因此，没有对律师会见犯罪嫌疑人不被监听规定例外情形。"不被监听"，不仅包括不能用技术监控设备监听，也包括律师会见时不能派人在场用耳朵听。侦查人员可以在"眼睛看得见耳朵听不见"的地方进行监督。当然，律师会见不被监听，为律师执业提供了保障，也对律师严格遵守法律和职业道德提出了更高的要求。辩护律师在执业中不得有法律明确禁止的不得帮助犯罪嫌疑人隐匿、销毁、伪造证据或者串供等行为，否则将受到法律的制裁。

25. 新刑诉法为辩护律师在审查起诉阶段阅卷提供了哪些便利？

阅卷权是辩护人的一项重要权利。通过阅卷，可以确认对犯罪嫌疑人、被告人的指控是否可靠、充分，发现案件疑点，选择辩护路径。一些法学专家和律协提出，原刑诉法修改前，律师到法院还可以查阅到全部案卷。原刑诉法修改后，在审查起诉阶段，律师在检察院只能查阅诉讼文书、技术性鉴定材料。由于检察院在向法院起诉时只提供证据目录、证人名单和主要证据复印件或者照片，致使律师在审判阶段也不能看到完整的案卷，难以全面了解案件情况，实际上限制了律师的阅卷权，在庭审中的辩护功能也因此被削弱。建议规定在审查起诉阶段，应当允许律师查阅全部案卷材料，确保律师能够了解案件事实和证据材料，有效行使辩护权。

新刑诉法第 38 条规定："辩护律师自人民检察院对案件审查起诉之日起，可以查阅、摘抄、复制本案的案卷材料。其他辩护人经人民法院、人民检察院许可，也可以查阅、摘抄、复制上述材料。"

应当指出的是，刑事诉讼法修正案在第一审时将律师的阅卷范围从原实行的"本案的诉讼文书、技术性鉴定材料"修改为"本案所指控的犯罪事实的材料"，第二审时又进一步修改为"本案的案卷材料"，即本案关于犯罪嫌疑人有罪、无罪的所有案卷材料。法律作这样的规定有几方面的考虑：一是案件一旦进入审查起诉阶段，意味着侦查活动已经终结，有关证据材料已经被侦查人员收集在案并加以固定，辩护律师及其他辩护人了解、掌握这些材料对侦查活动已无妨碍。二是在审查起诉阶段，检察机关的职责是对办案机关移送的案件事实、证据、法律以及程序等方面进行客观、全面的审查，以决定是否对本案提起公诉。让辩护人查阅案件的所有材料，有助于辩护人从维护犯罪嫌疑人、被告人合法利益的角度发现案件办理存在的问题，提出有事实依据的辩护意见，这对于检察机关对案件作出客观、公正、正确的审查决定也是有利的。三是对辩护人阅卷范围作出明确规定，可以防止办案机关和办案人员对辩护人阅卷作任意限制，对辩护人的阅卷权也是一种保障。

26. 新刑诉法为律师调查取证提供了哪些便利？

考虑到辩护人的调查取证权是不具有强制力的权利，实践中不仅辩护律师在调查取证时会遇到有关单位和个人拒绝提供相关证据材料的情形，而且公安机关、检察机关也反映，他们在办案收集证据过程中也常常遇到公民或者单位拒绝提供证据的问题。因此，不论是否删除刑诉法修改前相关条文中的规定，律师调查取证如果没有征得当事人的同意或者愿意，很难收集到证据。在这种情况下，比较好的解决办法是辩护律师行使刑诉法第 41 条赋予的可通过公权力调取证据的权利，即辩护人"可以申请人民检察院、人民法院收集、调取证据，或者申请人民法院通知证人出庭作证。"

为了解决公安机关、检察机关可能发生的对有利于犯罪嫌疑人、被告人的证据材料不提交的问题，保障律师有效行使辩护权，新刑诉法第 39 条规定："辩护人认为在侦查、审查起诉期间公安机关、人民检察院收集的证明犯罪嫌疑人、被告人无罪或者罪轻的证据材料未提交的，有权申请人民检察院、人民法院调取。"

同时，为了防止错案的发生和更加及时、充分地保护犯罪嫌疑人的合法权益，新刑诉法第 40 条对辩护人应当告知公安机关、检察机关的证据范围也作了明确规定："辩护人收集的有关犯罪嫌疑人不在犯罪现场、未达到刑事责任年龄、属于依法不负刑事责任的精神病人的证据，应当及时告知公安机关、人民检察院。"

关于如何规定辩护律师的证据告知义务，有的办案机关提出，律师在审查起诉阶段可以查阅、复制、摘抄全部案卷材料，律师却只向检察机关告知少数几项证据，不平衡。建议明确辩护人应将收集的所有拟向法庭出示的证据都向检察机关出示，并规定辩护人不向检察机关出示证据的法律后果。对此，一些专家、律师则认为不应规定律师的证据告知义务，担心有的办案机关知道律师手中不负刑事责任的相关证据后可能会找相关证人做工作改变有关证据，使律师在法庭的辩护更加困难。

考虑到辩护律师的职责主要是依据法律和事实维护犯罪嫌疑人的合法权益，对于"犯罪嫌疑人不在犯罪现场、未达到刑事责任年龄、属于依法不负刑事责任的精神病人"等明显不应当追究其当事人刑事责任的证据，及时告知公安机关、检察机关，不仅有利于尽早解除限制其当事人人身自由的强制措施，使其早日解脱，维护其合法权益，而且也可以使公安机关、检察机关及时调整侦查方向，节省有限司法资源。无论对侦查机关、辩护律师还是其当事人，都是有利的，因此，新刑诉法第40条规定"辩护人收集的有关犯罪嫌疑人不在犯罪现场、未达到刑事责任年龄、属于依法不负刑事责任的精神病人的证据，应当及时告知公安机关、人民检察院"。除此以外的其他证据，辩护人有权不告知上述两机关。

27. 新刑诉法对办案机关听取律师意见和送达律师法律文书作了怎样的规定？

对已经发生的冤假错案的研究表明，办案机关没有认真听取律师的辩护意见是造成冤假错案的重要原因之一。刑诉法修改前在刑事诉讼中对办案机关听取律师意见没有规定具体程序，缺乏可操作性。另外，全国律协反映，原刑诉法对于办案机关的告知义务虽然有一些规定，但是对于辩护人如何获得诉讼文书的问题却缺乏相应的规定。辩护人在进行辩护活动的过程中，无法得到涉及犯罪嫌疑人、被告人权益的诉讼文书，也无法获得某些关系刑事诉讼程序变更的诉讼文书，这就导致其无法有效地开展辩护活动，不利于保障犯罪嫌疑人、被告人的合法权益。如办案机关采取一些涉及犯罪嫌疑人、被告人权益的措施或者作出判决、裁定时，由于原实行法律没有将法律文书送达律师的规定，有的犯罪人已被交付执行刑罚，律师连判决结果还不知道，使律师很尴尬、被动。

新刑诉法针对诉讼活动中几个关键的办案节点中办案机关应当认真听取辩护人意见和将法律文书送达辩护律师作了具体规定。其中第159条规定："在案件侦查终结前，辩护律师提出要求的，侦查机关应当听取辩护律师的意见，并记录在案。辩护律师提出书面意见的，应当附卷。"第 160 条规定："公安机关侦查终结的案件，应当做到犯罪事实清楚，证据确实、充分，并且写出起诉意见书，连同案卷材料、证据一并移送同级人民检察院审查决定；同时将案件移送情况告知犯罪嫌疑人及其辩护律师。"第 170 条规定："人民检察院审查案件，应当讯问犯罪嫌疑人，听取辩护人、被害人及其诉讼代理人的意见，并记录在案。辩护人、被害人及其诉讼代理人提出书面意见的，应当附卷。"第 182 条规定："人民法院决定开庭审判后，应当确定合议庭的组成人员，将人民检察院的起诉书副本至迟在开庭十日以前送达被告人及其辩护人。""在开庭以前，审判人员可以召集公诉人、当事人和辩护人、诉讼代理人，对回避、出庭证人名单、非法证据排除等与审判相关的问题，了解情况，听取意见。""人民法院确定开庭日期后，应当将开庭的时间、地点通知人民检察院，传唤当事人，通知辩护人、诉讼代理人、证人、鉴定人和翻译人员，传票和通知书至迟在开庭三日以前送达。公开审判的案件，应当在开庭三日以前先期公布案由、被告人姓名、开庭时间和地点。""上述活动情形应当写入笔录，由审判人员和书记员签名。"第 196 条规定："宣告判决，一律公开进行。""当庭宣告判决的，应当在五日以内将判决书送达当事人和提起公诉的人民检察院；定期宣告判决的，应当在宣告后立即将判决书送达当事人和提起公诉的人民检察院。判决书应当同时送达辩护人、诉讼代理人。"第 240 条第 1 款规定："最高人民法院复核死刑案件，应当讯问被告人，辩护律师提出要求的，应当听取辩护律师的意见。"

28. 律师知道的委托人的一切情况都有义务向办案机关保密吗？

我国传统上强调查明犯罪事实，打击犯罪。原刑诉法没有考虑为查明事实真相所损害的相关社会利益。对于像律师行业这样的特定行业，如果没有律师与其客户之间的信赖关系，律师将很难顺畅地开展业务，最终对于维护司法公正、防止冤假错案的发生是不利的。新刑诉法第 46 条肯定了律师有免予作证的权利，并且根据维护国家利益的要求作了一些例外规定，即"辩护律师对在执业活动中知悉的委托人的有关情况和信息，有权予以保密。但是，辩护律师在执业活动中知悉委托人或者其他人，准备或者正在实施危害国家安全、公共安全以及严重危害他人人身安全的犯罪的，应当及时告知司法机关。"

根据律师职业的特点和律师法的规定，律师对在执业活动中知悉的不利于其委托人的已经发生的事实情况，要为委托人保密。换句话说，律师享有免予作证的权利，自然也就免除了律师作证的义务。但是，本条也规定了一个例外情形，即辩护律师在执业活动中知悉其委托人或者其他人，准备或者正在实施危害国家安全、公共安全以及严重危害他人人身安全的犯罪的，应当及时告知司法机关。

之所以这样规定，主要是考虑到与律师为不利于其委托人的已经发生的事实情况保密所保护的利益相比，准备或者正在实施的危害国家安全、公共安全和他人人身安全犯罪所侵害的社会利益更值得保护。因此，在这种情况下，法律规定律师应当及时告知司法机关。

29. 新刑诉法规定辩护人不得有哪些妨碍诉讼的行为？

在面向全国征求意见过程中，有关部门、专家和社会公众普遍认为，我国的律师队伍总体上是好的，但也有少部分律师在为犯罪嫌疑人和被告人行使辩护权过程中，抱着"收人钱财，替人消灾"的错误观念，违背职业道德，帮助当事人隐匿、毁灭、伪造证据，妨碍诉讼活动。因此，应当对辩护人的禁止行为作出明确规定。

原刑诉法第 38 条规定："辩护律师和其他辩护人，不得帮助犯罪嫌疑人、被告人隐匿、毁灭、伪造证据或者串供，不得威胁、引诱证人改变证言或者作伪证以及进行其他干扰司法机关诉讼活动的行为。"律师和专家学者普遍认为，该条规定太宽泛，界定笼统，不够严谨、科学和公正。尤其是该条关于"引诱证人违背事实改变证言"的规定，成为一些地方办案机关和办案人员打击、报复辩护律师的依据，在司法实践中给律师办理刑事案件带来很大的执业风险。侦查实践中一些办案机关和办案人员对犯罪嫌疑人和被告人采用刑讯逼供、指供和诱供，对证人使用暴力、威胁手段逼取证言。有些证人在办案机关的重压之下，说了一些不符合事实的、违心的话，待辩护律师向其调查取证时才敢将真实情况说出，这样改变后的证言虽然回归了事实真相，但却与其原先的口供、证言有较大差异和不同。实践中一些办案机关和办案人员将律师会见后犯罪嫌疑人、被告人改变供述，证人改变证言作为追究律师伪证罪的"有力证据"，而是否"违背事实"则又由办案机关或者办案人员主观认定，容易引发对辩护律师的职业报复行为。这样的结果造成了律师普遍不愿意受理刑事案件，不利于刑事辩护制度的发展，也不利于国家法制建设，建议对本条规定予以修改。新刑诉法第 42 条作了如下规定："辩护人或者其他任何人，不得帮助犯罪嫌疑人、被告人隐匿、毁灭、伪造证据或者串供，不得威胁、引诱证人作伪证以及进行其他干扰司法机关诉讼活动的行为。""违反前款规定的，应当依法追究法律责任，辩护人涉嫌犯罪的，应当由办理辩护人所承办案件的侦查机关以外的侦查机关办理。辩护人是律师的，应当及时通知其所在的律师事务所或者所属的律师协会。"

上述规定与原实行规定相比作了以下修改：

1. 考虑到证人改变证言的原因比较复杂，有的因为受到刑讯逼供或者暴力威胁，原先的证言就是假的，使证言回归真实不一定就是坏事，也未必就是律师引诱的结果，不能与作伪证混为一谈。修改后的规定删除了原条文中的"改变证言"，只保留"不得威胁、引诱证人作伪证"的规定。

2. 考虑到辩护律师一旦涉嫌辩护人妨害作证罪，肯定会对侦查机关的正常办案形成干扰，负责办理此案的侦查机关对涉嫌犯罪的律师在心理上固有的排斥倾向和前期侦查工作带有的主观印象难以保证能客观全面取证，对涉案律师公正对待。为避免办理同一案件的侦查机关随意对辩护人以律师伪证罪立案侦查，保护律师权利和对律师涉嫌伪证罪案件公正处理，同时，也便于律师协会和律师事务所对律师的管理和维护涉案律师的合法权益，本条增加规定，明确"辩护人涉嫌犯罪的，应当由办理辩护人所承办案件的侦查机关以外的侦查机关办理。辩护人是律师的，应当及时通知其所在的律师事务所或者所属的律师协会。"这样规定，有助于防止追究辩护人伪证罪的程序被滥用的情况发生。

在新刑诉法讨论过程中，有的专家和律师提出，现在一些办案机关以律师伪证罪抓律师的案件往往发生在律师代理案件后调查取证、为案件辩护过程中，案件事实到底是什么，律师是否伪证在法院作出生效判决以前往往控辩双方各执一词，而办案机关在律师办案过程中就把律师抓起来使得案件辩护无法进行。建议对于涉嫌伪证罪的律师，应当等法院对该案审理结束作出判决后才能启动刑事追究程序。但是经研究，考虑到现实情况很复杂，如果辩护律师实施了法律禁止的帮助证人作伪证的行为，有时情形还很严重，在这种情况下，还让他继续履行律师职责，进行所谓辩护活动显然是不合适的，显然不利于维护司法公正。在有些情况下，需要马上展开侦查。因此，对这个意见没有采纳。

新刑诉法在全国征求意见过程中，一些专家和律师提出，刑诉法第42条与刑法第306条的规定涉及律师伪证罪，是对律师的歧视，严重影响律师执业，应当删除。这个意见有些误解。首先，帮助犯罪嫌疑人、被告人隐匿、毁灭、伪造证据或者串供，威胁证人作伪证等行为，是严重妨害刑事诉讼的行为。无论在中国还是在外国，任何人实施上述行为，构成犯罪的，均应当依法追究刑事责任，辩护人也不应例外。其次，我国刑法对毁灭证据、伪造证据等妨害作证行为，除了在刑法第306条规定对辩护人、诉讼代理人追究刑事责任外，在第305条、第307条中对司法工作人员、证人、鉴定人、记录人、翻译人员等诉讼参与人，以及其他案外人有上述行为的，同样也规定了刑事责任，不存在歧视辩护人问题。另外，考虑到本条在刑诉法"辩护与代理"一节中，且将主体由原实行规定的"辩护人"修改为"辩护人和其他任何人"，并没有专门针对辩护人的意思。

30. 新刑诉法对取保候审制度作了哪些新的规定？

1. 进一步明确取保候审的适用条件，扩大适用范围。立法调研中普遍反映，取保候审和监视居住作为限制犯罪嫌疑人、被告人人身自由的强制措施，二者在人身自由的限制程度、适用期限和对违反应当遵守的规定的处理上有很大差别，采取何种强制措施本应与犯罪的轻重及行为人的社会危害性相适应，但却规定了同样的适用条件，造成了适用对象的随意性。在实践中，同样的情况有的适用取保候审，有的则采取监视居住。建议进一步明确区分适用取保候审和监视居住的条件，增强可操作性。

新刑诉法第65条规定："人民法院、人民检察院和公安机关对有下列情形之一的犯罪嫌疑人、被告人，可以取保候审：（一）可能判处管制、拘役或者独立适用附加刑的；（二）可能判处有期徒刑以上刑罚，采取取保候审不致发生社会危险性的；（三）患有严重疾病、生活不能自理，怀孕或者正在哺乳自己婴儿的妇女，采取取保候审不致发生社会危险性的；（四）羁押期限届满，案件尚未办结，需要采取取保候审的。""取保候审由公安机关执行。"

本条修改将取保候审的对象范围在原实行法律规定的可能判处管制、拘役或者独立适用附加刑的，以及可能判处有期徒刑以上刑罚，采取取保候审不致发生社会危险性的犯罪嫌疑人和被告人的基础上，又扩大了两类人：一类是"患有严重疾病、生活不能自理，怀孕或者正在哺乳自己婴儿的妇女，采取取保候审不致发生社会危险性的"，充分体现了人道主义和人文关怀；另一类是"羁押期限届满，案件尚未办结，需要采取取保候审措施的"，清楚地表明取保候审可以作为羁押的替代措施，对于减少羁押有重要作用。

2. 进一步完善被取保候审人应当遵守的规定。立法调研中普遍反映，作为一种非羁押性强制措施，刑诉法修改前在执行中由于对被取保候审人履行的义务不够具体，监督管理不到位，以至于群众普遍认为"犯罪了，刚抓起来就放回来，又没事了"。建议进一步完善被取保候审人应当遵守的规定，加强对被取保候审的监督管理。

新刑诉法第69条规定："被取保候审的犯罪嫌疑人、被告人应当遵守以下规定：（一）未经执行机关批准不得离开所居住的市、县；（二）住址、工作单位和联系方式发生变动的，在二十四小时以内向执行机关报告；（三）在传讯的时候及时到案；（四）不得以任何形式干扰证人作证；（五）不得毁灭、伪造证据或者串供。""人民法院、人民检察院和公安机关可以根据案件情况，责令被取保候审的犯罪嫌疑人、被告人遵守以下一项或者多项规定：（一）不得进入特定的场所；（二）不得与特定的人员会见或者通信；（三）不得从事特定的活动；（四）将护照等出入境证件、驾驶证件交执行机关保存。""被取保候审的犯罪嫌疑人、被告人违反前两款规定，已交纳保证金的，没收部分或者全部保证金，并且区别情形，责令犯罪嫌疑人、被告人具结悔过，重新交纳保证金、提出保证人，或者监视居住、予以逮捕。""对违反取保候审规定，需要予以逮捕的，可以对犯罪嫌疑人、被告人先行拘留。"

本条对被取保候审人应当遵守的义务除了增加"住址、工作单位和联系方式发生变动的，在二十四小时以内向执行机关报告"外，还对被取保候审人增加了诸如不得进入特定场所、从事特定活动、与特定的人会见或者通讯等禁止性的规定，而且明确，"对于违反取保候审规定，需要予以逮捕的，可以对犯罪嫌疑人、被告人先行拘留"。这些完善，对于及时掌握被取保候审人的行踪，保证其及时到案和不干扰案件侦查和办理，保证诉讼程序的正常进行，具有重要意义。

3. 进一步明确取保候审保证金的确定、收取和退还。原刑诉法第53条规定，取保候审，应当责令犯罪嫌疑人、被告人提出保证人或者交纳保证金。但法律对保证金的数额、收取和退回没有具体规定，实际执行中较为混乱。一是保证金数额的确定任意性很大，低的几百元、上千元人民币，高的达几百万元甚至更多。二是保证金的交纳不规范，实践中滥收保证金的现象十分严重。一些地方把收取取保候审保证金作为单位创收的手段，公、检、法三机关分别决定取保候审，谁决定谁收取保证金，造成对同一被取保候审人不同机关重复收取保证金；有的地方在决定取保候审时，人保、财产保措施一起用；有的即便被取保候审人没有违反规定，保证金也不予退还；有的被取保候审人在向决定机关讨要保证金时，又被以种种借口羁押起来。各方普遍建议刑事诉讼法修改应当对保证金的确定、收取和退还，作出明确具体规定。

新刑诉法第70条规定："取保候审的决定机关应当综合考虑保证诉讼活动正常进行的需要，被取保候审人的社会危险性，案件的性质、情节，可能判处刑罚的轻重，被取保候审人的经济状况等情况，确定保证金的数额。""提供保证金的人应当将保证金存入执行机关指定银行的专门账户。"第71条规定："犯罪嫌疑人、被告人在取保候审期间未违反本法第六十九条规定的，取保候审结束的时候，凭解除取保候审的通知或者有关法律文书到银行领取退还的保证金。"

31. 新刑诉法对监视居住措施的定位和适用范围作了哪些调整？

1. 明确监视居住主要作为逮捕的替代措施的法律定位、适用范围和执行机关。普遍反映，原刑诉法由于对监视居住的适用条件、对象规定不明确，加上监视居住的居所不宜选定、警力不足，检察机关和公安机关在实践中对监视居住措施很少适用，有的将监视居住异化为变相羁押。

新刑诉法第72条规定："人民法院、人民检察院和公安机关对符合逮捕条件，有下列情形之一的犯罪嫌疑人、被告人，可以监视居住：（一）患有严重疾病、生活不能自理的；（二）怀孕或者正在哺乳自己婴儿的妇女；（三）系生活不能自理的人的唯一扶养人；（四）因为案件的特殊情况或者办理案件的需要，采取监视居住措施更为适宜的；（五）羁押期限届满，案件尚未办结，需要采取监视居住措施的。""对符合取保候审条件，但犯罪嫌疑人、被告人不能提出保证人，也不交纳保证金的，可以监视居住。""监视居住由公安机关执行。"

考虑到监视居住的特点和实际执行情况，新刑诉法将监视居住定位于逮捕的替代措施，并规定了与取保候审不同的适用条件。本条规定前五类监视居住对象主要是针对符合逮捕条件，但由于犯罪嫌疑人、被告人和案件的特殊情况或者办理案件的需要，对其不逮捕羁押而采取监视居住措施的情形。只有第六类是个例外，"符合取保候审条件，但犯罪嫌疑人、被告人不能提出保证人，也不交纳保证金的，也可以监视居住。"这种例外情况，如果与逮捕羁押相比，也体现了尽量减少羁押的立法思想。法律从刑事诉讼需要和公民人身权利保护的角度，对于监视居住措施进行重新定位，既有利于发挥这一措施保证诉讼正常进行的作用，也体现了人道主义和对公民人身权利的维护和保障。

本条起草过程中，有的意见建议将"监视居住由公安机关执行"修改为"监视居住由决定机关执行"。理由是，虽然原实行刑诉法规定公安机关负责监视居住的具体执行，但实践中对于检察机关决定监视居住的，由于公安机关警力有限以及检察机关办案需要等原因，基本上是检察机关自己执行。决定机关对案件情况更为了解，在监视居住过程中对犯罪嫌疑人会见、通信、人身控制等方面的要求更为具体明确，由公安机关执行易因不了解有关情况而出现问题。考虑到监视居住的执行主要在基层，公安机关的派出机构一直设到社区，民警每天工作在社区，而检察机关在社区没有派出机构，检察官的职能和警力也决定了难以对监视居住的犯罪嫌疑人和被告人做到全天候监督。因此，新刑诉法还是维持了"取保候审由公安机关执行"的规定。

2. 对指定监视居住严格限制适用范围，并对通知家属和检察院监督作出明确规定。监视居住场所主要有两个：有固定住处的在自己的住处，无固定住处的在办案机关指定的居所。这是一种"法律规定的原则和例外的关系"。但在实际执行当中，有些办案机关不论犯罪嫌疑人、被告人有没有固定住处，一律在"指定的居所"予以监视居住；有的把指定监视居住的地点设在办案单位内部设立的"办案点"或者羁押场所，把指定监视居住变成了变相羁押，这样做有违立法本意。

新刑诉法第73条规定："监视居住应当在犯罪嫌疑人、被告人的住处执行；无固定住处的，可以在指定的居所执行。对于涉嫌危害国家安全犯罪、恐怖活动犯罪、特别重大贿赂犯罪，在住处执行可能有碍侦查的，经上一级人民检察院或者公安机关批准，也可以在指定的居所执行。但是，不得在羁押场所、专门的办案场所执行。""指定居所监视居住的，除无法通知的以外，应当在执行监视居住后二十四小时以内，通知被监视居住人的家属。""被监视居住的犯罪嫌疑人、被告人委托辩护人，适用本法第三十三条的规定。""人民检察院对指定居所监视居住的决定和执行是否合法实行监督。"

本条规定，对监视居住作了以下明确规定：第一，再次确认了主要在犯罪嫌疑人、被告人的住处执行监视居住的原则。第二，对需在指定居所监视居住的对象范围、决定程序和执行地点作了明确规定。将在指定居所监视居住的对象范围严格限制在两类人：一是符合监视居住条件但无固定住处的；二是涉嫌危害国家安全犯罪、恐怖活动犯罪、特别重大贿赂犯罪这三类犯罪，在住处执行监视居住可能有碍侦查的。对指定居所监视居住的案件适用范围作明确限定可以防止随意扩大指定居所监视居住范围的现象发生。第三，对指定居所监视居住的批准程序、执行地点作明确规定。指定居所监视居住须"经上一级人民检察院或者公安机关批准"，但是"不得在羁押场所、专门的办案场所执行"。这些规定有利于防止随意扩大指定居所监视居住的对象范围和变相羁押现象的发生。第四，对指定居所监视居住通知家属和委托辩护人作出明确规定。原刑诉法没有对指定居所监视居住后通知家属的规定。综合考虑打击犯罪和保护犯罪嫌疑人、被告人权利的需要，本条明确规定，指定居所监视居住的，除无法通知的以外，应当在24小时以内通知家属。第五，为防止监视居住措施在实践中被滥用，明确"人民检察院对指定居所监视居住的决定和执行是否合法实行监督。"

32. 新刑诉法对监视居住加强监督和折抵刑期作了哪些新的规定？

1. 完善对被监视居住人的监督手段。被监视居住的人绝大部分属于本应逮捕但有特殊情况的犯罪嫌疑人或者被告人，具有一定的社会危险性，有些还有妨碍侦查的可能。因此，进一步加强对监视居住的监控力度很有必要。借鉴国外的先进经验，新刑诉法第76条规定："执行机关对被监视居住的犯罪嫌疑人、被告人，可以采取电子监控、不定期检查等监视方法对其遵守监视居住规定的情况进行监督；在侦查期间，可以对被监视居住的犯罪嫌疑人的通信进行监控。"

2. 明确指定居所监视居住的期限应当折抵刑期。考虑到指定居所监视居住毕竟在一定程度上限制了犯罪嫌疑人和被告人的人身自由，而作为刑罚的管制、拘役、有期徒刑对人身自由的限制程度有所不同。因此，指定监视居住在折抵刑期时也不一样。新刑诉法第74条规定："指定居所监视居住的期限应当折抵刑期。被判处管制的，监视居住一日折抵刑期一日；被判处拘役、有期徒刑的，监视居住二日折抵刑期一日。"

33. 新刑诉法对传唤、拘传措施进行了哪些修改？

原刑诉法第92条规定，对于不需要逮捕、拘留的犯罪嫌疑人，传唤、拘传持续的时间最长不得超过12小时。调研中，公安机关反映，拘传12小时期限过短。许多刑事案件无法在12小时之内对犯罪嫌疑人讯问完毕，如果拘传后需要转刑事拘留，又来不及办手续，因此一旦采取拘传措施，势必超时违法。我国《治安管理处罚法》第83条、《警察法》第9条有询问查证24小时或留置盘问48小时的规定。实践中，不少办案人员往往对符合拘传条件的犯罪嫌疑人先留置盘问，再拘传12小时。对于违法的人尚且可以询问查证或者留置盘问可以长达48小时，对于犯罪嫌疑人限定12小时传讯显然不尽合理。

检察机关反映，由于职务犯罪特别是贿赂案件不留现场，物证极少，侦查手段严重不足，立案前初查阶段能够获取的证据十分有限，因此口供十分重要。而犯罪嫌疑人的受讯认罪心理要经历抵触、试探、动摇、交代等几个阶段，从最初的抵触到开口供述犯罪事实，需要经过激烈的内心斗争，一般在12小时内不可能完成这种心理转变。按照刑诉法修改前规定的时限，检察机关不仅要在12小时内获取犯罪嫌疑人口供，还要与其他证据核实、印证，以作出是否进一步采取其他强制措施的决定，时间明显不够。建议将拘传时限延长到24小时，有利于我国有关法律规定之间的衔接与协调。此外，为避免讯问的疲劳战，还应当保证被拘传人有足够的休息时间。

修改后的刑诉法第117条第2款至第3款规定："传唤、拘传持续的时间不得超过十二小时；案情特别重大、复杂，需要采取拘留、逮捕措施的，传唤、拘传持续的时间不得超过二十四小时。""不得以连续传唤、拘传的形式变相拘禁犯罪嫌疑人。传唤、拘传犯罪嫌疑人，应当保证犯罪嫌疑人的饮食和必要的休息时间。"

本条对传唤、拘传强制措施进行了以下修改：

1. 只有案情特别重大、复杂的案件，需要采取拘留、逮捕措施的，传唤、拘传持续时间方可延长至24小时。如果案件不符合上述条件，不得延长传唤、拘传的时间。

2. 原刑诉法对于传唤、拘传的适用程序，两次传唤、拘传之间的时间间隔等没有明确规定，导致实践中传唤、拘传异化为变相拘禁手段的现象层出不穷。针对实践中有的办案机关在传唤时限期满时，允许被传唤人回家，但在回家途中办案机关又再次送达传票，搞连续传唤的情况，本条规定，"不得以连续传唤、拘传的形式变相拘禁犯罪嫌疑人。"

3. 为防止办案人员以法律已将传唤时间延长至 24 小时为名，对被传唤、拘传的人搞疲劳讯问，本条规定，"传唤、拘传犯罪嫌疑人，应当保证犯罪嫌疑人的饮食和必要的休息时间。"

34. 根据新刑诉法，逮捕的条件和程序是怎样的？

1. 明确了逮捕条件，增强可操作性。原刑诉法第 60 条规定："对有证据证明有犯罪事实，可能判处徒刑以上刑罚的犯罪嫌疑人、被告人，采取取保候审、监视居住等方法，尚不足以防止发生社会危险性，而有逮捕必要的，应即依法逮捕。"实务部门和法律专家普遍认为，当前在逮捕方面存在的主要问题是捕人太多，羁押成为常态，实践中基本上是够罪即捕，这种情况与我们党和国家的少捕政策不符，应当改变，但造成这一局面的主要原因与法律规定不完善有密切关系。"不足以防止发生社会危险性"不好掌握，没有人敢保证放出去都绝对不致危害社会，所以只能是采取保守做法，可捕可不捕的都逮捕。此外，"有逮捕必要的"含义也不清楚，实践中争议较大。最高人民检察院、公安部虽作出解释和规定，也没有彻底解决这一问题。实践中许多地方掌握的批捕条件与起诉、定罪的条件相同。公安机关不得不将本来可以在逮捕后开展的侦查工作提前到刑事拘留阶段来做，工作压力很大。这也是造成实践中普遍延长拘留期限至 30 日，甚至出现刑讯逼供等现象的一个重要原因。

针对这些问题，新刑诉法第 79 条规定："对有证据证明有犯罪事实，可能判处徒刑以上刑罚的犯罪嫌疑人、被告人，采取取保候审尚不足以防止发生下列社会危险性的，应当予以逮捕：（一）可能实施新的犯罪的；（二）有危害国家安全、公共安全或者社会秩序的现实危险的；（三）可能毁灭、伪造证据，干扰证人作证或者串供的；（四）可能对被害人、举报人、控告人实施打击报复的；（五）企图自杀或者逃跑的。""对有证据证明有犯罪事实，可能判处十年有期徒刑以上刑罚的，或者有证据证明有犯罪事实，可能判处徒刑以上刑罚，曾经故意犯罪或者身份不明的，应当予以逮捕。""被取保候审、监视居住的犯罪嫌疑人、被告人违反取保候审、监视居住规定，情节严重的，可以予以逮捕。"

本条规定删除了"有逮捕必要的"这样意思含糊的字眼，并将"社会危险性"的判断标准细化，使逮捕条件更具可操作性。是否逮捕可分为三种情形：第一种是有证据证明有犯罪事实，可能判处徒刑以上刑罚，具有实施新的犯罪、干扰诉讼、危害社会秩序等现实危险的；第二种是有证据证明有犯罪事实，可能判处 10 年以上重刑，或者虽然可能判处徒刑以上刑罚，但有故意犯罪前科或者身份不明的；第三种是违反取保候审、监视居住规定，情节严重的。

2. 对检察院审查批捕讯问犯罪嫌疑人作了明确规定。有关部门和专家反映，长期以来检察机关审查批准逮捕主要是审查公安机关报送的提请逮捕文书和案卷材料，缺少当面听取犯罪嫌疑人陈述或辩解这个环节，这既不利于全面了解案情、准确查明犯罪事实，正确掌握逮捕标准，也不利于及时发现侦查活动中的违法行为，维护犯罪嫌疑人的合法权益。最高人民检察院近些年已经会同公安部进行了审查批捕讯问犯罪嫌疑人、听取犯罪嫌疑人供述或辩解的改革工作，有效地防止了错捕的发生，有利于更好地把握逮捕的必要性，也有利于发现并纠正侦查活动中的违法行为，在提高审查逮捕案件质量，强化侦查监督、维护犯罪嫌疑人的合法权益等方面都取得了明显成效。建议将批准逮捕时，应当讯问犯罪嫌疑人，听取律师的意见，这些实践中的成功做法以法律形式予以肯定。

新刑诉法第 86 条规定："人民检察院审查批准逮捕，可以讯问犯罪嫌疑人；有下列情形之一的，应当讯问犯罪嫌疑人：（一）对是否符合逮捕条件有疑问的；（二）犯罪嫌疑人要求向检察人员当面陈述的；（三）侦查活动可能有重大违法行为的。""人民检察院审查批准逮捕，可以询问证人等诉讼参与人，听取辩护律师的意见；辩护律师提出要求的，应当听取辩护律师的意见。"

35. 拘留、逮捕犯罪嫌疑人后必须立即送看守所羁押和通知家属吗？

从实践来看，公安机关在拘留、逮捕犯罪嫌疑人后，一般能够做到在 24 小时内送交看守所。除法律规定不予通知的情形外，基本上能够做到 24 小时内通知家属。但在实践中也存在因怕麻烦或者怕妨碍侦查而拖延通知或者干脆不通知的情况，有的家属就在本地也不通知。这显然不利于保护被拘留、逮捕人的合法权益。

新刑诉法第 83 条规定："公安机关拘留人的时候，必须出示拘留证。""拘留后，应当立即将被拘留人送看守所羁押，至迟不得超过二十四小时。除无法通知或者涉嫌危害国家安全犯罪、恐怖活动犯罪通知可能有碍侦查的情形以外，应当在拘留后二十四小时以内，通知被拘留人的家属。有碍侦查的情形消失以后，应当立即通知被拘留人的家属。"第 91 条规定："公安机关逮捕人的时候，必须出示逮捕证。""逮捕后，应当立即将被逮捕人送看守所羁押。除无法通知的以外，应当在逮捕后二十四小时以内，通知被逮捕人的家属。"

原刑诉法规定，拘留、逮捕后，除有碍侦查或者无法通知的情形以外，应当把拘留、逮捕的原因和羁押的处所，在 24 小时以内，通知被拘留人、被逮捕人的家属。其中，"有碍侦查"情形的界限比较模糊。新刑诉法删去了逮捕后有碍侦查不通知家属的例外规定，明确规定，采取逮捕措施的，除无法通知的以外，应当在逮捕后 24 小时以内通知家属。同时，缩小了拘留后因有碍侦查不通知家属的范围，仅限于涉嫌危害国家安全犯罪、恐怖活动犯罪，并规定有碍侦查的情形消失以后，应当立即通知被拘留人的家属。综合考虑惩治犯罪和保护犯罪嫌疑人、被告人权利的需要，对采取强制措施后不通知家属的例外情况作出严格限制，体现了对人权的保障。

36. 刑诉法修改后，检察院自行侦办的案件的拘留期限是多长？

检察机关反映，与一般刑事案件相比，职务犯罪案件绝大多数不仅案情复杂，而且具有隐蔽性、团伙性、智能性等特点，犯罪嫌疑人反侦查能力较强，调查取证比较困难。刑诉法修改前省级以下（不含省级）人民检察院办理职务犯罪案件需要逮捕犯罪嫌疑人的，由上一级人民检察院审查批准，以加强对检察机关立案侦查案件的监督。"上提一级"改革使职务犯罪案件的审查逮捕程序更加严格，逮捕标准把握上也更加规范，但异地报送案件材料、异地讯问犯罪嫌疑人、异地送达法律文书等，使办案期限不足的矛盾更加突出，建议根据办案实际，将拘留期限适当延长。新刑诉法第 165 条将检察机关自侦案件对被拘留人审查批捕的时间由原实行的 14 日延长到 17 日，既基本满足办案需要，也符合打击犯罪和保障人权相平衡原则。该条规定："人民检察院对直接受理的案件中被拘留的人，认为需要逮捕的，应当在十四日以内作出决定。在特殊情况下，决定逮捕的时间可以延长一日至三日。对不需要逮捕的，应当立即释放；对于需要继续侦查，并且符合取保候审、监视居住条件的，依法取保候审或者监视居住。"

37. 犯罪嫌疑人被羁押后就要一押到底吗？

不少部门和专家指出，在我国，对犯罪嫌疑人、被告人是否采取刑事强制措施，采取何种措施，完全由公安机关或检察院一方决定，作为被控诉一方的犯罪嫌疑人、被告人只能被动接受，没有任何反对的权利，缺乏有效的司法救济手段。这是造成刑诉法修改前羁押率过高、超期羁押的主要原因。我国的公诉案件被判处 3 年有期徒刑以下刑罚的占到 2/3 以上，换句话讲，公诉案件理论上可以宣告缓刑的案件占到 2/3 以上，但公诉案件的羁押率却高达 90％。实践中一个人一旦被批捕，往往从此无人过问，一直羁押到法院判决生效，以至于有的人犯罪性质、情节并不严重，有的本不用判处剥夺自由刑，但由于羁押时间太长，法院不得已只好根据已经羁押的期限判处刑罚，宣判后立即释放。建议从减少羁押、保障人权、保障诉讼顺利进行的要求出发，完善对羁押强制措施的变更，加强对超期羁押的法律监督，切实防止和纠正对犯罪嫌疑人的超期羁押问题。新刑诉法对以下几个问题作了明确规定：

1. 明确公安机关、检察机关和人民法院对凡是羁押期限届满的犯罪嫌疑人、被告人，必须释放或者变更强制措施。新刑诉法第 96 条规定："犯罪嫌疑人、被告人被羁押的案件，不能在本法规定的侦查羁押、审查起诉、一审、二审期限内办结的，对犯罪嫌疑人、被告人应当予以释放；需要继续查证、审理的，对犯罪嫌疑人、被告人可以取保候审或者监视居住。"第 97 条规定："人民法院、人民检察院或者公安机关对被采取强制措施法定期限届满的犯罪嫌疑人、被告人，应当予以释放、解除取保候审、监视居住或者依法变更强制措施。犯罪嫌疑人、被告人及其法定代理人、近亲属或者辩护人对于人民法院、人民检察院或者公安机关采取强制措施法定期限届满的，有权要求解除强制措施。"

需要指出的是，原刑诉法第 75 条规定，公检法机关对"被采取强制措施超过法定期限的"，应当予以释放、解除或者依法变更强制措施；犯罪嫌疑人、被告人及其法定代理人、近亲属或者辩护人对于公检法机关"采取强制措施超过法定期限的"，有权要求解除强制措施。但专家、律师反映，在实践中一些办案机关往往以法律规定"超过法定期限"，但并没有规定超过多长时间为由，拖延解除或者变更强制措施的时间。据此，新刑诉法第 97 条将"采取强制措施超过法定期限的"修改为"采取强制措施法定期限届满的"，使法律条文的含义和所指的时间节点更加明确。

2. 赋予犯罪嫌疑人、被告人及其法定代理人、近亲属、辩护人申请变更刑事强制措施的权利，并明确有关机关应当在 3 日内作出决定。被采取刑事强制措施的犯罪嫌疑人、被告人及其法定代理人、近亲属、辩护人认为公安机关、人民检察院、人民法院采取的刑事强制措施不当时，有申请变更的权利。针对实践中有些当事人及其律师向有关机关提出变更强制措施的申请，有关部门长期不予理睬或者迟迟不予答复的现实情况，刑事诉讼法明确规定了有关机关对申请作出决定的时间。

新刑诉法第 95 条规定："犯罪嫌疑人、被告人及其法定代理人、近亲属或者辩护人有权申请变更强制措施。人民法院、人民检察院和公安机关收到申请后，应当在三日以内作出决定；不同意变更强制措施的，应当告知申请人，并说明不同意的理由。"

3. 设立对在押人员羁押必要性的定期审查机制。新刑诉法第 93 条规定："犯罪嫌疑人、被告人被逮捕后，人民检察院仍应当对羁押的必要性进行审查。对于不需要继续羁押的，应当建议予以释放或者变更强制措施。有关机关应当在十日以内将处理情况通知人民检察院。"

建立对在押人员羁押必要性的定期审查机制，是对原实行逮捕制度的一项重要改革。对改变刑诉法修改前一旦批准逮捕，无人过问，一押到底的状况有重要意义。这个定期审查机制主要是通过人民检察院监所检察部门获取的在押人员的一些信息，如所犯罪行的性质、情节是否严重，犯罪事实是否已经查清，本人对所犯罪行是否有坦白、自首、立功和悔罪情节，是否积极赔偿受害人，在本地有无固定居所、工作单位等方面的信息，对其人身危险性作一综合评估后，决定是否有继续羁押的必要。人民检察院定期进行羁押必要性审查，既可依法律监督职能或者在侦查机关请求延长逮捕羁押期限时依职权主动进行，也可在犯罪嫌疑人、被告人及其家属或者辩护人向检察机关提出解除、变更羁押措施时被动进行。人民检察院审查后认为不需要继续羁押的，应当建议予以释放或者变更强制措施。有关机关应当在 10 日以内将处理情况通知人民检察院。

需要指出的是，逮捕后对在押人员的羁押必要性审查与捕前逮捕必要性审查的重点是不一样的。逮捕前因案件还在侦查之中，逮捕必要性审查多将不逮捕是否会毁灭、伪造证据，实施新的犯罪等作为考量的重点。而逮捕后的羁押必要性审查通常是在逮捕一段时期以后进行，主要评估有无继续危害社会的可能，能否保障诉讼顺利进行。

38. 新刑诉法对技术侦查措施适用的范围和程序是怎样规定的?

新刑诉法第 148 条规定："公安机关在立案后，对于危害国家安全犯罪、恐怖活动犯罪、黑社会性质的组织犯罪、重大毒品犯罪或者其他严重危害社会的犯罪案件，根据侦查犯罪的需要，经过严格的批准手续，可以采取技术侦查措施。""人民检察院在立案后，对于重大的贪污、贿赂犯罪案件以及利用职权实施的严重侵犯公民人身权利的重大犯罪案件，根据侦查犯罪的需要，经过严格的批准手续，可以采取技术侦查措施，按照规定交有关机关执行。""追捕被通缉或者批准、决定逮捕的在逃的犯罪嫌疑人、被告人，经过批准，可以采取追捕所必需的技术侦查措施。"

1. 明确技术侦查措施的适用范围。对技术侦查措施适用的范围进行严格限制是现代法治国家的普遍做法。本条对技术侦查措施适用范围的限定体现了重罪原则和必要性原则。所谓重罪原则，即技术侦查措施只能适用于法律明文规定的严重犯罪。具体来讲，就是本条规定的公安机关侦查的危害国家安全犯罪、恐怖活动犯罪、黑社会性质的组织犯罪、重大毒品犯罪或者其他严重危害社会的犯罪案件和检察机关负责侦查的重大的贪污、贿赂犯罪案件以及利用职权实施的严重侵犯公民人身权利的重大犯罪案件。"根据侦查犯罪的需要"，则体现了必要性原则，是指只有在采用其他侦查手段难以取得证据或者有重大危险时，才使用技术侦查措施获取证据。由于使用电子监听、秘密拍照、秘密录音录像等技术侦查手段会侵犯公民的隐私权，因而应当严格控制这种手段的适用，以防止任意适用或适用范围过大而侵犯人权。

除上述案件外，实践中还有一些犯罪证据已经查明罪该逮捕，或者已被检察院批准逮捕、法院决定逮捕但本人在逃的犯罪嫌疑人、被告人，早日将其捉拿归案不仅有利于对他们绳之以法，而且也可使社会公众免受犯罪威胁。因此本条规定，追捕被通缉或者批准、决定逮捕的在逃的犯罪嫌疑人、被告人，经过批准，可以采取追捕所必需的技术侦查措施。

2. 明确公安机关、检察机关使用技术侦查措施的批准程序和执行机关。根据新刑诉法第 148 条的规定，公安机关和检察机关"经过严格的批准手续，可以采取技术侦查措施。"新刑诉法在全国征求意见的过程中，不少意见建议将"经过严格的批准手续"进一步明确和具体化。有的建议规定明确"经地级或者省级以上公安机关或者检察机关批准"，否则具体执行时还是不知道应当由谁批准。考虑到公安机关和检察机关所管辖案件的种类、性质有很大不同，两机关使用技术侦查措施的批准程序也不一样。长期以来，根据国家有关规定，实际批准程序一直十分严格，远非"经地级或者省级以上公安机关或者检察机关批准"一句话所能概括得准确。因此，法律对"经过严格的批准手续"没作具体规定，留由其他规范性文件作具体规定。

在研究技术侦查措施的决定和执行机关时，检察机关提出，我国的检察机关主要承担国家工作人员贪污贿赂犯罪的立案侦查，这类案件有不留犯罪现场、发现难、调查取证难、证据固定难等特点。一些犯罪人很容易利用各种关系串供、毁灭证据、阻碍侦查工作，甚至进行反侦查活动。除贪污贿赂案件外，其他如滥用职权、徇私枉法、刑讯逼供等职务犯罪都存在同样问题。由于检察机关没有使用技术侦查措施的权力，实践中多借用其他部门技术侦查手段。虽然其他机关确实在协助检察机关侦破案件方面给予了很大帮助，但也存在一些问题：一是其他机关使用技术侦查力量侦办的案件量大，任务繁重，对于协助检察机关使用技术侦查措施往往显得力不从心，难以满足检察机关侦查工作的需要；二是由于其他机关技术侦查人员很难把握哪些信息应当及时收集和反馈给检察机关，时常出现有些重要和关键的信息没有被收集或沟通不及时，从而失去取得证据的最佳时机等工作脱节现象；三是有的机关在协助检察机关利用技术侦查措施侦办案件时还收取费用，有的一案一收，有的一年一结，很不规范。因此，建议刑诉法应当赋予检察机关自行决定和使用技术侦查措施的职权。

经研究，考虑到赋予检察机关决定采取技术侦查措施的权力是司法实践的需要，也是《联合国反腐败公约》的要求，鉴于检察机关自行立案侦查的案件范围主要是国家工作人员利用职权实施的贪污、贿赂和渎职犯罪案件，采取技术侦查措施所针对的对象是国家工作人员，这些犯罪案件的性质与国家安全机关、公安机关负责立案侦查的危害国家安全、危害公共安全、侵犯公民人身权利民主权利等犯罪有很大不同，需要特别慎重。新刑诉法虽然赋予检察机关有采取技术侦查措施的决定权，但对采取技术侦查措施的具体执行机关，仍然沿用原实行的做法，由公安机关或者国家安全机关执行。因此，第 148 条第 2 款规定，"人民检察院在立案后，对于重大的贪污、贿赂犯罪案件以及利用职权实施的严重侵犯公民人身权利的重大犯罪案件，根据侦查犯罪的需要，经过严格的批准手续，可以采取技术侦查措施，按照规定交有关机关执行。"这里的"按照规定交有关机关执行"，是指由检察机关决定采取技术侦查措施后，由国家安全机关、公安机关具体执行。

39. 新刑诉法对"控制下交付"等秘密侦查措施作了怎样的规定?

在打击犯罪侦查活动中，侦查机关除了使用技术侦查措施外，还使用秘密侦查措施。所谓秘密侦查措施，是与采用技术手段进行窃听、秘照、监听的技术侦查措施相对应的另一种特殊侦查手段，主要通过秘密派遣人员完成，包括派遣秘密侦查人员和在犯罪组织内部、社会上发展特情、线人、信息员以及控制下交付。所谓控制下交付，是指侦查人员在发现与违禁品有关的犯罪线索或者查获违禁品后，将违禁品置于侦查机关的严密监控下将其放行，以此发现犯罪组织者和其他犯罪嫌疑人的一种特殊侦查手段。控制下交付是联合国禁毒公约、打击跨国有组织犯罪公约、反腐败公约规定的一项特殊侦查措施，在毒品犯罪案件中使用较多，有的还涉及跨境控制下交付。对此作出明确规定，有利于将秘密侦查措施也纳入法制轨道。

新刑诉法第 151 条规定："为了查明案情，在必要的时候，经公安机关负责人决定，可以由有关人员隐匿其身份实施侦查。但是，不得诱使他人犯罪，不得采用可能危害公共安全或者发生重大人身危险的方法。""对涉及给付毒品等违禁品或者财物的犯罪活动，公安机关根据侦查犯罪的需要，可以依照规定实施控制下交付。"

40. 采用侦查措施收集的材料可以作为诉讼证据使用吗?

刑诉法修改前实践中使用技术侦查措施获取的证据大都通过证据转换才在诉讼中使用。这个做法是在法律没作规定，只有在相关文件规定技术侦查措施应当严格保密的情况下出现。因为法官、检察官不能直接接触到技术侦查获取的信息，侦查机关只能以各种形式将证据"转换"使用。这种做法是否符合刑诉法关于证据应当查证属实才能作为定案根据的规定，是有疑虑的。此次刑诉法修改将技术侦查措施和秘密侦查措施作为收集证据的合法手段在法律中明确作了规定，并且规定采取这两种特殊侦查措施所收集的材料在诉讼中可以作为证据使用，这在司法实践中有重要现实意义。考虑到通过秘密侦查措施收集的材料作为证据在诉讼中使用不当可能会危及有关秘密侦查人员的人身安全或者产生其他严重后果，刑诉法对使用此类证据时应当采取保护措施也作了明确规定。

新刑诉法第152条规定："依照本节规定采取侦查措施收集的材料在刑事诉讼中可以作为证据使用。如果使用该证据可能危及有关人员的人身安全，或者可能产生其他严重后果的，应当采取不暴露有关人员身份、技术方法等保护措施，必要的时候，可以由审判人员在庭外对证据进行核实。"

应当指出的是，新刑诉法在全国征求意见过程中，有一些意见对在刑诉法中明确规定技术侦查措施表示担心，认为这样就使技术侦查措施合法化了，可能会使侦查机关使用技术侦查措施时有恃无恐，导致秘密侦查盛行。这种担心是个误解，是片面的。技术侦查措施不仅中国有，外国也有，而且使用的历史更长。世界上一些法治国家大多在刑诉法或者其他法律中对技术侦查措施的使用作出规定，目的是将该措施的使用纳入法制轨道，防止权力滥用。实际上，不管普通公民知道与否，技术侦查措施在我国已经使用多年。本次修法针对技术侦查措施在实践中反映出来的问题，对技术侦查措施的适用范围、批准程序、执行主体、适用对象和期限、侦查人员的保密义务和采取技术侦查措施获取信息材料的处理都作了明确、具体的规定，将过去秘密使用的技术侦查措施完全纳入法治的轨道，目的之一是通过法律手段对侦查机关使用技术侦查措施进行约束和限制，防止权力滥用。很显然，对保护公民通信自由、个人隐私等合法权益，都具有重要的现实意义，体现了法治的进步。

41. 新刑诉法对人身检查和对财产的处置措施有怎样的修改？

1. 完善人身检查的规定。原刑诉法规定，为了确定被害人、犯罪嫌疑人的某些特征、伤害情况或者生理状态，可以对人身进行检查。侦查机关反映，近些年来的侦查实践已经证明，对被害人、犯罪嫌疑人的人身检查仅限于一些体表特征是远远不够的。被害人、犯罪嫌疑人的指纹和生物样本对于还原犯罪现场、认定或者排除犯罪嫌疑人，侦破犯罪案件有时起着更为重要的作用。建议修改完善人身检查的相关规定，增加采集指纹、血液尿液等生物样本的内容。

新刑诉法第130条规定："为了确定被害人、犯罪嫌疑人的某些特征、伤害情况或者生理状态，可以对人身进行检查，可以提取指纹信息，采集血液、尿液等生物样本。""犯罪嫌疑人如果拒绝检查，侦查人员认为必要的时候，可以强制检查。""检查妇女的身体，应当由女工作人员或者医师进行。"

2. 完善查封、扣押、冻结措施。侦查机关从追究犯罪的需要出发，对犯罪财产进行查封、扣押、冻结是必要的。原刑诉法规定，检察机关、公安机关根据侦查犯罪的需要，可以依照规定查询、冻结犯罪嫌疑人的存款、汇款。但在调研中侦查机关反映，改革开放 30 多年来，随着我国经济社会的发展、人民收入的增加和生活水平的提高，财产早已不只是过去所说的那点存款、汇款了，财产的形态已经多样化了，有的变成了债券，有的以股票、基金份额等形式存在。侦查机关根据侦查犯罪的需要，除存款、汇款外，对其他形式的财产也应当可以查询、冻结。建议在法律上予以明确。

新刑诉法第 142 条规定："人民检察院、公安机关根据侦查犯罪的需要，可以依照规定查询、冻结犯罪嫌疑人的存款、汇款、债券、股票、基金份额等财产。有关单位和个人应当配合。""犯罪嫌疑人的存款、汇款、债券、股票、基金份额等财产已被冻结的，不得重复冻结。"

42. 新刑诉法为什么要加强对侦查活动的监督？

各方面意见普遍认为，在我国，侦查机关的权力过大，监督制约很少，加之刑诉法修改前侦查人员的总体素质还不高，在侦查活动中存在的问题较多，有些已经引起社会公众的强烈反映，如不注意加以解决，会成为影响公正廉洁执法的突出问题。主要表现在：一是侦查机关可以自己决定采取除逮捕以外的其他任何涉及限制或者剥夺公民人身自由的强制性措施，如拘留、取保候审、监视居住、人身检查等，但是刑诉法对如何监督没有规定。随意采取强制措施、超期羁押现象屡见不鲜。二是侦查机关有权决定采取对财产的强制性措施，涉及对公民财产权利的限制，如查封、扣押、冻结和对住宅的搜查等，却没有对这些措施的监督作出规定。如实践中有的随意扩大查封、扣押、冻结的范围；有的案件中被侦查机关查封、扣押、冻结的财物，法院判决认为不属于犯罪的赃款、赃物，没有判决追缴或者没收，但侦查机关却拒绝将这些财物退还给当事人，侵犯了当事人的合法权益。由于搜查、查封、扣押、冻结没有纳入监督范围，也没有规定当事人对办案机关采取这些措施不服的救济途径，造成四处上访。三是根据原实行法律规定，刑诉法修改前检察机关只在审查批捕环节才有机会对侦查机关的侦查活动有一点监督制约，对于侦查机关的违法取证行为检察机关往往难以及时发现，对刑讯逼供等违法行为，往往只有在出现了犯罪嫌疑人重伤、死亡的后果时才能立案查处——监督的滞后和无力使得刑讯逼供等违法行为屡禁不止，难以有效遏制和纠正。建议刑事诉讼法修改加强对侦查活动的监督制约，尤其是加强当事人对违法取证行为、被采取强制措施不服的救济途径。

43. 新刑诉法在哪些方面加强了对侦查活动的法律监督？

1. 进一步明确检察机关审查批准逮捕的程序。原刑诉法规定，侦查机关要求逮捕犯罪嫌疑人，应当由人民检察院审查批准，但对检察院审查批捕的程序规定的不够具体。在总结实践经验的基础上，新刑诉法将原刑诉法规定的检察机关对公安机关报送的提请批捕的材料主要由书面审查变为当面讯问犯罪嫌疑人，并听取辩护律师的意见，有利于保证人民检察院正确行使批准逮捕权，防止错误逮捕。

新刑诉法第 86 条规定："人民检察院审查批准逮捕，可以讯问犯罪嫌疑人；有下列情形之一的，应当讯问犯罪嫌疑人：（一）对是否符合逮捕条件有疑问的；（二）犯罪嫌疑人要求向检察人员当面陈述的；（三）侦查活动可能有重大违法行为的。""人民检察院审查批准逮捕，可以询问证人等诉讼参与人，听取辩护律师的意见；辩护律师提出要求的，应当听取辩护律师的意见。"

2. 检察机关应当对指定居所监视居住的决定和执行进行监督。这次刑诉法修改将监视居住定位于逮捕的替代措施，并规定了与取保候审不同的适用条件。同时规定对于涉嫌危害国家安全犯罪、恐怖活动犯罪、特别重大贿赂犯罪的犯罪嫌疑人，在住处执行监视居住可能有碍侦查的，经上一级人民检察院或者公安机关批准，可以在指定的居所执行，但是不得在羁押场所和专门的办案场所执行。为防止这一措施在实践中被滥用，新刑诉法第 73 条第 4 款规定："人民检察院对指定居所监视居住的决定和执行是否合法实行监督。"

3. 检察机关应当对在押人员进行羁押必要性的定期审查。针对刑诉法修改前公诉案件的逮捕羁押率过高问题，这次刑事诉讼法修改增加了检察机关对在押人员羁押必要性的定期审查程序，有利于强化人民检察院对羁押措施的监督，防止超期羁押和不必要的关押。新刑诉法第 93 条规定："犯罪嫌疑人、被告人被逮捕后，人民检察院仍应当对羁押的必要性进行审查。对不需要继续羁押的，应当建议予以释放或者变更强制措施。有关机关应当在十日以内将处理情况通知人民检察院。"

4. 检察机关对司法机关及其工作人员滥用对人、对物的强制措施等行为的申诉、控告，有审查核实、通知纠正权。司法机关滥用强制措施，采取强制措施法定期限届满不予以释放、解除或者变更，应当退还取保候审保证金不退还，对与案件无关的财物采取查封、扣押、冻结措施，应当解除查封、扣押、冻结不解除等问题，是刑诉法修改前社会公众对司法机关反映最为强烈的问题。新刑诉法第 115 条针对加强对这些违法行为的监督进行了完善，该条规定："当事人和辩护人、诉讼代理人、利害关系人对于司法机关及其工作人员有下列行为之一的，有权向该机关申诉或者控告：（一）采取强制措施法定期限届满，不予以释放、解除或者变更的；（二）应当退还取保候审保证金不退还的；（三）对与案件无关的财物采取查封、扣押、冻结措施的；（四）应当解除查封、扣押、冻结不解除的；（五）贪污、挪用、私分、调换、违反规定使用查封、扣押、冻结的财物的。""受理申诉或者控告的机关应当及时处理。对处理不服的，可以向同级人民检察院申诉；人民检察院直接受理的案件，可以向上一级人民检察院申诉。人民检察院对申诉应当及时进行审查，情况属实的，通知有关机关予以纠正。"

5. 检察机关对侦查人员的非法取证行为有调查核实、通知纠正权。检察机关接到侦查人员非法收集证据的报案、控告、举报，或者发现侦查人员非法收集证据的，就应当进行调查核实，这实际上增加了检察机关加强对侦查活动监督的新途径。不仅如此，法律还赋予检察机关对违法行为的通知纠正权。

新刑诉法第 55 条规定："人民检察院接到报案、控告、举报或者发现侦查人员以非法方法收集证据的，应当进行调查核实。对于确有以非法方法收集证据情形的，应当提出纠正意见；构成犯罪的，依法追究刑事责任。"

44. 检察院有义务保障律师依法执业吗？

律师制度是中国特色社会主义司法制度的重要组成部分，律师工作作为社会主义法治建设的一项重要工作，对于维护法律正确实施、维护社会公平正义、维护社会和谐稳定具有十分重要的意义。在刑事诉讼中，法官、检察官、警察与律师的角色和职责不同，但目标相同，都是要维护当事人的合法权益，维护法律正确实施，维护社会公平正义。律师对于完善公、检、法机关外部监督制约，督促办案人员严格依法办案，提高工作水平和办案质量，具有重要意义。因此，要从切实保障人权、推进依法治国，提高公、检、法机关工作水平和质量的高度认识律师的作用和意义，增强保障律师依法执业的自觉性。刑诉法修改前，由于社会和办案机关对律师职业还有一些偏见，律师在执业过程中依法行使诉讼权利遇到不少阻碍，律师会见难、阅卷难、调查取证难问题还比较突出。这些阻力主要来自公、检、法办案机关和办案人员，严重影响了司法公正。在权力、地位和力量悬殊的角力面前，由于没有法律救济途径，律师往往在办案机关和办案人员违背法律规定设置的障碍面前束手无策。这次刑诉法修改，对阻碍律师执业的行为设置了一个法律救济途径。辩护人、诉讼代理人对公、检、法机关及其工作人员阻碍其依法行使诉讼权利的，有权向检察机关申诉或者控告，检察机关有审查核实、通知纠正权。这个程序有利于进一步发挥检察机关法律监督机关的监督职能，为保障律师依法执业提供支持和保障。

新刑诉法第 47 条规定："辩护人、诉讼代理人认为公安机关、人民检察院、人民法院及其工作人员阻碍其依法行使诉讼权利的，有权向同级或者上一级人民检察院申诉或者控告。人民检察院对申诉或者控告应当及时进行审查，情况属实的，通知有关机关予以纠正。"

45. 对刑罚执行活动加强法律监督的原因是什么？

立法调研中了解到，刑诉法修改前对减刑、假释、暂予监外执行等刑罚执行的法律监督主要存在以下问题：

1. 暂予监外执行决定机关不明确，暂予监外执行决定送达不及时或不送达，造成难以监督或难以纠正。原刑诉法规定，批准暂予监外执行的机关应当将批准的决定抄送人民检察院，但对暂予监外执行的批准机关、批准文书的送达时间等问题没有作规定，在实践中执行比较混乱。批准文书往往送达不及时或不送达，而暂予监外执行决定通常是"一旦作出，即时生效"，造成检察机关难以监督或发现问题后难以纠正。

2. 法院对减刑、假释案件实行批量裁定，检察机关难以在短时间内完成审查。原刑诉法规定，检察机关接到法院的减刑、假释裁定书副本后，认为不当的，应当在 20 日以内向人民法院提出纠正意见。实践中由于人民法院往往一年集中开展一至二次提请、裁定减刑、假释活动，大批案件集中在一起审理裁定，检察机关很难在 20 日以内对所有案件的裁定完成审查。而且，服刑人员与检察机关同时收到裁定书副本，服刑人员接到减刑、假释裁定后可以立即出狱。即使检察机关发现错误，提出纠正意见，由于裁定已经生效执行，罪犯已被释放，错误难以得到纠正，有的即使得到纠正，也加大了监督和纠错的成本。近年来，司法机关根据司法体制改革的要求和部署，对减刑、假释、暂予监外执行的法律监督进行了积极探索。人民检察院通过派驻检察和巡回检察，已经把全国的监管场所纳入了监督视野，为实行减刑、假释、暂予监外执行同步监督奠定了良好基础。

因此，新刑诉法对相关内容进行了修改，以加强对刑罚执行活动的法律监督。

46. 新刑诉法对暂予监外执行的对象和批准机关作了哪些修改？

原刑诉法规定，对于被判处有期徒刑或者拘役的罪犯，有严重疾病需要保外就医的或者怀孕或者正在哺乳自己婴儿的妇女可以暂予监外执行。司法行政机关提出，有的罪犯生活不能自理，送入监狱非但不能接受正常的教育改造，反而需要几名干警照顾其饮食起居。实践中有的怀孕或者正在哺乳自己婴儿的妇女犯罪被判处无期徒刑，由于不符合法律规定的暂予监外执行的条件只好在监狱中生孩子或者哺乳自己的婴儿。建议从人道主义出发，在法律中扩大暂予监外执行的对象范围，将生活不能自理的罪犯，怀孕或者正在哺乳自己婴儿的被判无期徒刑的女罪犯也包括进去。

新刑诉法第 254 条规定："对被判处有期徒刑或者拘役的罪犯，有下列情形之一的，可以暂予监外执行：（一）有严重疾病需要保外就医的；（二）怀孕或者正在哺乳自己婴儿的妇女；（三）生活不能自理，适用暂予监外执行不致危害社会的。""对被判处无期徒刑的罪犯，有前款第二项规定情形的，可以暂予监外执行。""对适用保外就医可能有社会危险性的罪犯，或者自伤自残的罪犯，不得保外就医。""对罪犯确有严重疾病，必须保外就医的，由省级人民政府指定的医院诊断并开具证明文件。""在交付执行前，暂予监外执行由交付执行的人民法院决定；在交付执行后，暂予监外执行由监狱或者看守所提出书面意见，报省级以上监狱管理机关或者设区的市一级以上公安机关批准。"

本条对暂予监外执行有两点重要修改完善：一是进一步扩大了暂予监外执行的对象范围。将原刑诉法规定可以暂予监外执行的对象从被判处有期徒刑、拘役的"有严重疾病的"罪犯扩大到"生活不能自理，适用暂予监外执行不致危害社会"的罪犯；将可以暂予监外执行的"怀孕或者正在哺乳自己婴儿的妇女"从被判处有期徒刑、拘役的扩大到被判处无期徒刑的，既考虑到对罪犯执行刑罚，又体现了人道主义。二是对暂予监外执行的决定机关作了明确规定，"在交付执行前，暂予监外执行由交付执行的人民法院决定；在交付执行后，暂予监外执行由监狱或者看守所提出书面意见，报省级以上监狱管理机关或者设区的市一级以上公安机关批准。"

47. 检察机关对减刑、假释、暂予监外执行实行同步监督吗？

新刑诉法规定了减刑、假释、暂予监外执行要实行检察院同步法律监督。

1. 执行机关提出减刑、假释、暂予监外执行的书面意见或者建议书的，应当将书面意见或者建议书的副本同时抄送检察机关。

新刑诉法第 255 条规定："监狱、看守所提出暂予监外执行的书面意见的，应当将书面意见的副本抄送人民检察院。人民检察院可以向决定或者批准机关提出书面意见。"第 262 条第 2 款规定："被判处管制、拘役、有期徒刑或者无期徒刑的罪犯，在执行期间确有悔改或者立功表现，应当依法予以减刑、假释的时候，由执行机关提出建议书，报请人民法院审核裁定，并将建议书副本抄送人民检察院。人民检察院可以向人民法院提出书面意见。"

这些措施，保证了检察机关对于执行机关提出的减刑、假释、暂予监外执行意见和建议的同步知情权，为加强监督创造了条件。

2. 批准机关或者人民法院收到检察机关认为减刑、假释、暂予监外执行不当的书面意见后，应当对决定或者裁定重新核查或者审理。对检察机关提出的减刑、假释、暂予监外执行不当的书面意见，执行机关或者法院应当给予足够的重视，这也是接受法律监督的表现。

新刑诉法第256条规定："决定或者批准暂予监外执行的机关应当将暂予监外执行决定抄送人民检察院。人民检察院认为暂予监外执行不当的，应当自接到通知之日起一个月以内将书面意见送交决定或者批准暂予监外执行的机关，决定或者批准暂予监外执行的机关接到人民检察院的书面意见后，应当立即对该决定进行重新核查。"

针对实际执行中发生的一些本不符合暂予监外执行的罪犯通过贿赂等非法手段骗取暂予监外执行的情况，新刑诉法第257条第3款："不符合暂予监外执行条件的罪犯通过贿赂等非法手段被暂予监外执行的，在监外执行的期间不计入执行刑期。罪犯在暂予监外执行期间脱逃的，脱逃的期间不计入执行刑期。"上述完善暂予监外执行的规定，有利于维护法律尊严和公平正义，有利于规范刑罚执行，防止罪犯利用暂予监外执行制度逃避刑罚。

针对刑诉法修改前减刑、假释工作中出现的问题，新刑诉法对检察机关认为减刑、假释不当，提出纠正意见后，法院应当重新审理作出了规定。

新刑诉法第263条规定："人民检察院认为人民法院减刑、假释的裁定不当，应当在收到裁定书副本后二十日以内，向人民法院提出书面纠正意见。人民法院应当在收到纠正意见后一个月以内重新组成合议庭进行审理，作出最终裁定。"

48. 检察院提起公诉时要将全部案卷和证据移送法院吗？

1996年修改刑事诉讼法时，为克服法官先入为主、先定后审，防止庭审过程形式化，将法官对案件材料的庭前审查由实体审查改为形式审查，设计了检察院起诉不移送案卷，案件事实是否清楚，证据是否确实、充分，一切等控辩双方在法庭上经过举证、质证后，由法官居中作出判决的审判模式。但从这些年的审判实践情况看，这项改革并没有达到预期目的。法官反映，过去全案移送所有的证据，包括不利于被告人的证据，法官可以全面了解案情，律师也可以通过阅卷了解有利于被告人的证据，现在检察院移送案卷材料只是证据目录、证人名单和主要证据复印件。有的检察机关为了获得庭审效果，案卷所附证据很少，甚至一些主要证据也不附，开庭时才大量举证；有的仅附有利于指控的证据，法官在开庭前只能接触到证明有罪的证据。由于法官在开庭前没有全面阅卷，事先对案件情况不明，庭审中难以把握主要问题，加之证人不出庭，稍复杂一些的案件，一次庭审很难解决事实争议和证据采信问题，且刑诉法修改前法官基本上不具备经过当庭审理即对案件事实证据作出正确判断的能力，即使开庭后心里还是没有底，还要在庭审后阅卷、调查、核实证据。这样的结果，实际上是将过去庭审改革前法官在开庭前对案件的"先定后审"变为现在的"先审后定"，更加费时费力。在刑诉法修改前的司法职权配置情况和审判制度下，庭前全面审阅卷宗材料很有必要。特别是对于那些重大、疑难、复杂案件，庭前审阅案卷不仅有助于把握庭审重点，而且有助于发现证据中存在的疑点，以便及时建议检察机关进行补充侦查，有助于全面查清案件事实，提高诉讼效率，最大限度地实现实体公正。另外，检察院起诉时不全案移送案卷，需要复印大量材料，加大了诉讼成本，实践中有的经济困难地区，实际上一直还在实行案卷移送制度，建议恢复起诉时全部案卷、证据移送制度。这次刑诉法修改采纳了这个意见，第172条规定："人民检察院认为犯罪嫌疑人的犯罪事实已经查清，证据确实、充分，依法应当追究刑事责任的，应当作出起诉决定，按照审判管辖的规定，向人民法院提起公诉，并将案卷材料、证据移送人民法院。"

49. 修改后的简易程序仍只适用于量刑 3 年以下的案件吗？

新刑诉法第208条规定："基层人民法院管辖的案件，符合下列条件的，可以适用简易程序审判：（一）案件事实清楚、证据充分的；（二）被告人承认自己所犯罪行，对指控的犯罪事实没有异议的；（三）被告人对适用简易程序没有异议的。""人民检察院在提起公诉的时候，可以建议人民法院适用简易程序。"

本条规定，对适用简易程序的案件范围和条件作了如下修改：

1. 将适用简易程序的案件范围从原实行的"可能判处 3 年有期徒刑以下刑罚"的案件扩大到"基层人民法院管辖的案件。"从理论上讲，适用简易程序的范围已扩大到可能判处 25 年有期徒刑以下刑罚的案件。简易程序的扩大适用，能够使占案件总量绝大多数的简单刑事案件得到快速、及时审理，必将大大提高审判效率，缓解"案多人少"的矛盾，从而使人民法院可以将更多精力、更多资源投入到重大、疑难、复杂案件的审理上，实现刑事审判工作的良性发展。

2. 将被告人认罪作为适用简易程序的前提条件。司法实践证明，尽管罪行不严重、案情不复杂，但只要被告人不认罪，审理程序就难以简易。

3. 增加了被告人对适用简易程序的选择权，即被告人对适用简易程序没有异议。如果被告人不同意适用简易程序，就只能适用普通程序；被告人作为诉讼一方当事人，作为审判结果的承担者，应当有权对选择何种程序审判表达自己的意愿。

4. 将原实行"检察机关建议或者同意"作为法院适用简易程序的前提条件修改为检察机关向法院的建议权。

考虑一些案件的特殊情形,不宜适用简易程序,新刑诉法第 209 条也对此作了规定,该条规定:"有下列情形之一的,不适用简易程序:(一)被告人是盲、聋、哑人,或者是尚未完全丧失辨认或者控制自己行为能力的精神病人的;(二)有重大社会影响的;(三)共同犯罪案件中部分被告人不认罪或者对适用简易程序有异议的;(四)其他不宜适用简易程序审理的。"

新刑诉法在扩大简易程序适用范围之外,对具有特殊情形的案件限制适用简易程序,有利于保障审判公正。

50. 根据新刑诉法的规定,简易程序只由审判员一人独任审判吗?

关于简易程序的审判组织,有意见指出,既然被告人本人承认所犯罪行,对起诉书指控的事实没有异议,简易程序完全可以由法官独任审判。也有的意见建议,由合议庭还是法官独任审判应当根据可能判处的刑期长短决定。对可能判处 5 年或者 7 年有期徒刑以下刑罚的,由审判员一人独任审判;对可能判处 5 年或者 7 年有期徒刑以上刑罚的,应当组成合议庭。主要理由是:法律将适用简易程序审理的案件规定为事实清楚、证据充分,被告人认罪的案件。此类案件的法庭审理和定罪量刑通常都相对简单;由于被告人已经承认所犯罪行,法庭审理主要围绕量刑进行,而随着量刑规范化改革的深入发展,公诉人对适用简易程序审理的案件也都派员出庭,独任审判完全能够保障公正审判,且更有利于提高审判效率。因此,建议进一步扩大简易程序独任审判的案件范围,以更好地发挥简易程序功能,构建更为科学的繁简分流机制。

考虑到简易程序适用范围扩大后,对被告人的量刑幅度也由过去的 3 年以下扩大到 25 年有期徒刑。如此大的量刑幅度,增加了准确量刑的难度。根据刑诉法修改前我们国家的法官素质,由独任审判员审判,恐难以保证办案质量。为确保公正审判,体现慎重,新刑诉法第 210 条第 1 款规定:"适用简易程序审理案件,对可能判处三年有期徒刑以下刑罚的,可以组成合议庭进行审判,也可以由审判员一人独任审判;对可能判处的有期徒刑超过三年的,应当组成合议庭进行审判。"对于可能判处 3 年有期徒刑以下刑罚的,司法实践中采用合议庭还是独任审判,由法院根据案件的具体情况,在确保案件质量的前提下决定采用何种庭审方式。

51. 适用简易程序审理公诉案件检察院都应当派人出庭吗?

关于适用简易程序审理公诉案件检察院是否应当派人出庭,在讨论过程中,检察机关认为，一般情况下，人民检察院不应当派员出庭。主要理由有：一是适用简易程序的案件是犯罪较轻、被告人又认罪的案件，检察院派员出庭、意义也不大，没有必要派员出庭支持公诉。二是均派员出庭不符合扩大简易程序适用范围、节省司法资源的立法初衷。三是对于不派员出庭的案件，检察机关可以采取阅看庭审录像、笔录，回访当事人或者受理当事人、辩护人检举、投诉等方式，对审判活动进行法律监督。四是简易程序检察院可以不派员出席法庭，已经实行10多年，实践中超过60%的适用简易程序审判的案件检察官不出庭，在执行中没有出现问题。规定简易程序案件全部派员出庭，缺乏足够的办案力量。刑诉法修改前刑事案件数量逐年上升，公诉人员的数量却基本没有增加，全国主诉检察官人均办案量和出庭量逐年增加，且主要集中在基层检察机关。考虑所有案件的阅卷、提审、审核证据、制作起诉书等一系列工作都必须在法定期限内完成，如果再规定简易程序案件一律出庭，基层院主诉检察官将不堪重负。建议规定对于被告人可能判处5年以上有期徒刑适用简易程序的案件，检察院应当派员出庭；5年以下的维持原规定。

考虑开庭审理公诉案件作为一个完整刑事审判，检察院派员出庭一方面是代表国家对犯罪提出指控，另一方面检察院作为法律监督机关，还负有对法庭定罪量刑是否公正、合法进行监督的职责。如果简易程序中人民检察院不派员出庭，由法官代行控诉职能，宣读起诉书，出示证据，提出量刑建议，意味着法官身兼控诉和审判二任，其中立地位令人质疑，也不符合"控审分离"的基本要求。尽管简易程序的被告人对指控的犯罪事实没有异议，但量刑规范化以后，量刑环节未必与检察官意见一致。如果在庭审中出现被告人及其辩护人提出具有自首、立功等从轻、减轻情节，或者对案件定性或量刑提出辩解，或者发现不宜适用简易程序审理的情况，需要决定是否转换程序，此时可能需要庭审法官与公诉人商量或征求意见，但因公诉人不出庭而导致此类情况难以处理，不利于审判活动的顺利进行，也就更无从发现审判中是否存在违反法定程序的情况，提出纠正意见了。

因此，新刑诉法第210条第2款规定："适用简易程序审理公诉案件，人民检察院应当派员出席法庭。"

52. 新刑诉法对简易程序审理案件作了哪些细化规定？

从刑诉法修改前大量适用简易程序的刑事案件本身看，被告人对犯罪事实和主要证据供认不讳，对起诉书指控的内容没有异议，这样在法庭上控辩双方不形成对抗。对这一类案件，如果还要按刑诉法的规定进行法庭调查、法庭辩论，双方当庭质证，形成抗辩式的审判，显得没有必要，既浪费人力、物力，又对保障当事人的诉讼权益没有太大的实际意义。新刑诉法对简易程序的审理程序进一步简化，体现了简易的程序特点。其中第 211 条规定："适用简易程序审理案件，审判人员应当询问被告人对指控的犯罪事实的意见，告知被告人适用简易程序审理的法律规定，确认被告人是否同意适用简易程序审理。"第 212 条规定："适用简易程序审理案件，经审判人员许可，被告人及其辩护人可以同公诉人、自诉人及其诉讼代理人互相辩论。"第 213 条规定："适用简易程序审理案件，不受本章第一节关于送达期限、讯问被告人、询问证人、鉴定人、出示证据、法庭辩论程序规定的限制。但在判决宣告前应当听取被告人的最后陈述意见。"

同时，延长了简易程序的审限。原刑诉法对简易程序规定了 20 日的审理期限。最高人民法院提出，从司法实践看，一个法官手中往往同时有好几个案件，很难在规定的审限内审结。不少法院和法官，为有更长一些案件审理时间，对本可适用简易程序的案件也适用普通程序，使简易程序没有发挥应有的效果。新刑诉法第 214 条对简易程序的审限作了延长，将可能判处 3 年有期徒刑以上刑罚的适用简易程序的案件审理期限，由刑诉法修改前的 20 日延长至一个半月，该条规定"适用简易程序审理案件，人民法院应当在受理后二十日以内审结；对可能判处的有期徒刑超过三年的，可以延长至一个半月。"

53. 新刑诉法对于二审必须开庭审理的案件范围作了怎样的规定？

原刑诉法规定对上诉和抗诉案件以开庭审理为原则，不开庭审理为例外，但司法实践中却普遍存在二者颠倒的现象。法院认为，从案件实际情况看，二审案件并不需要一律开庭，如果被告人对一审案件事实和证据没有提出异议，检察机关也没有提起抗诉，且法院同意不开庭的案件，法院不开庭审理也是可以的。

有意见提出，法院长期以来的不开庭习惯，使得刑诉法修改前二审法院审理刑事案件在资源、时间、质量上都缺少相应的保障。与其规定一律开庭实际上做不到，不如将二审必须开庭审理的案件范围作明确规定，增加可操作性。

为了充分体现二审全面审查的特点，保证案件质量，充分保障当事人的诉讼权利，避免冤假错案，也为便于司法机关实践中具体判断操作，新刑诉法第 223 条规定："第二审人民法院对于下列案件，应当组成合议庭，开庭审理：（一）被告人、自诉人及其法定代理人对第一审认定的事实、证据提出异议，可能影响定罪量刑的上诉案件；（二）被告人被判处死刑的上诉案件；（三）人民检察院抗诉的案件；（四）其他应当开庭审理的案件。""第二审人民法院决定不开庭审理的，应当讯问被告人，听取其他当事人、辩护人、诉讼代理人的意见。"

"第二审人民法院开庭审理上诉、抗诉案件，可以到案件发生地或者原审人民法院所在地进行。"

新刑诉法除保留原刑诉法二审法院对"人民检察院抗诉的案件"应当开庭审理的规定外，还增加了二审应当开庭审理的三类案件：第一，被告人、自诉人及其法定代理人对第一审认定的事实或者证据有异议并提出上诉，人民法院认为可能影响定罪量刑的案件。当事人对认定的事实或者证据提出异议，涉及一审法院据以定罪量刑的基本案件事实是否有错误，法院应当认真对待。当然，并不是说只要诉讼当事人有异议提出上诉，第二审人民法院就要开庭审理。根据本条规定，人民法院要根据诉讼当事人提出上诉的理由，结合案件事实、证据等具体情况，分析后认为可能会影响到本案定罪量刑的，应当开庭审理。第二，被告人被判处死刑的上诉案件。被判处死刑的案件，都是案情重大，也是人命关天的大事，需要慎之再慎，只要被告人提出上诉，就应开庭审理。第三，其他应当开庭审理的案件。可由人民法院根据案件具体情况决定，或由司法解释予以明确。

关于二审案件的审理方式，本条规定，法律规定应当开庭审理的案件，一律组成合议庭审理；其他案件，人民法院可以不开庭审理。但是，第二审人民法院决定不开庭审理的，也应当讯问被告人，听取其他当事人、辩护人、诉讼代理人的意见。

关于二审开庭的地点，本条规定，可以在第二审人民法院所在地进行，也可以到案件发生地或者原审人民法院所在地进行。人民法院可以根据案件情况，从案件审理取得更好的法律效果和社会效果综合考虑，选择审判地点。

54. 新刑诉法规定二审法院可以发回重审几次？

一些部门和专家指出，由于法律对发回重审没有次数限制，造成有的案件在上下级法院之间来回扯皮推诿。实践中有的案件下级法院坚持定罪，上级法院多次发回重审，几年结不了案，被告人长期被羁押，既影响了案件及时审结，又影响到司法公正和诉讼效率。为避免案件在上下级法院之间"踢皮球"，反复发回重审，使案件久拖不决，建议法律明确将二审法院发回重审的次数限制为一次。

最高人民法院提出，如果法律规定二审法院对案件一律只能发回重审一次，从实践情况看难以做到，无法取得最佳的法律效果与社会效果。建议不要规定过死，可规定"原审人民法院对于判决事实不清、证据不足发回重审的案件作出判决后，第二审人民法院经过审理，仍然认为事实不清或者证据不足的，除发回原审人民法院更有利于查明案件事实的以外，应当依法作出判决"。理由是：

第一，有的案件经上级法院发回重审后，原审法院本有条件协调检察机关、公安机关做好补查、补证工作但却没有有效开展相关工作，此类案件经再次发回，可以有效敦促原审法院在做好相关工作、查清案件事实的基础上，依法作出有罪判决，从而避免放纵犯罪；有的案件，如因时过境迁无法补查、补证的，通过协调检察机关撤回起诉，也可以最大限度地减少社会影响。规定对此类案件，除发回原审人民法院更有利于查明案件事实的以外，应当依法作出判决，体现了原则性与灵活性相结合，既维护了被告人的合法权益，又为进一步查清案件事实、避免放纵犯罪明确了依据。

第二，从实践情况看，上级法院发回重审后，原审法院再次作出判决，上级法院审理仍然认为事实不清、证据不足的案件往往是一些罪行较为严重或者社会影响较大的案件。根据法律规定，对此类案件，应当作出证据不足、指控的犯罪不能成立的无罪判决。但是在当前的司法环境下，如一律由二审法院直接作出无罪判决，则一旦判决作出，就没有了任何回旋余地，极易陷入"放纵犯罪"的被动局面，引发舆论炒作、非议，特别是一些敏感案件，法律效果与社会效果将大受影响。如果由二审法院"留有余地"作出有罪判决，又极易造成冤错案件。

立法机关在对各方面意见，尤其是对全国人大代表们的审议意见进行研究后，在新刑诉法第225条中明确规定，案件发回重审一次后，二审法院必须下判，即"第二审人民法院对不服第一审判决的上诉、抗诉案件，经过审理后，应当按照下列情形分别处理：（一）原判决认定事实和适用法律正确、量刑适当的，应当裁定驳回上诉或者抗诉，维持原判；（二）原判决认定事实没有错误，但适用法律有错误，或者量刑不当的，应当改判；（三）原判决事实不清楚或者证据不足的，可以在查清事实后改判；也可以裁定撤销原判，发回原审人民法院重新审判。""原审人民法院对于依照前款第三项规定发回重新审判的案件作出判决后，被告人提出上诉或者人民检察院提出抗诉的，第二审人民法院应当依法作出判决或者裁定，不得再发回原审人民法院重新审判。"

55. 根据新刑诉法，发回重审的案件是否可以加重被告人的刑罚？

刑事上诉是为了保障被告人的权利和提高审判质量而设立的诉讼程序。该程序的设置为一审被告人提供了由上一级法院重新全面审查的机会。上诉不加刑原则的确立旨在保护被告人的上诉权利，使其不致因害怕上诉后再次审判承担更加不利的后果而不敢提出上诉，不得不放弃由上一级法院重新审查的机会，从而导致上诉程序被虚设。

法律专家和律师指出，原刑诉法对上诉不加刑规定过于原则，最高人民法院的有关司法解释虽然明确，凡是第二审人民法院审判的只有原审被告人上述的案件，一律不得加重被告人的刑罚；事实清楚、证据充分的案件，不得以任何形式加重刑罚。但是对于事实不清、证据不足发回重审和程序违法发回重审的案件，能不能加重被告人刑罚，上诉不加刑原则能否适用于这两类案件，各地在理解和司法实践中做法不一。一种观点认为，上诉不加刑原则只适用于二审法院直接改判的案件，不适用于发回重审的案件。因原判事实不清或者证据不足发回重审的案件若查清了原判确实没有查清的事实和证据，或者发现新的犯罪事实的案件，可以不受上诉不加刑的限制。另一种观点认为，发回重审案件也不能加重刑罚，否则，动摇了上诉不加刑的根基，会导致被告人不敢行使上诉权和二审终审制的落空。

普遍认为，刑诉法修改前发回重审制度还被法院大量采用，有必要统一司法尺度。

新刑诉法第226条规定："第二审人民法院审理被告人或者他的法定代理人、辩护人、近亲属上诉的案件，不得加重被告人的刑罚。第二审人民法院发回原审人民法院重新审判的案件，除有新的犯罪事实，人民检察院补充起诉的以外，原审人民法院也不得加重被告人的刑罚。""人民检察院提出抗诉或者自诉人提出上诉的，不受前款规定的限制。"

根据上诉不加刑原则的要求，第二审人民法院审判被告人或者他的法定代理人、辩护人、近亲属上诉的案件，经过审理决定改判的，对被告人只能适用比原判决轻的刑罚，不能加重被告人的刑罚，即不得判处比原判决重的刑种，不得加长原判同一刑种的刑期或者增加原判罚金刑的金额，对被告人判处拘役或者有期徒刑宣告缓刑的，不得撤销原判决宣告的缓刑或者延长缓刑考验期；对于共同犯罪案件，只有部分被告人上诉的，既不得加重提出上诉的被告人的刑罚，也不得加重其他未上诉的同案被告人的刑罚；对于数罪并罚的案件，既不得加重决定执行的刑罚，也不能在保持决定执行的刑罚不变的情况下，加重数罪中部分罪的刑罚；对应当适用附加刑而没有适用的案件，不得直接判决适用附加刑。

为严格落实上诉不加刑原则，避免人民法院借发回重审规避上诉不加刑原则，这次修改刑诉法，在第226条中专门增加规定，第二审人民法院发回原审人民法院重新审判的案件，除有新的犯罪事实，人民检察院补充起诉的以外，原审人民法院也不得加重被告人的刑罚。

56. 新刑诉法是否明确了法院对查封、扣押、冻结的财物的处理方式？

原刑诉法对扣押、冻结的财物及其孳息的保管、核查、返还、移送处理作了规定，但对法院在判决中对查封、扣押、冻结的财物及其孳息如何处理没有规定。一些部门、法律专家和律师提出，实践中办案部门对办案过程中查封、扣押、冻结的财物及其孳息的处理存在一些问题：有些既不能判断属于赃款赃物，也难以判断属于被害人的财产，如何处理，各机关认识不一致，相互争执扯皮；对公安机关、人民检察院查封、扣押、冻结的财产，有的法院在判决书中没有对该财产作出处理决定，导致大量涉案财产搁置，无人问津，社会反映强烈。建议法律应当规定法院在判决书中对涉案财产及其孳息作出明确的处理决定。

最高人民法院提出，司法实践中，由于种种原因，办案机关移送给法院大多是一本卷，涉案财物多数未随案移送；查封、扣押、冻结的涉案财物有多少，在哪里，法院不知道；不少甚至与移送清单上列明的查封、扣押、冻结财物的种类、数量有很大出入，给人民法院判决处理涉案财物造成很大困难。鉴于此，建议规定："人民法院在判决中，应当对随案移送或者人民检察院提请处理的查封、扣押、冻结的财物及其孳息的处理，作出决定。"

考虑到涉案财物随案移送情况问题比较复杂，有的问题意见也不一致，还难以作出全部移送或者部分移送的统一规定。但是针对实践中存在的上述问题，办案部门应当将查封、扣押、冻结的财物及其孳息制作详细清单，随案移送，以便法院能够准确掌握涉案财物及其孳息情况，在判决中作出处理决定。有关部门应当根据法院判决对涉案财物及其孳息进行处理，以维护法院判决的严肃性。

新刑诉法第234条规定："公安机关、人民检察院和人民法院对查封、扣押、冻结的犯罪嫌疑人、被告人的财物及其孳息，应当妥善保管，以供核查，并制作清单，随案移送。任何单位和个人不得挪用或者自行处理。对被害人的合法财产，应当及时返还。对违禁品或者不宜长期保存的物品，应当依照国家有关规定处理。""对作为证据使用的实物应当随案移送，对不宜移送的，应当将其清单、照片或者其他证明文件随案移送。""人民法院作出的判决，应当对查封、扣押、冻结的财物及其孳息作出处理。""人民法院作出的判决生效以后，有关机关应当根据判决对查封、扣押、冻结的财物及其孳息进行处理。对查封、扣押、冻结的赃款赃物及其孳息，除依法返还被害人的以外，一律上缴国库。""司法工作人员贪污、挪用或者私自处理查封、扣押、冻结的财物及其孳息的，依法追究刑事责任；不构成犯罪的，给予处分。"

与原刑诉法的规定相比，修改后的条文主要增加了以下三方面内容：一是根据实践需要增加了对"查封"财物及其孳息的处理；二是为了保证人民法院正确处理查封、扣押、冻结的财物及其孳息，增加了办案机关对于查封、扣押、冻结的财物应当制作清单，随案移送的规定；三是增加了"人民法院作出的判决，应当对查封、扣押、冻结的财物及其孳息作出处理"的规定；同时增加规定，人民法院作出的判决生效以后，"有关机关应当根据判决对查封、扣押、冻结的财物及其孳息进行处理"。

这样规定，对于司法机关正确执法，及时有效地打击犯罪，保护被害人的合法权益具有重要意义。

57. 最高人民法院复核死刑案件是否要讯问被告人和听取辩护律师的意见？

1. 最高人民法院复核死刑案件应当讯问被告人。新刑诉法第 240 条规定："最高人民法院复核死刑案件，应当讯问被告人，辩护律师提出要求的，应当听取辩护律师的意见。""在复核死刑案件过程中，最高人民检察院可以向最高人民法院提出意见。最高人民法院应当将死刑复核结果通报最高人民检察院。"

死刑复核案件事关人的生命。根据本条要求，死刑复核办案人员必须对被告人进行讯问，保证被告人有向法官充分阐述辩解意见的机会，这对于保证案件质量和保障被告人的合法权利具有积极意义。至于讯问形式，法律没有作出强制要求，可由办案人员根据案件具体情况确定采用何种方式讯问被告人。实践中最高人民法院对绝大多数死刑被告人都与本人见面，当面讯问。对于死刑案件一审、二审被告人都没有提出上诉的，或者被告人和辩护律师对于案件事实和证据无异议的，只是对适用法律有意见的，有的采用当面讯问或者远程视频讯问等方式进行。之所以规定应当讯问被告人，主要考虑到在死刑复核程序中，被告人面临可能被剥夺生命的境况，他知晓案情，也最为关心死刑复核结果，由办案人员亲自听取被告人对案情的供述，听取他对一审、二审判决认定事实、适用法律以及是否存在违反法定程序审理案件情况的意见，对于准确查明案情，判断原判决是否事实清楚，证据确实、充分，保证死刑复核案件质量，有非常重要的作用。

2. 辩护律师提出要求的，应当听取辩护律师的意见。律师们反映，刑诉法修改前在死刑复核程序中，办案法官能当面听取辩护律师意见的微乎其微，律师的辩护意见大多只能通过信访接待渠道把材料递到接待人员手中。为充分保证被告人辩护权的行使，建议在法律中明确规定："最高人民法院死刑复核应当听取辩护律师的意见"。

在新刑诉法研究过程中，有的法院的人认为，律师是在普通审判程序中与法院发生工作关系的，而死刑复核程序是一种特殊程序，辩护人的辩护权在一审、二审时已经行使完毕，不应该再参与死刑复核程序。应当尽量考虑如何能使律师在侦查、审查起诉和审判阶段充分发挥作用，把案件基础打好。死刑复核离案件发生的时空距离都已经很远，律师的参与实际上也无助于弄清案件事实，还容易形成法官和律师的单方面接触。但不少人认为，律师应该参与死刑复核程序，他们可以从实体和程序方面对案件提出意见，对于法官兼听则明非常重要，这符合死刑核准权收回的目的。被告人在从侦查到死刑复核的整个刑事诉讼过程中都享有辩护权，律师理应以辩护人的身份参与死刑复核程序，维护被告人的权利。

最高人民法院的担心在于，刑诉法修改前在死刑复核阶段，被告人委托辩护人的比例还很低，如果规定"应当听取辩护人的意见"，意味着对所有死刑复核案件，均需告知被告人有权委托辩护人；被告人未委托的，法院需为其指定辩护人。这无疑将大大增加死刑复核工作量，影响复核效率。在当前条件下，是否可行，需慎重考虑。而规定为"辩护人提出意见的，应当听取"，一方面充分考虑了当前的复核工作实际，另一方面也尽可能地保障了被告人的诉讼权利，更为可取。

根据新刑诉法第 240 条的规定，辩护律师在死刑复核期间向办理死刑复核案件的人员提出要求，要求听取自己对案件事实、证据、审判程序以及是否应当判处死刑、核准死刑等的意见，办案人员都应当听取。

58. 最高人民法院不核准死刑的案件应当如何处理？

新刑诉法第 239 条规定："最高人民法院复核死刑案件，应当作出核准或者不核准死刑的裁定。对于不核准死刑的，最高人民法院可以发回重新审判或者予以改判。"

1. 最高人民法院复核死刑案件只能作出核准或者不核准的裁定。最高人民法院复核死刑案件，对于原判认定事实和适用法律正确、量刑适当、诉讼程序合法的，应当作出核准死刑的裁定；对于事实不清、证据不足，或者原判认定事实正确，但依法不应当判处死刑，或者原审人民法院违反法定诉讼程序，可能影响公正审判的案件，应当作出不核准死刑的裁定。最高人民法院核准或者不予核准死刑的，应当说明理由。

2. 最高人民法院不核准死刑的案件，可以发回重新审判或者予以改判。最高人民法院对于不核准死刑的案件，可以根据案件具体情形发回第二审人民法院或者第一审人民法院重新审判，也可以改判。"改判"，是指最高人民法院认为原判事实清楚，证据确实、充分，但是依法不应当判处死刑的，可以直接改判，对于原判认定的某一事实或者引用的法律条款等不完全准确、规范的，最高人民法院也可以不发回重新审判，直接在查清事实的基础上改判。

新刑诉法原来规定，最高人民法院核准死刑案件，应当作出核准或者不核准的裁定，对不核准死刑的，应当予以改判。这主要是在全国征求意见过程中，许多地方法院的人提出，现在法院大多人手紧张，案多人少，死刑案件还要承受来自方方面面的压力。建议最高人民法院对定性不准、量刑不当的案件，特别是适用法律错误的案件，应当直接改判，没有必要再发回去审一遍。还有的认为，最高人民法院即便对事实存在问题的案件也可以调查取证、提审和改判，尽量不要轻易发回重审，这有利于节约审判资源，提高办案效率。一些法律专家甚至认为，最高人民法院如果不能改判，就只能防止错杀，不能防止错判，比如对证据不足案件中的被告人可以改判无罪，但发回重审就可能判处死缓、无期徒刑等。

有的意见认为，新刑诉法规定对所有不核准死刑的案件都由最高人民法院予以改判，不妥。理由是，死刑案件人命关天，十分敏感，尤其是被害人家属要求判处死刑的呼声强烈。刑诉法修改前一些死刑案件材料和证据基础工作很不扎实，依据刑事诉讼法的证据要求难以定案，由最高人民法院去调查取证查清案件事实和证据难以做到。在这种情况下，如果不准发回重审，将会有大量的案件堆积在最高人民法院，造成不核准死刑也难以改判的尴尬局面。尤其是不核准死刑的案件，如果最高人民法院直接改判，将会把全社会关注的焦点引向最高人民法院，将矛盾引向北京，引起到北京上访增多，不利于社会稳定，也不利于将矛盾尽量在基层解决。建议对不核准死刑的案件除了改判以外，增加可以发回重审的规定。新刑诉法采纳了这条意见。

59. 最高人民法院死刑复核是否要接受最高人民检察院的监督？

最高人民检察院提出，死刑复核程序应当有检察院参加，刑诉法修改前通过行政审批式的程序核准死刑是不合适的，检察机关参加死刑复核程序并不影响最高人民法院行使死刑核准权。最高人民检察院在死刑复核程序中履行法律监督的职责，其地位与一审程序中的公诉人不同，并不一定追求对被告人判处死刑。检察机关应当参与死刑复核程序，控辩双方参与是现代司法理念的要求，最高人民检察院在该程序中可以对不同意下级法院的死刑判决提出意见或者反驳被告人和辩护人要求不判处死刑的意见。在事实存在重大争议、发现新证据和被害人众多的案件中检察机关的参与更为必要。

有的意见认为，最高人民检察院对死刑复核只能有限介入。死刑复核程序不同于一审、二审程序，是审判程序结束后的一种特殊复核程序。最高人民检察院只有在两种情况下应该介入死刑复核程序，向最高人民法院提出意见，一是二审法院对不该杀的人判处了死刑，二是最高人民法院对应该杀的人准备不核准死刑。

还有的意见认为，检察机关不应该参与死刑复核程序。认为检察机关是在普通审判程序中和法院发生工作关系，而死刑复核程序是法院的内部审批程序，本身就是一种监督，检察机关没有必要再参加。而且一审、二审法院判处被告人死刑，检察机关的追诉目的已经实现，且其公诉权已通过被告人被判死刑行使到了极致，其再参加死刑复核程序，势必又形成控辩双方的对抗，实际上等于三审。如果检察机关不同意被告人被判处死刑，可通过抗诉提起再审，也无需通过核准程序表达意见，且这种情况很罕见。刑诉法修改前司法实践中检察机关没有参与法院的死刑复核程序。

考虑到死刑复核程序作为刑事诉讼程序之一，应当受到最高人民检察院的监督。监督的主要目的是保证死刑复核案件的质量，切实体现少杀、慎杀的死刑政策。根据新刑诉法第 240 条第 2 款的规定，最高人民检察院对死刑复核的监督体现在两方面：一是在死刑复核程序中最高人民检察院可以向最高人民法院提出意见；二是最高人民法院应当将死刑复核结果通报最高人民检察院。最高人民法院作出核准死刑或者不核准死刑的裁定之后，都要通报最高人民检察院。

60. 新刑诉法对法院启动再审程序的条件作了哪些新的规定？

新刑诉法第 242 条规定："当事人及其法定代理人、近亲属的申诉符合下列情形之一的，人民法院应当重新审判：（一）有新的证据证明原判决、裁定认定的事实确有错误，可能影响定罪量刑的；（二）据以定罪量刑的证据不确实、不充分，依法应当予以排除，或者证明案件事实的主要证据之间存在矛盾的；（三）原判决、裁定适用法律确有错误的；（四）违反法律规定的诉讼程序，可能影响公正审判的；（五）审判人员在审理该案件的时候，有贪污受贿，徇私舞弊，枉法裁判行为的。"

新刑诉法在原实行法律关于再审条件的基础上进一步细化，增加了可操作性。

1. 法院反映，有些新的证据虽然证明原审判决认定的事实中有错误，但是有的事实在整个案件中对被告人定罪量刑没有影响，一律再审没有实际意义，反而浪费宝贵的司法资源。建议只对原判决认定的对定罪量刑有影响的事实确有错误的，启动再审程序。因此，在第一项"有新的证据证明原判决、裁定认定的事实确有错误"的规定中，增加了"可能影响定罪量刑的"限制。

2. 本次刑事诉讼法修改非法证据排除规则是一大亮点。对于法律明确规定应当予以排除的证据不予排除，反而作为定罪量刑的依据显然是错误的。因此，在第二项中增加规定，"依法应当予以排除"的证据而没有排除，作为应当启动再审程序法定事由之一，主要是与新刑诉法第 54 条排除非法证据的规定相衔接。如果已经发生法律效力的判决、裁定的案件在审判过程中有违反本法第 54 条规定的情形，依法应当予以排除的证据没有排除，而据以定罪量刑，就构成本项规定的条件，应当启动审判监督程序。这体现了尊重和保障人权的原则，体现了对被告人合法权益的保护。

3. 在第四项中新增"违反法律规定的诉讼程序，可能影响公正审判的"作为应当启动再审程序的情形之一，更加强调了从程序上保证公正审判的重要性。所谓"违反法律规定的诉讼程序"，是指已经发生法律效力的判决、裁定在审判过程中违反了本法有关公开审判的规定、违反了回避制度、剥夺或者限制了当事人的法定诉讼权利、审判组织的组成不合法以及其他违反法律规定的诉讼程序的情形，"可能影响公正审判的"是指由于存在违反法律规定的诉讼程序的行为，可能影响对案件事实的认定，影响对被告人的定罪量刑。"可能影响公正审判的"是对"违反法律规定的诉讼程序"这一条件的进一步限制，两个条件必须同时具备才能对案件进行重新审理，如果已经发生法律效力的判决、裁定存在违反法律规定的诉讼程序的情形，但是不致影响案件公正审判的，就没有必要启动审判监督程序。

61. 上级人民法院指令再审的案件是否仍由原审法院审理？

新刑诉法明确规定，指令再审的案件，原则上由原审人民法院以外的下级法院审理。原刑诉法规定，在审判监督程序中上级人民法院可以指令下级人民法院再审，但是对于是指令原审人民法院再审还是指令其他人民法院再审没有作出明确规定。司法实践中采用比较多的是指令原审人民法院再审。调研中普遍反映，这一做法在实践中遇到的问题是：原审法院通常很难、也很不愿改变自己的判决，原因多种多样：受法官错案追究责任制以及由此带来的对升职、奖金产生的影响，以及受上下级关系、人情关系等的左右，不愿改变原审法院判决；有的原审人民法院在原判决、裁定作出过程中对案件情况、证据采信、法律适用等问题已作了充分讨论，有的还经过审判委员会讨论，形成了比较固定的看法和认识，由其再审难以改变原有的认识、纠正错误；也有部分被指令再审的案件，原来的判决、裁定之所以出现错误，之所以被发回重审，是由于原审人民法院审判人员有枉法裁判等行为或者受当地有关部门、领导个人干涉，如果指令原审人民法院重新审理，仍然可能影响对案件的公正审理等。

为了解决司法实践中的问题，保证再审案件得以公正审理，保证案件质量，本次修改刑事诉讼法增加了规定，明确原则上应当指令原审人民法院以外的下级人民法院审理，同时，考虑有的案件因特殊情况，由原审法院再审可以取得更好的社会效果和法律效果，因此作了例外规定：由原审人民法院审理更为适宜的，也可以指令原审人民法院审理。但对于指定由原审人民法院再审的，上级人民法院应当根据再审案件的具体情况严格掌握。

为了改变刑诉法修改前普遍由原审法院再审的状况，新刑诉法第 244 条规定："上级人民法院指令下级人民法院再审的，应当指令原审人民法院以外的下级人民法院审理；由原审人民法院审理更为适宜的，也可以指令原审人民法院审理。"第 245 条规定："人民法院按照审判监督程序重新审判的案件，由原审人民法院审理的，应当另行组成合议庭进行。"上述法律明确规定，指令再审原则上"应当指令原审人民法院以外的下级人民法院审理"，只有"由原审人民法院审理更为适宜的"，才"可以指令原审人民法院审理"。为防止原审法院先入为主，切实有效地纠正错误，保证案件重新审判时正确认定案件事实和适用法律，法律明确规定即便再审由原审人民法院审理的，也应当另行组成合议庭。

62. 新刑诉法对再审程序还作了哪些完善？

1. 规定开庭审理的再审案件，同级人民检察院应当派员出庭。刑诉法修改前司法实践中，人民法院依法启动再审程序开庭审理的案件，人民检察院有时不派人参加庭审，这不符合程序公正的基本要求，不利于人民法院查清案件事实和作出公正裁判，也不利于检察机关行使监督权。为了解决再审案件审理中检察人员不出庭的问题，更好地体现检察机关支持公诉、法律监督的职能作用，保证案件审判质量，新刑诉法第 245 条第 2 款规定："人民法院开庭审理的再审案件，同级人民检察院应当派员出席法庭。"

2. 对再审案件强制措施的决定主体作出规定。对于再审案件中未被羁押或者已经释放的被告人，如果需要采取强制措施应当如何决定处理，1979 年和原刑诉法均没有明确规定。实践中对于这种情况各地司法机关认识不一致，做法也不相同，容易造成互相推诿，甚至放任被告人不管等情况，导致被告人不能及时到案，影响案件审理。为了解决这一问题，本次修改刑事诉讼法明确规定，区别再审案件的情况处理：人民法院决定再审的，由人民法院决定对被告人采取强制措施；人民检察院提出抗诉再审的，由人民检察院决定。这样规定是考虑到提起再审的司法机关对提起的理由、被告人的人身危险性等情况更加了解，有利于及时、正确采取强制措施，保证案件审理顺利进行，同时也有利于采取合理的强制措施，保障被告人的合法权益。此外，为保证再审活动的正常进行，对于有必要对被告人采取强制措施的案件，对强制措施的决定主体也作了明确规定。

新刑诉法第 246 条第 1 款规定："人民法院决定再审的案件，需要对被告人采取强制措施的，由人民法院依法决定；人民检察院提出抗诉的再审案件，需要对被告人采取强制措施的，由人民检察院依法决定。"

3. 从保障人权、及时纠错的角度出发，规定对于有证据证明被告人明显无罪的案件，可以中止原判决的执行。原刑事诉讼规定，再审期间不停止原判决、裁定的执行。最高人民法院提出，从近些年已经纠正的一些冤假错案看，有一些已经有证据证明原审被告人明显无罪的特殊案件，如类似佘祥林、赵作海案件等，如果在再审程序作出无罪判决前仍让被错误判决的人继续执行原判刑罚，这显然不利于保障人权，并人为地加大国家赔偿的负担，而且造成很不好的社会影响。建议规定在此情况下，法院有权决定先停止原判决的执行，立法机关采纳了这一意见。新刑诉法第 246 条第 2 款规定："人民法院按照审判监督程序审判的案件，可以决定中止原判决、裁定的执行。"

63. 新刑诉法对法院办案期限延长了多少？

法院普遍反映，刑事诉讼法规定的一审、二审办案期限不够用，主要原因是：第一，案件数量多，办案人员数量少；第二，有些案件非常复杂，尤其是经济犯罪、涉黑涉恶团伙犯罪，案卷数量庞大，涉案人员众多；第三，在原刑诉法规定下，实践中，对许多案件，法官查明案件事实主要依赖庭审后阅卷、调查、核实，有的还要作各种专门性的鉴定，以及对被告人提出的立功线索进行核实等；第四，一些争议或社会关注案件，往往需要向上级法院请示，或者遇到人大监督、政法委协调等。

基于以上原因，新刑诉法对法院的办案期限进行了合理的延长，其中第 202 条规定："人民法院审理公诉案件，应当在受理后二个月以内宣判，至迟不得超过三个月。对于可能判处死刑的案件或者附带民事诉讼的案件，以及有本法第一百五十六条规定情形之一的，经上一级人民法院批准，可以延长三个月；因特殊情况还需要延长的，报请最高人民法院批准。""人民法院改变管辖的案件，从改变后的人民法院收到案件之日起计算审理期限。""人民检察院补充侦查的案件，补充侦查完毕移送人民法院后，人民法院重新计算审理期限。"第 232 条规定："第二审人民法院受理上诉、抗诉案件，应当在二个月以内审结。对于可能判处死刑的案件或者附带民事诉讼的案件，以及有本法第一百五十六条规定情形之一的，经省、自治区、直辖市高级人民法院批准或者决定，可以延长二个月；因特殊情况还需要延长的，报请最高人民法院批准。""最高人民法院受理上诉、抗诉案件的审理期限，由最高人民法院决定。"

刑事诉讼法对一审、二审审理期限作了大幅度延长。第一，对普通刑事案件的第一审审理期限延长了一倍，由原实行的一个半月延长到三个月。如果具有下列三种情形之一的，经上一级人民法院批准可以再延长三个月：一是可能判处死刑的案件。死刑案件涉及对公民生命权的剥夺，仓促决定会造成难以挽回的错误，且死刑案件往往较为复杂，证据要求高，尤其是对于有被害人的死刑案件，考虑到办案的效果，司法机关常常还要做双方当事人及其家属的工作，工作难度大，耗时长。这样规定有利于防止冤假错案、保证审判公正，也体现了对死刑判决慎重决定的态度。二是附带民事诉讼案件。这类案件不仅涉及刑事责任，还涉及赔偿范围的确定、财产保全措施，尤其是对此类案件的调解往往占用大量时间。三是有本法第156条规定情形之一的案件。包括：（1）交通十分不便的边远地区的重大复杂案件；（2）重大的犯罪集团案件；（3）流窜作案的重大复杂案件；（4）犯罪涉及面广，取证困难的重大复杂案件。对于具有上述三种情形之一的，经上一级法院批准，可以再延长三个月，加起来就是六个月。第二，对第二审的审限由原实行的一个半月延长到二个月。如果是可能判处死刑的案件或者附带民事诉讼的案件，以及有本法第156条规定情形之一的，经省、自治区、直辖市高级人民法院批准或者决定，可以再延长二个月，合起来就是四个月。第三，如果在法律规定的一审、二审期限内不能办结，"因特殊情况还需延长的，报请最高人民法院批准。"所谓"因特殊情况"，是指案情特别重大、复杂或者涉及国家安全、重大利益需格外慎重等情况，对于这类案件，法律并未对最高人民法院批准延长的期限作出规定，主要是考虑这种案件的数量极少，实践中的情况比较复杂，由最高人民法院依案件具体情况处理更为有利。第四，对最高人民法院办理案件没有规定期限。考虑最高人民法院受理的上诉、抗诉案件，都是重大复杂的案件，一般都是由高级人民法院一审的在本辖区内有重大影响的刑事案件，为慎重、公正审理，通常需要较长的审理期限，因此法律未作强制性规定，而由最高人民法院决定。

应当指出的是，刑事诉讼法对一审、二审期限作大幅度延长，并不意味着办案人员摆脱了过去为审限所困的压力和烦恼，可以慢条斯理地办案，将所有符合期限延长条件的案件都要把期限用足、用尽。人民法院更要不断改进工作，提高办案质量和办案效率，不是一遇有可以延长审限情形的案件，都需要延长审理期限，而应当实事求是地尽可能缩短办案期限。对于被告人被羁押的上诉、抗诉案件，如果在法律规定的期限内仍不能办结的，应当变更强制措施，对被告人采取取保候审或者监视居住。取保候审或者监视居住的期限不计入法律规定的办案期限，但是不能中断对案件的审理。对于被告人没有被羁押的上诉、抗诉案件，不受法律规定的办案期限的限制。

64. 新刑诉法对刑事附带民事诉讼制度作了哪些改进？

为使刑事附带民事诉讼制度在维护社会稳定和谐中更好地发挥作用，在总结司法实践经验的基础上，新刑诉法对附带民事诉讼作了以下几个方面的修改和完善：

1. 扩大了有权提起附带民事诉讼的主体范围。原刑诉法对于提起附带民事诉讼的主体仅限于被告人，范围过窄。根据司法实践，本条对有权提起附带民事诉讼的主体范围扩大到被害人的法定代理人、近亲属，更有利于保护犯罪被害人的合法权益。

新刑诉法第 99 条规定："被害人由于被告人的犯罪行为而遭受物质损失的，在刑事诉讼过程中，有权提起附带民事诉讼。被害人死亡或者丧失行为能力的，被害人的法定代理人、近亲属有权提起附带民事诉讼。""如果是国家财产、集体财产遭受损失的，人民检察院在提起公诉的时候，可以提起附带民事诉讼。"

2. 扩大了有权申请采取保全措施的主体范围。新刑诉法第 100 条规定："人民法院在必要的时候，可以采取保全措施，查封、扣押或者冻结被告人的财产。附带民事诉讼原告人或者人民检察院可以申请人民法院采取保全措施。人民法院采取保全措施，适用民事诉讼法的有关规定。"

财产保全，是指人民法院为了保证将来有关发生法律效力的民事判决能够得到全部执行，而对民事被告人的财产或争执的标的物采取的强制措施。刑事附带民事诉讼案件的特殊之处，在于犯罪案件要经过侦查、审查起诉和审判等诉讼阶段，需要漫长时间。如果不赋予民事诉讼的原告人（一般是犯罪的被害人）或者检察机关在侦查、审查起诉阶段的申请财产保全措施的权利，很有可能出现民事被告人（一般是刑事被告人）的财产被转移的情况，从而导致被害人的权益不能得到很好的保护。因此，本条除明确规定人民法院在必要时可以自行决定采取财产保全措施外，还赋予附带民事诉讼的原告人和人民检察院向法院申请采取财产保全措施的权利。

3. 法院对附带民事诉讼，可以调解或者作出判决、裁定。新刑诉法第 101 条规定："人民法院审理附带民事诉讼案件，可以进行调解，或者根据物质损失情况作出判决、裁定。"

对附带民事诉讼程序作上述完善，有利于更有效地化解社会矛盾纠纷，保证被害人及时得到赔偿。

65. 新刑诉法是如何明确办理未成年人刑事案件的方针、原则的？

新刑诉法第 266 条规定："对犯罪的未成年人实行教育、感化、挽救的方针，坚持教育为主、惩罚为辅的原则。""人民法院、人民检察院和公安机关办理未成年人刑事案件，应当保障未成年人行使其诉讼权利，保障未成年人得到法律帮助，并由熟悉未成年人身心特点的审判人员、检察人员、侦查人员承办。"

对犯罪的未成年人实行"教育、感化、挽救"的方针，坚持"教育为主、惩罚为辅"的原则，尽管之前相关法律已经对该方针、原则作出了规定，但首次在刑事诉讼法中明确规定，仍具有重大意义。对办理未成年人刑事案件确定这个方针、原则，是由未成年人案件的特殊性决定的。未成年人犯罪的动机相对简单，犯罪行为带有很大的盲目性和随意性，很多是由于意志薄弱或者是情感冲动造成的，主观恶性不深，再加之未成年人智力、身心发育尚未成熟，对外界事物的重新认识和对内心世界的自我评价具有较大的可塑性。因此，对他们实行"教育、感化、挽救"的方针和"教育为主、惩罚为辅"的原则，更有助于他们回归社会，取得更好的效果。

未成年人刑事案件的办案人员应当熟悉未成年人的特点、善于做未成年人的教育工作，要具备一定的专业化水准，这不仅是贯彻好对犯罪的未成年人实行"教育、感化、挽救"方针和"教育为主、惩罚为辅"原则对办案人员的基本素质要求，而且这一要求与联合国司法准则是一致的。《联合国少年司法最低限度标准规则》第22条规定："应利用专业教育、在职培训、进修课程以及其他各种适宜的授课方式，使所有处理少年案件的人员具备并保持必要的专业能力。"

66. 对未成年犯罪嫌疑人、被告人实行强制辩护吗？

由于年龄、智力发育程度的限制和法律知识的欠缺，很多未成年犯罪嫌疑人、被告人不知道如何行使诉讼权利。有辩护人的参与，能为其及时提供需要的法律帮助，有效保护其合法权益。

新刑诉法第267条规定："未成年犯罪嫌疑人、被告人没有委托辩护人的，人民法院、人民检察院、公安机关应当通知法律援助机构指派律师为其提供辩护。"

与原刑诉法相比，新刑诉法将法律援助从审判阶段向前延伸至侦查阶段，将提供法律援助的义务机关从法院扩大到公安机关、人民检察院。根据本条规定，只要未成年犯罪嫌疑人、被告人没有委托辩护人的，公安机关、人民检察院和人民法院就应当通知法律援助机构指派律师为其辩护。

67. 办理未成年人刑事案件是否可以进行社会调查？

最高人民法院提出，在侦查、起诉、庭审和执行阶段对未成年犯罪嫌疑人、被告人的成长经历、犯罪原因、教育改造条件进行调查了解，形成书面报告，有利于采取适合未成年人身心发展特点的讯问、审理、执行方式，能够更全面保障未成年犯罪嫌疑人和被告人的合法权益。社会调查是许多国家办理未成年人刑事案件的惯例，是未成年人刑事诉讼程序贯彻刑罚个别化和全面调查原则的具体表现。进行社会调查不仅可以有针对性地对违法犯罪的未成年人进行教育、挽救，还可以促使其认罪悔改。社会调查报告还是侦查机关对涉罪未成年人采取取保候审，检察机关决定逮捕、起诉，法院定罪量刑以及刑罚执行和社区矫正的考量依据。

社会调查制度在一些关于未成年人的国际公约中普遍得到确立。《联合国少年司法最低限度标准规则》（也称《北京规则》）第 16 条规定，"所有案件除涉及轻微违法行为的案件外，在主管当局作出判决之前，应对少年生活的背景和环境或犯罪的条件进行适当的调查，以便主管当局对案件作出明智的审判。"

最高人民法院提出，近些年一些地方的人民法院对未成年人司法制度进行了有益的探索，刑诉法修改前大多数法院在审判未成年人案件时，均开展社会调查，对于未成年人的成长情况、犯罪原因等状况进行了解，这些刑诉法修改前在法庭上无法实现，需要社会调查来解决，或委托工、青、妇、教等单位协助调查，或聘任社会调查员开展调查，或由社区矫正组织负责调查。社会调查报告提供了分析犯罪原因的很好材料，对于法官有针对性地作出判决起到了非常重要的作用，建议这一做法在法律中肯定下来。

新刑诉法第 268 条规定："公安机关、人民检察院、人民法院办理未成年人刑事案件，根据情况可以对未成年犯罪嫌疑人、被告人的成长经历、犯罪原因、监护教育等情况进行调查。"

68. 对未成年犯罪嫌疑人、被告人是否应当严格适用逮捕措施并应分案处理？

近些年一些司法机关办理未成年人刑事案件的有益探索实践表明，对未成年犯罪嫌疑人、被告人根据案件具体情况，尽量少捕、少押，采取分案处理，更有利于教育挽救失足未成年人。新刑诉法第 269 条规定："对于未成年犯罪嫌疑人、被告人应当严格限制适用逮捕措施。人民检察院审查批准逮捕和人民法院决定逮捕，应当讯问未成年犯罪嫌疑人、被告人，听取辩护律师的意见。""对被拘留、逮捕和执行刑罚的未成年人与成年人应当分别关押、分别管理、分别教育。"

根据本条规定，"严格限制适用逮捕措施"，是指对未成年犯罪嫌疑人、被告人尽量不适用逮捕措施，对于可捕可不捕的不捕；需要逮捕的，在决定逮捕前听取当事人及其辩护律师的意见。应当指出的是，"严格限制适用"不等于不适用，对法律的这个规定不要机械地理解为对未成年犯罪嫌疑人、被告人无论犯什么罪都不能采取逮捕措施。适用逮捕措施与否应当根据其所犯罪行的性质、情节的轻重，手段是否恶劣，其对所犯罪行是否悔罪，有无重新犯罪、危害社会的可能等多方面的因素综合考虑。本条规定"对被拘留、逮捕和执行刑罚的未成年人与成年人应当分别关押、分别管理、分别教育"，则是"未成年人应当与成年人分案处理"原则的要求，体现了对未成年人的特殊保护，并有利于减少关押带来的羁押场所交叉感染的弊端，有助于使未成年人顺利回归社会。应当强调的是，分案处理原则不应仅是办案机关在采取拘留、逮捕时应当遵守的原则，而应当是贯穿刑事诉讼始终的原则性规定。

69. 讯问和审判未成年人时必须要有合适的成年人到场吗？

未成年人由于其认知能力和表达能力的局限，在刑事诉讼中难以充分行使诉讼权利。新刑诉法针对未成年人的这种特点，为保障未成年犯罪嫌疑人、被告人的诉讼权利，确立了合适成年人在场制度，并参与到对未成年犯罪嫌疑人、被告人的讯问和审判活动中，代为行使未成年人的诉讼权利。这样做既可以弥补未成年人诉讼能力局限的不足，消除未成年人心理上的恐惧和抗拒，帮助未成年人与讯问人沟通，还可以对讯问过程是否合法、合适进行监督，防止在诉讼活动中，由于违法行为对未成年人合法权益造成侵害。新刑诉法第 270 条规定："对于未成年人刑事案件，在讯问和审判的时候，应当通知未成年犯罪嫌疑人、被告人的法定代理人到场。无法通知、法定代理人不能到场或者法定代理人是共犯的，也可以通知未成年犯罪嫌疑人、被告人的其他成年亲属，所在学校、单位、居住地基层组织或者未成年人保护组织的代表到场，并将有关情况记录在案。到场的法定代理人可以代为行使未成年犯罪嫌疑人、被告人的诉讼权利。""到场的法定代理人或者其他人员认为办案人员在讯问、审判中侵犯未成年人合法权益的，可以提出意见。讯问笔录、法庭笔录应当交给到场的法定代理人或者其他人员阅读或者向他宣读。""讯问女性未成年犯罪嫌疑人，应当有女工作人员在场。""审判未成年人刑事案件，未成年被告人最后陈述后，其法定代理人可以进行补充陈述。""询问未成年被害人、证人，适用第一款、第二款、第三款的规定。"第274 条规定："审判的时候被告人不满十八周岁的案件，不公开审理。但是，经未成年被告人及其法定代理人同意，未成年被告人所在学校和未成年人保护组织可以派代表到场。"

需要指出的是，根据新刑诉讼第 270 条规定，如果被害人、证人是未成年人，询问时也应当通知其法定代理人到场，法定代理人无法到场时应通知合适的成年人到场。

70. 新刑诉法规定附条件不起诉制度仅适用于未成年人吗？

新刑诉法第 271 条规定："对于未成年人涉嫌刑法分则第四章、第五章、第六章规定的犯罪，可能判处一年有期徒刑以下刑罚，符合起诉条件，但有悔罪表现的，人民检察院可以作出附条件不起诉的决定。人民检察院在作出附条件不起诉的决定以前，应当听取公安机关、被害人的意见。""对附条件不起诉的决定，公安机关要求复议、提请复核或者被害人申诉的，适用本法第一百七十五条、第一百七十六条的规定。""未成年犯罪嫌疑人及其法定代理人对人民检察院决定附条件不起诉有异议的，人民检察院应当作出起诉的决定。"

根据本条规定，附条件不起诉仅适用于涉嫌犯罪的未成年人，并且应当同时符合下列四个条件：一是未成年人所犯罪名为刑法分则第四章侵犯公民人身权利、民主权利罪，第五章侵犯财产罪，第六章妨害社会管理秩序罪中规定的罪名，在此范围之外的其他罪名，不得适用附条件不起诉。二是根据法律规定，该未成年人的罪行可能会被判处 1 年有期徒刑以下刑罚。应当指出的是，本条所说的"一年有期徒刑以下刑罚"是指对该未成年人一旦交付审判，法院对其可能适用的刑罚，而不是指其所犯罪的法定最高刑。三是犯罪事实已经查清，证据确实、充分，符合起诉条件。应当指出的是，对于事实不清、证据不够确实充分的，应当通过补充侦查查明犯罪事实，在犯罪事实查明之前，不得适用附条件不起诉；如果其犯罪情节轻微，依照刑法规定不需要判处刑罚或者免除刑罚的，人民检察院可以直接作出不起诉决定。四是未成年人具有悔罪表现。一般来说，"悔罪表现"在行动上可以具体表现为认罪态度好、向被害人赔礼道歉、对被害人积极赔偿等。人民检察院只有在上述四个条件同时具备时，才能对涉案未成年人作出附条件不起诉的决定。

在新刑诉法研究修改过程中，有的意见建议，应当将"取得被害人谅解"作为适用附条件不起诉的条件之一，如果被害人对被告人不谅解，不利于化解社会矛盾。这个意见是有道理的。但是考虑到在刑事诉讼法中规定附条件不起诉制度，主要着眼于应当从国家层面建立一个对犯轻罪的未成年人从宽处罚的制度，所以没有强调将"取得被害人谅解"作为适用附条件不起诉的前提条件之一。但应当指出的是，这绝非意味着在决定附条件不起诉过程中被害人的意见不重要，可以不考虑。相反，从适用附条件不起诉制度应当力求取得好的法律效果与社会效果的统一出发，本条规定"人民检察院在作出附条件不起诉的决定以前，应当听取公安机关、被害人的意见"，法律在此用了"应当听取"而不是"可以听取"，也包含了检察机关在作出决定前应当认真考虑、充分重视被害人意见的意思。

在新刑诉法向全国征求意见过程中，还有意见提出，将附条件不起诉的范围仅限于"未成年人涉嫌刑法分则第四章、第五章、第六章规定的犯罪，可能判处一年有期徒刑以下刑罚的"，范围过小，建议将范围扩大到"涉嫌犯罪，可能判处三年有期徒刑以下刑罚的"，包括未成年人和成年人。这样不仅可以在更大范围内体现宽严相济，也更有利于节省诉讼资源。研究这个问题有几方面的问题需要考虑：首先，刑诉法修改前我国所有公诉案件中，法院判处 3 年有期徒刑以下刑罚的占 2/3 以上。从理论上讲，法院对这些案件可以宣告缓刑，而且还有对被告人免予刑罚的权力。如果将附条件不起诉适用范围扩大到所有可能判处 3 年有期徒刑以下刑罚的人，很显然，刑诉法修改前法院审理的刑事案件绝大部分都有可能进入不了审判程序，法官刑诉法修改前对刑事案件审判处置的权力有相当一部分可能转移到检察官手中，这意味着我国刑诉法修改前的司法职权配置将发生很大的变化，应当十分慎重。其次，对同一个犯罪案件，如果法律规定的缓刑条件和附条件不起诉的条件基本相同，而处理的后果差别又如此之大，必然会引起对司法是否公正的质疑。最后，对可能判处 3 年有期徒刑以下刑罚的，并非所有案件都适合附条件不起诉。有些案件，如危害国家安全犯罪、危害公共安全犯罪和检察机关自侦的职务犯罪等案件就不宜适用附条件不起诉。另外，附条件不起诉毕竟是一个新设置的制度，对这项制度的实际效果和可能产生的问题还有待实践检验，不宜一开始就将范围扩得很大。将附条件不起诉的适用范围限定在侵犯公民人身权利、民主权利，侵犯财产权利和妨害社会管理秩序犯罪，可能被判处 1 年有期徒刑以下刑罚涉嫌犯罪的未成年人，是合适、稳妥的。基于以上考虑，对于附条件不起诉再扩大范围的意见没有采纳。

71. 公安机关和当事人对检察机关附条件不起诉决定有异议怎么办?

公安机关提出，鉴于免予起诉制度当年在执行中出现的问题，对于附条件不起诉制度的实行应当建立制约、救济机制。对检察机关作出的附条件不起诉决定不服的，应当给予公安机关复议、提请复核的权力，被害人应当有申诉的权利，甚至可以到法院直接起诉的权利。经过慎重研究，新刑诉法第 271 条第 2 款规定，"对附条件不起诉的决定，公安机关要求复议、提请复核或者被害人申诉的，适用本法第一百七十五条、第一百七十六条的规定。"即对于公安机关移送起诉的案件，人民检察院决定不起诉的，应当将不起诉决定书送达公安机关。公安机关认为不起诉的决定有错误的时候，可以要求复议，如果意见不被接受，可以向上一级人民检察院提请复核。对于有被害人的案件，决定不起诉的，人民检察院应当将不起诉决定书送达被害人。被害人如果不服，可以自收到决定书后 7 日以内向上一级人民检察院申诉，请求提起公诉。人民检察院应当将复查决定告知被害人。对人民检察院维持不起诉决定的，被害人可以向人民法院起诉。被害人也可以不经申诉，直接向人民法院起诉。人民法院受理案件后，人民检察院应当将有关案件材料移送人民法院。

72. 新刑诉法对被附条件不起诉人的考察机关和考验期是怎样规定的?

新刑诉法第 272 条规定:"在附条件不起诉的考验期内,由人民检察院对被附条件不起诉的未成年犯罪嫌疑人进行监督考察。未成年犯罪嫌疑人的监护人,应当对未成年犯罪嫌疑人加强管教,配合人民检察院做好监督考察工作。""附条件不起诉的考验期为六个月以上一年以下,从人民检察院作出附条件不起诉的决定之日起计算。""被附条件不起诉的未成年犯罪嫌疑人,应当遵守下列规定:(一) 遵守法律法规,服从监督;(二) 按照考察机关的规定报告自己的活动情况;(三) 离开所居住的市、县或者迁居,应当报经考察机关批准;(四) 按照考察机关的要求接受矫治和教育。"

1. 明确了附条件不起诉的考察机关。检察机关在决定对该未成年犯罪嫌疑人适用附条件不起诉前,已经充分了解案情和未成年人的个人情况。由检察机关在考验期间对其进行监督考察,有利于监督考察工作的顺利进行,也有利于工作上的衔接,在考验期满后及时作出不起诉的决定,或者继续提起公诉。因此,本条规定,"对被决定附条件不起诉的未成年犯罪嫌疑人,由人民检察院对其进行监督考察"。监护人本身就有抚养、教育未成年人的义务,在考验期间内,监护人也有义务加强对未成年犯罪嫌疑人的管教,协助、配合检察机关做好对成年人的监督考察工作。

2. 明确考验期。之所以对被附条件不起诉的未成年犯罪嫌疑人规定考验期,目的在于进一步检验检察机关附条件不起诉的决定是否正确。考虑附条件不起诉使犯罪嫌疑人处于随时可能被追诉的不安定状态,因此,附条件不起诉的考验期不宜过长。但考验期也不能过短,否则也难以考察到真实的效果。新刑诉法规定附条件不起诉的考验期为 6 个月以上 1 年以下,考验期自检察机关作出不起诉决定之日起计算。

3. 明确被附条件不起诉未成年犯罪嫌疑人应当遵守的规定。根据对被决定附条件不起诉未成年犯罪嫌疑人的考察的实际需要,新刑诉法规定了四项应当遵守的规定。这一方面对被考察对象提出明确具体的要求,便于他们认真遵守;另一方面也便于考察机关对被考察对象是否认真遵守了法律的规定,为考验期满作出是否起诉或不起诉的决定作出判断。

73. 考验期满后对被决定附条件不起诉的人应当作何处理?

新刑诉法第 273 条规定:"被附条件不起诉的未成年犯罪嫌疑人,在考验期内有下列情形之一的,人民检察院应当撤销附条件不起诉的决定,提起公诉:

（一）实施新的犯罪或者发现决定附条件不起诉以前还有其他犯罪需要追诉的；（二）违反治安管理规定或者考察机关有关附条件不起诉的监督管理规定，情节严重的。""被附条件不起诉的未成年犯罪嫌疑人，在考验期内没有上述情形，考验期满的，人民检察院应当作出不起诉的决定。"

考察机关在附条件不起诉考验期内对被考察对象考察的结果，无非是作出起诉或者不起诉的决定。新刑诉法对此分别作了明确规定。对于应当撤销附条件不起诉的决定，提起公诉的情形，规定了两种：第一种是"实施新的犯罪或者发现决定附条件不起诉以前还有其他犯罪需要追诉的"。在考验期内实施新的犯罪表明被考察对象毫无悔改之意。在考验期内发现决定附条件不起诉之前还有其他漏罪需要追诉，表明被考察对象不符合附条件不起诉的条件。第二种是"违反治安管理规定或者考察机关有关附条件不起诉的监督管理规定，情节严重的。"这表明被考察对象在考验期内又实施违法行为和没有严格遵守考察机关有关附条件不起诉的监督管理规定。但是考虑到违反治安管理规定和考察机关有关附条件不起诉的监督管理规定的内容非常广泛，违反的情节轻重也有很大差别，因此，对于违反治安管理规定或者考察机关有关附条件不起诉的监督管理规定的行为要做具体分析，不能只要违反都撤销附条件不起诉决定，提起公诉。所以对于违反行为，本条有"情节严重的"限制。

对于被考察人履行了法律规定的义务，且没有发现决定附条件不起诉前还有其他犯罪需要追诉的，检察机关应当作出不起诉决定。

74. 对未成年人的犯罪记录是否应当封存？

中央司法改革意见提出建立"未成年人轻罪犯罪记录消灭制度"，以维护未成年人的合法权益。我国刑法第 100 条规定："依法受过刑事处罚的人，在入伍、就业的时候，应当如实向有关单位报告自己曾受过刑事处罚，不得隐瞒。""犯罪的时候不满十八周岁被判处五年有期徒刑以下刑罚的人，免除前款规定的报告义务。"犯罪记录的存在，会给被判处刑罚的未成年人在升学、就业、生活等方面带来一些消极影响，甚至为他们重新犯罪埋下隐患。根据"教育、感化、挽救"的方针，以及"教育为主、惩罚为辅"的原则，我国的未成年人刑事司法应注重对未成年人的教育、改造和挽救，目的是使他们能较好地回归社会。未成年人犯罪记录封存制度不仅有效巩固了刑事诉讼过程中已经实现的对未成年人的教育功能，同时还体现了刑事司法制度对未成年人的人文关怀，也是贯彻落实宽严相济刑事政策的应有之义。这次刑事诉讼法修改，又建立了未成年人犯罪记录封存制度。其中第 275 条规定："犯罪的时候不满十八周岁，被判处五年有期徒刑以下刑罚的，应当对相关犯罪记录予以封存。""犯罪记录被封存的，不得向任何单位和个人提供，但司法机关为办案需要或者有关单位根据国家规定进行查询的除外。依法进行查询的单位，应当对被封存的犯罪记录的情况予以保密。"

犯罪记录封存制度给那些有过犯罪记录的未成年人，避免前科带来的负面影响，能够平等地享有与其他正常人一样的权利，使其真正改过自新、回归社会提供了机会。"犯罪记录封存"的范围，不仅应当包括犯罪时不满 18 周岁，被判处 5 年有期徒刑以下刑罚的记录，还应当包括在侦查、审查起诉和审理过程中形成的与未成年人犯罪相关的各种材料。司法机关封存符合条件的未成年人犯罪记录，不仅要对未成年犯罪嫌疑人、被告人的材料采取保密措施，妥善保存，非因法定事由不得向外界提供；在有关方面要求为未成年人出具有无犯罪记录证明时，司法机关不应当提供有犯罪记录的证明。此外，依照刑诉法第 15 条规定免予追究刑事责任的未成年人刑事案件记录，也应当予以封存。

法律同时规定了查询单位的保密义务，依法进行查询的单位，应当对被封存的犯罪记录的情况予以保密，其经查询获取的信息只能用于特定事项、特定范围。

当然，刑诉法在确立未成年人犯罪记录封存制度的同时，也为合理的需求留有余地。法律规定了可以对未成年人犯罪记录进行查询的两种例外情形：其一，司法机关为办理案件需要，当司法机关办理具体案件需要从未成年犯罪嫌疑人、被告人的犯罪记录中获取线索、有关定罪量刑信息时，可查询其犯罪记录。其二，有关单位根据国家规定可进行查询，在这种情况下，相关单位必须根据法律规定，限于法定事由方能查询。

75. 刑事和解程序的适用条件是什么？

实践证明，对轻微刑事案件适用刑事和解，可以节约大量司法资源，提高诉讼效率。一些试点地区情况显示，适用刑事和解的案件达到了"四无"，即无犯罪嫌疑人回归社会后重新犯罪；无犯罪嫌疑人因对刑事和解不服而与被害人再次产生纠葛；无被害人因权益保护不到位而提出刑事自诉；无当事人因对刑事和解不服而进行申诉、上访。

新刑诉法第 277 条规定："下列公诉案件，犯罪嫌疑人、被告人真诚悔罪，通过向被害人赔偿损失、赔礼道歉等方式获得被害人谅解，被害人自愿和解的，双方当事人可以和解：（一）因民间纠纷引起，涉嫌刑法分则第四章、第五章规定的犯罪案件，可能判处三年有期徒刑以下刑罚的；（二）除渎职犯罪以外的可能判处七年有期徒刑以下刑罚的过失犯罪案件。""犯罪嫌疑人、被告人在五年以内曾经故意犯罪的，不适用本章规定的程序。"

刑事和解的适用条件有三个：

1. 加害人必须真诚悔罪，赔偿损失、赔礼道歉。犯罪嫌疑人、被告人出于自己的意愿，发自内心地认识到自己的犯罪行为给被害人带来的伤害，对自己的犯罪行为真诚悔过，以表明犯罪嫌疑人和被告人不再具有社会危害性，这是刑事和解的前提条件。如果犯罪嫌疑人和被告人对自己所犯罪行毫无悔改之意，应当依法予以惩罚。赔偿损失、赔礼道歉，是被告人真诚悔罪的具体表现。对犯罪给被害人造成经济损失和人身伤害的，积极赔偿损失对于恢复被害人的正常生活至关重要，必不可少。通过赔礼道歉和赔偿损失，缓解当事人之间的冲突，可以减轻犯罪行为对被害人的伤害。

2. 加害人获得被害人的谅解。这是刑事和解的必要条件。犯罪嫌疑人、被告人通过赔偿损失、赔礼道歉等方式弥补被害人因犯罪行为遭受到的物质损失和精神伤害，获得被害人的原谅，有利于恢复被破坏的社会秩序和加害人的回归社会。

3. 加害人与被害人自愿达成和解协议。和解协议是双方当事人在自愿基础上的意思表示，必须在加害人和被害人充分、有效地了解刑事和解导致的法律后果的情况下进行。将自愿和解作为公诉案件当事人和解的条件之一，是为防止当事人在受到暴力、胁迫等情况下违背自己的意志同意和解，影响和解的公正性。这里的"自愿和解"是指被害人不受外力的干扰，在谅解犯罪嫌疑人、被告人的基础上，出于自己的意愿，与犯罪嫌疑人、被告人和解。

76. 适用刑事和解程序的案件范围有哪些?

应当指出的是，刑事和解并非只要加害人、被害人双方达成协议，就可以适用于所有刑事案件。除了适用条件外，刑事和解还有案件范围的限制。刑事和解的案件范围是立法过程中十分慎重考虑的一个问题，范围过宽，有可能瓦解社会对犯罪的认识评价体系，牺牲国家法治的权威，影响国家刑罚权的有效实现；范围过窄，则不利于提高诉讼效率，不利于充分发挥刑事和解的价值功能。对此，刑诉法采取案件类型与可能判处的刑罚两个标准来界定刑事和解案件的范围。

考虑到在刑诉法修改前社会治安比较严峻的形势下适用刑事和解的案件范围过宽不利于发挥刑罚的一般预防功能，也考虑到社会对公诉案件和解的理解和接受程度，经过与有关部门反复研究，法律将刑事和解的案件范围仅限于以下两类：

1. 因民间纠纷引起，涉嫌刑法分则第四章、第五章规定的犯罪，可能判处3年有期徒刑以下刑罚的案件。"因民间纠纷引起"是指犯罪的起因，是公民之间因财产、人身等问题引发的纠纷，既包括因婚姻家庭、邻里纠纷等民间矛盾激化引发的案件，也包括因口角、泄愤等偶发性矛盾引发的案件。因民间纠纷引起的，涉嫌刑法分则第四章、第五章规定犯罪，无论是故意犯罪还是过失犯罪，对可能判处 3 年有期徒刑以下刑罚的，双方当事人可以和解。这样规定是考虑到这类犯罪比较轻微，且其侵犯的客体是公民的人身权利、民主权利、财产权利，可以允许公民有一定的处分权，以有利于修复社会关系。

2. 除渎职犯罪以外的可能判处 7 年有期徒刑以下刑罚的过失犯罪案件，即刑法分则中规定的除第九章渎职罪以外可能判处 7 年有期徒刑以下刑罚的过失犯罪案件。这样规定是考虑与故意犯罪相比，过失犯罪的行为人主观恶性比较小，过失犯罪的社会危险性较小，被害人谅解的可能性也较大。从恢复社会关系、保障被害人权利和促使加害人重新回归社会的角度考虑，可以允许一些造成的后果相对严重一些、可能判处的刑罚相对较高的过失犯罪适用刑事和解。而对于国家机关工作人员玩忽职守、严重不负责任等渎职犯罪行为虽然也表现为过失，但法律对国家机关工作人员履行职责有更严格的要求，因而法律规定，渎职犯罪案件不在和解案件范围之内。

刑事诉讼法还对当事人刑事和解规定了例外的情形。对犯罪嫌疑人、被告人在 5 年以内曾经故意犯罪的，不适用刑事和解。即如果前罪与后罪的时间间隔没有超过 5 年，且前罪是故意犯罪的，无论后罪是故意犯罪还是过失犯罪，都不能适用刑事和解。前罪是过失犯罪的，满足本条规定的其他条件的，当事人之间仍然可以和解。

新刑诉法在全国征求意见过程中，有些意见担心，刑事和解制度建立以后，被告人不管犯多严重的罪，只要赔偿好就可以免予死刑或者从轻处罚，这不是等于"花钱买命"吗？这实际上是对法律的误读。根据法律的规定，并不是所有的刑事案件都可以和解，刑诉法把刑事和解的范围限定"因民间纠纷引起，涉嫌刑法分则第四章、第五章规定的犯罪，可能判处三年有期徒刑以下刑罚的案件"，严重的犯罪不适用刑事和解，根本谈不上"花钱买命"的问题。

77. 刑事和解是否要在公检法机关主持下制作和解协议？

公诉案件是国家追诉的犯罪案件。因此，在刑事诉讼的侦查、起诉、审判等各个阶段，由有关机关履行代表国家追诉犯罪职责。双方当事人无论是自行和解还是在有关机关主持下和解，都不能自行达成协议、任意处分权利和影响对案件的处理。需要由公安机关、人民检察院、人民法院在听取当事人和有关人员意见的基础上，对和解进行审查。主要是审查当事人是否自愿和解、有无被胁迫的情况以及和解的内容和形式是否合法合理，如有无过分索赔或赔偿不够、违反法律的内容等，并由有关机关主持制作和解协议，督促当事人双方严格按协议执行。

新刑诉讼第 278 条规定："双方当事人和解的，公安机关、人民检察院、人民法院应当听取当事人和其他有关人员的意见，对和解协议的自愿性、合法性进行审查，并主持制作和解协议书。"

需要指出的是，公诉案件双方当事人和解的，和解协议中应有被害人谅解的内容，但不应涉及刑事责任的处理。和解协议中包含被害人表示不追究犯罪嫌疑人、被告人刑事责任意愿的内容，对司法机关没有约束力，刑事责任最终取决于公安机关、人民检察院、人民法院根据刑法和刑事诉讼法对犯罪嫌疑人、被告人作出的处理，犯罪嫌疑人、被告人不得以此作为不履行和解协议的理由。

78. 对达成刑事和解的案件应当如何处理？

新刑诉法第279条规定："对于达成和解协议的案件，公安机关可以向人民检察院提出从宽处理的建议。人民检察院可以向人民法院提出从宽处罚的建议；对于犯罪情节轻微，不需要判处刑罚的，可以作出不起诉的决定。人民法院可以依法对被告人从宽处罚。"

一些地方在探索公诉案件的当事人和解制度的实践中做法不一。有的在双方当事人达成和解协议后，对犯罪嫌疑人不移送审查起诉或者不起诉；有的则不限定案件范围，将达成和解作为从轻处罚的考量因素。此次修改刑诉法，根据各方面意见和总结各地的司法实践经验，规定了对达成和解协议案件的处理原则，即公安机关可以向人民检察院提出从宽处理的建议。人民检察院可以向人民法院提出从宽处罚的建议；对于犯罪情节轻微，不需要判处刑罚的，可以作出不起诉的决定。人民法院可以依法对被告人从宽处罚。"从宽处罚"是指依法对犯罪嫌疑人、被告人从轻、减轻或者免除处罚。这样规定，使刑事和解协议可能产生的、可预期的法律后果一目了然，可以促使犯罪嫌疑人、被告人真诚悔罪，改过自新，又不致影响对犯罪的追诉和惩罚，避免依和解协议免除处罚而放纵犯罪。如何从宽处罚可以由人民法院根据人民检察院的建议和案件情况、当事人和解协议依法裁量。

根据原刑诉法的规定，刑事自诉案件的当事人在法庭审理过程中随时可以和解、提出撤诉。新刑诉法规定公诉案件，在侦查、审查起诉和审判三个诉讼阶段，双方当事人都可以进行和解，但办案机关对和解案件处理的权限和方式，应当根据分工负责、互相配合、互相制约的原则，不同诉讼阶段有所区别。

在征求意见过程中，有的意见建议，对在侦查阶段当事人达成刑事和解协议的，公安机关应当有权撤销案件。经研究认为，公安机关是负有侦查职责的机关，除可以根据刑事诉讼法的规定对不构成犯罪的人作撤销案件处理外，对于构成犯罪的案件，都应当移送检察机关审查起诉。因此，对于在侦查阶段虽然和解但已经构成犯罪的案件，刑事诉讼法没有规定公安机关可以撤销案件，公安机关应当将案件材料移送人民检察院，并可以根据双方达成和解协议的情况和案件情况向人民检察院提出从宽处理的建议。这样既有利于检察机关对侦查活动的监督，也避免公安机关对构成轻微犯罪的案件既侦查又处理，引起对是否公正执法的质疑。

79. 对达成刑事和解的案件检察机关是否一定不起诉？

需要指出的是，有的机关和办案人员将刑事和解片面理解为不追究加害人的刑事责任，认为既然当事人达成刑事和解协议，取得了被害人原谅甚至被害人主动要求不追究加害人的刑事责任，检察机关就只能作出不起诉决定，有些甚至将应该起诉的案件也作不起诉处理，这种做法是不对的。所谓刑事和解，并非加害人和被害人之间就刑事处罚进行和解，其实质是当事人对民事权益的处分，而非对刑罚权的处分。对被告人从轻、减轻、免除处罚只是加害人与被害人在刑事和解协议中表达的愿望以及加害人期望得到的结果，最终是否被从轻、减轻、免除处罚还需由法院根据案件的具体情况来决定。对于在侦查阶段、审查起诉阶段达成和解的案件，原则上检察机关应向人民法院提起公诉。因为法律规定刑事和解的案件是可能判处 3 年以下有期徒刑的犯罪案件，如果赋予检察机关对达成刑事和解的案件一律可以作出不起诉处理，权限过大，与检察机关的公诉职责存在冲突，将使法院判决 3 年以下有期徒刑犯罪案件的审判权受到冲击，容易导致刑罚适用的失衡。对于犯罪情节轻微，不需要判处刑罚的可以作出不起诉的决定；对于符合刑事诉讼法规定的附条件不起诉的案件，由检察机关作出附条件不起诉的决定；对于其他可能判处 3 年以下有期徒刑的和解案件，检察机关原则上应当向人民法院提起公诉，同时向人民法院提出从轻、减轻处罚或者免除处罚的量刑建议；人民法院可以根据案件情况对被告人作出从轻、减轻或者免除处罚的判决。

80. 犯罪嫌疑人、被告人逃匿、死亡案件违法所得没收程序的设定原因和适用范围？

由于腐败犯罪、恐怖犯罪等重大犯罪案件犯罪嫌疑人财产是犯罪行为所得，对这些财产追缴必须通过刑事诉讼程序。而我国原实行法律不允许缺席审判，刑诉法修改前很多案件，即使犯罪事实清楚，证据确实、充分，一旦犯罪嫌疑人、被告人逃跑、死亡，诉讼程序就无法启动，使得犯罪分子的财产长期无法得到追缴，尤其是一些外逃贪官的犯罪所得财产，无法通过法律程序没收、追讨或者追缴，其家人还能够继续享用犯罪分子留下的丰厚"遗产"，过着安逸舒适的生活，引起了社会广泛关注。

我国已于 2005 年加入并批准了《联合国反腐败公约》，该公约要求各成员国根据本国法律可对腐败犯罪人失踪、逃跑、死亡或者缺席无法起诉的情况下采取必要的措施。我国可以向其他公约缔约国请求返还贪官转移至国外的资产，但遇到一些问题，有些国家在协助我国返还贪官转移的财产时要求我方提供刑事法院针对财产的没收令或者追缴的法律文书。原刑诉法缺席审判制度的缺失，使我方无法提供相关生效的法律文书。

作为《联合国反腐败公约》成员国，我国刑诉法新增"犯罪嫌疑人、被告人逃匿、死亡案件违法所得的没收程序"，不仅符合《联合国反腐败公约》的要求，而且有利于我国司法机关依法有效地向境外追缴贪官财产，对于打击腐败犯罪意义重大。

新刑诉法第 280 条规定："对于贪污贿赂犯罪、恐怖活动犯罪等重大犯罪案件，犯罪嫌疑人、被告人逃匿，在通缉一年后不能到案，或者犯罪嫌疑人、被告人死亡，依照刑法规定应当追缴其违法所得及其他涉案财产的，人民检察院可以向人民法院提出没收违法所得的申请。""公安机关认为有前款规定情形的，应当写出没收违法所得意见书，移送人民检察院。""没收违法所得的申请应当提供与犯罪事实、违法所得相关的证据材料，并列明财产的种类、数量、所在地及查封、扣押、冻结的情况。""人民法院在必要的时候，可以查封、扣押、冻结申请没收的财产。"

根据本条规定，违法所得没收程序在适用时应仅限于贪污贿赂犯罪、恐怖活动犯罪等重大犯罪案件。这主要是考虑到贪污贿赂犯罪、恐怖活动犯罪对社会稳定与安全、经济发展危害严重，且又是我国参加的国际公约规定的成员国义务所要求的。考虑到对于犯罪所得财产的缺席审判和没收，刑诉法修改前仅在《联合国反腐败公约》、《禁毒公约》、《打击跨国有组织犯罪国际公约》和安理会反恐决议等几个国际文件中有规定，因此，刑事诉讼法规定的适用范围也不大。"贪污贿赂犯罪"，是指由人民检察院立案侦查的刑法分则第八章规定的国家工作人员贪污罪和贿赂犯罪。"恐怖活动"，根据全国人大常委会《关于加强反恐怖工作有关问题的决定》规定，是指以制造社会恐慌、危害公共安全或者胁迫国家机关、国际组织为目的，采取暴力、破坏、恐吓等手段，造成或者意图造成人员伤亡、重大财产损失、公共设施损坏、社会秩序混乱等严重社会危害的行为，以及煽动、资助或者以其他方式协助实施上述活动的行为。"恐怖活动犯罪"，是指实施上述恐怖活动的犯罪行为，包括刑法第一百二十条规定的组织、领导、参加恐怖组织罪、第一百二十条之一规定的资助恐怖活动罪以及其他实施恐怖活动的犯罪。

81. 违法所得没收程序的具体适用条件是什么？

违法所得没收程序的适用条件是该案件的犯罪嫌疑人、被告人逃匿后在通缉一年后不能到案的，或者犯罪嫌疑人、被告人死亡的。依照原刑诉法第 15 条的规定，如果犯罪嫌疑人、被告人死亡，就应当撤销案件，或者不起诉，或者终止审理。在一般情况下，犯罪嫌疑人、被告人如果逃匿、死亡，诉讼程序就无法进行下去。但是对犯罪嫌疑人、被告人逃匿、死亡违法所得的没收程序属于特别程序，没收程序不需要解决犯罪嫌疑人、被告人的刑事责任问题，只解决在犯罪嫌疑人、被告人由于逃匿、死亡不能到案的情况下，对其违法所得及其他涉案财产的没收问题。因此，该程序只能适用于犯罪嫌疑人、被告人逃匿，在通缉一年后不能到案的，或者犯罪嫌疑人、被告人死亡的案件。如果犯罪嫌疑人、被告人能够到案接受处理的，应当依照刑事诉讼法有关侦查、起诉和审判的程序进行处理，不能单独对其财产进行审理，也不能在其不到庭的情况下对其财产进行审理。实践中应当注意的是，对于犯罪嫌疑人、被告人逃匿的，司法机关应当尽力通缉、抓捕，以使之尽快到案并依照法定程序追诉，只有对确实在通缉一年后仍无法抓捕到案的，才可以适用这一特别程序。

82. 违法所得没收申请应由什么机关提出？

没收违法所得的申请由人民检察院提出。根据新刑诉法第 280 条规定，需要对犯罪嫌疑人、被告人的违法所得及其他涉案财产予以没收的，应当由人民检察院向人民法院提出没收违法所得的申请。无论是在侦查阶段、审查起诉阶段还是在审判阶段犯罪嫌疑人、被告人逃匿或者死亡，符合没收违法所得的条件的，都应当由人民检察院向人民法院提出没收违法所得的申请。将检察机关作为提起程序的主体以及将法院作为裁决的主体，体现了司法职权的合理配置，更有助于权力的有效运行。之所以这样规定，主要是出于以下考虑：

首先，侦查机关不具有对刑事犯罪案件中违法所得进行处理的权力。无论是公安机关或者检察机关职务犯罪侦查部门在案件侦查过程中，如果发现犯罪嫌疑人逃匿或者死亡，无论是对于已经采取侦查措施被查封、扣押、冻结的财产，还是尚未采取侦查措施的违法所得，都无权作出实质性的处理决定。只能根据案件情况，写出没收违法所得意见书，移送检察院审查起诉部门处理。但侦查机关对于已经采取查封、扣押、冻结等侦查措施的财物，应当妥善保管，以供核查，并制作清单，随案移送，根据法院判决进行处理。

其次，违法所得没收与刑事诉讼中其他违法所得没收不同的是，它是在犯罪主体逃匿、死亡的条件下所采用的。适用的前提是追究犯罪嫌疑人、被告人的刑事诉讼已经无法正常进行，但又不能放弃对违法所得的处理。所以，必须采用特别的起诉程序。既然是起诉程序，就只能由提起公诉的检察机关来提起违法所得没收程序诉讼，因而检察机关当然地成为这一特别起诉程序的合法主体。

最后，法院只能在检察院提出正式申请之后，才能立案审理。法院不能在没有检察院提出申请的情况下，自行启动违法所得没收程序。

关于没收违法所得申请的内容，根据本条规定，人民检察院在向人民法院提出违法所得没收程序申请时，必须提供犯罪嫌疑人、被告人有关犯罪事实的证据材料，以及能够证明属于犯罪嫌疑人、被告人违法所得及其他涉案财产的相关证据材料。同时在案卷中还应当载明违法所得及其他涉案财产的种类、数量、存放地点以及查封、扣押、冻结有关财产的情况。这样规定主要考虑到：一是只有人民检察院提供了犯罪嫌疑人、被告人犯罪事实、违法所得的证据材料，以及财产的详细情况，人民法院才能在犯罪嫌疑人、被告人不到案的情况下对是否没收犯罪嫌疑人、被告人财产作出正确的判断，从而保证案件的质量。二是明确这些内容，便于法院采取保全措施和裁定的执行。

83. 没收逃匿、死亡犯罪嫌疑人、被告人的违法所得是否要经法院审理？

新刑诉法第281条规定："没收违法所得的申请，由犯罪地或者犯罪嫌疑人、被告人居住地的中级人民法院组成合议庭进行审理。""人民法院受理没收违法所得的申请后，应当发出公告。公告期间为六个月。犯罪嫌疑人、被告人的近亲属和其他利害关系人有权申请参加诉讼，也可以委托诉讼代理人参加诉讼。""人民法院在公告期满后对没收违法所得的申请进行审理。利害关系人参加诉讼的，人民法院应当开庭审理。"

刑事程序追讨一个人的财产涉及对其行为性质的评价。对于逃匿、死亡的犯罪嫌疑人，虽然不给他定罪，但又必须肯定它是一种犯罪，这种程序的设置既有必要又必须慎重，涉及公民的基本人权保障问题。基于上述考虑，法律将没收违法所得的案件交由中级人民法院管辖，规定了一系列必须严格遵守的规则，如：必须经过6个月的公告期间后才能开庭审理；必须组成合议庭审理，不允许独任审判；犯罪嫌疑人、被告人的近亲属和其他利害关系人有权申请参加诉讼等。这些都体现了对这一特别程序的慎重态度。

84. 法院对犯罪嫌疑人、被告人逃匿、死亡案件的违法所得应如何处理?

新刑诉法第 282 条规定:"人民法院经审理,对经查证属于违法所得及其他涉案财产,除依法返还被害人的以外,应当裁定予以没收;对不属于应当追缴的财产的,应当裁定驳回申请,解除查封、扣押、冻结措施。""对于人民法院依照前款规定作出的裁定,犯罪嫌疑人、被告人的近亲属和其他利害关系人或者人民检察院可以提出上诉、抗诉。"

人民法院对没收违法所得的申请后的审理程序,被告人并没有到案,并不对被告人是否有罪作出判决,而只就涉案的财产部分作出是否是违法所得的认定、是否予以没收的处理。因此,法律明确规定人民法院经审理后以裁定形式予以没收或者驳回申请。

为保证公正审理,使确有错误的没收违法所得的裁定在发生法律效力前得到及时的纠正,也使对不服裁定的利害关系人获得法律救济的机会,保障办案质量和司法公正,加强人民检察院的法律监督职责,法律规定犯罪嫌疑人、被告人的近亲属和其他利害关系人对人民法院的裁定不服,可以提出上诉,人民检察院可以提出抗诉。

85. 新刑诉法关于违法所得没收的终止和裁定错误的返还、赔偿是怎么规定的?

新刑诉法第 283 条规定:"在审理过程中,在逃的犯罪嫌疑人、被告人自动投案或者被抓获的,人民法院应当终止审理。""没收犯罪嫌疑人、被告人财产确有错误的,应当予以返还、赔偿。"

违法所得没收程序是在犯罪嫌疑人、被告人没有到案参加法庭审理情况下进行的,在审理过程中,在逃的犯罪嫌疑人、被告人自动投案或者被抓获的,人民法院应当终止没收程序的审理,按照普遍程序对案件进行审理。这样有利于查明案件事实,综合全案情况对定罪量刑作出正确判决,也有利于保障犯罪嫌疑人、被告人辩护权等诉讼权利和其他合法权益。对于犯罪嫌疑人、被告人在人民法院作出没收裁定生效后归案的,对没收违法所得的裁定应当区别情况处理:对被告人依照普通程序审理后依法判决,原裁定正确的,予以维持,不再对涉案财产作出处理;按照普通程序审理后,原裁定确有错误的,依照审判监督程序,予以撤销,对定罪量刑及涉案财产作出判决。本条明确规定没收犯罪嫌疑人、被告人财产确有错误的,应当予以返还、赔偿,以维护有关利害关系人的合法权益。

违法所得没收程序的特殊性还在于，在法院的其他一般判决或者裁定中，只要属于一审裁决后没有上诉或者抗诉的判决、裁定，或者二审作出的判决、裁定，都具有终结性。而法院根据违法所得没收程序所作出的裁定就不一样。新刑诉法第 283 条第 2 款明确规定："没收犯罪嫌疑人、被告人财产确有错误的，应当予以返还、赔偿。"

86. 新刑诉法为何规定依法不负刑事责任的精神病人的强制医疗程序？

我国刑法第 18 条第 1 款规定，精神病人在不能辨认或者不能控制自己行为的时候造成危害结果，经法定程序鉴定确认的，不负刑事责任，但是应当责令他的家属或者监护人严加看管和医疗；在必要的时候，由政府强制医疗。由于刑法这一规定比较原则，原刑诉法也没有规定具体程序，实际执行中面临一些问题：一是实施暴力行为的精神病人，俗称"武疯子"，一般病情都较为严重，对他们的看管和治疗需要大量的人力、物力、财力以及较强的专业知识，往往家属或监护人不具备条件和无力承担，结果导致对这些精神病人疏于管理、治疗，任由他们在社会游荡，有些有继续危害社会的危险；有的家属或监护人担心他们实施危害社会或者伤害他人行为，将他们长期禁锢在家中，使他们得不到有效的治疗。二是刑法只规定了"必要的时候"由政府强制医疗，对于适用条件、如何提起、决定程序和执行机构以及在执行过程中治疗效果的评估等基本问题都没有明确的规定，原刑诉法也没有相关的规定，实践中一般都是由公安机关根据情况裁量，结果造成各地强制医疗执法标准不统一。

为了解决实践中存在的上述问题，这次修改刑事诉讼法时在特别程序中增加了"依法不负刑事责任的精神病人的强制医疗程序"，明确了强制医疗的适用条件、决定程序、解除程序，在审理程序中设置了法律援助和法律救济程序，同时规定人民检察院对强制医疗的决定和执行实行监督。

87. 强制医疗的适用条件有哪些？

新刑诉法第 284 条规定："实施暴力行为，危害公共安全或者严重危害公民人身安全，经法定程序鉴定依法不负刑事责任的精神病人，有继续危害社会可能的，可以予以强制医疗。"

根据本条规定，强制医疗的适用必须同时符合以下几个条件：一是行为人必须实施了暴力行为，危害公共安全或者严重危害公民人身安全。这不一定要求必须造成人员死亡、重伤等严重后果，只要实施此类暴力，有可能危害公共安全或者严重危害公民人身安全就可以了。二是行为人必须属于经法定程序鉴定依法不负刑事责任的精神病人。包括在侦查或者审查起诉阶段经法定鉴定程序就能确定为所谓"武疯子"的，以及实施重大暴力犯罪，在法庭审理经法定鉴定程序确认为不负刑事责任的人。三是行为人必须有继续危害社会可能的。对于实施了暴力行为，危害公共安全或者严重危害公民人身安全，经过法定程序鉴定确认属于不能辨认或者不能控制自己行为的精神病人，必须有继续危害社会可能的，才能对其进行强制医疗。行为人虽然实施了暴力行为，但不再具有继续危害社会可能的，如已经严重残疾等，丧失了继续危害社会的能力，则不需要再对其进行强制医疗。但在这种情况下，也应当责令他的家属或者监护人严加看管和医疗，而不能放任不管。

88. 强制医疗的决定机关、申请程序及临时保护性约束措施是怎样的？

新刑诉法第 285 条规定："根据本章规定对精神病人强制医疗的，由人民法院决定。""公安机关发现精神病人符合强制医疗条件的，应当写出强制医疗意见书，移送人民检察院。对于公安机关移送的或者在审查起诉过程中发现的精神病人符合强制医疗条件的，人民检察院应当向人民法院提出强制医疗的申请。人民法院在审理案件过程中发现被告人符合强制医疗条件的，可以作出强制医疗的决定。""对实施暴力行为的精神病人，在人民法院决定强制医疗前，公安机关可以采取临时的保护性约束措施。"

1. 精神病人强制医疗的决定机关是人民法院。考虑到强制医疗毕竟是一种限制公民人身自由的措施，由人民法院决定能体现慎重、公正的原则，有利于防止"被精神病"或假冒精神病人逃避刑事处罚的情况发生，有利于维护当事人合法权利，保证司法公正，新刑诉法明确规定，对精神病人的强制医疗由人民法院决定。无论是人民检察院向人民法院提出强制医疗申请的，还是人民法院在案件审理过程中发现的，只要人民法院认为不负刑事责任的精神病人符合强制医疗条件的，都可以直接作出强制医疗的决定。

2. 强制医疗的申请由人民检察院提出。强制医疗案件的申请分为两种情形：第一种情形是公安机关在侦查阶段如果发现犯罪嫌疑人可能是精神病人，应当按照有关法律规定进行鉴定，如果鉴定结果确认犯罪嫌疑人是精神病人，且在不能辨认或者不能控制自己行为的时候造成危害结果的，应当撤销刑事案件，写出强制医疗意见书，然后移送人民检察院。第二种情形是对于公安机关移送的或者在审查起诉过程中发现的精神病人符合强制医疗条件的，人民检察院应当向人民法院提出强制医疗的申请。

在新刑诉法研究过程中，最高人民检察院建议增加，"精神病人强制医疗，由公安机关向人民法院提出申请"，不必再由人民检察院提出。理由：一是实施暴力的精神病人因其不负刑事责任，对其采取的强制医疗措施，从性质上讲不是刑事处罚，而应当是一种行政强制措施。对于行政强制措施，由公安机关直接向人民法院申请行政裁决更为适宜。人民检察院作为法律监督机关，不宜对当事人是否适用行政强制措施提起诉讼。二是公安机关在侦查环节对于发现犯罪嫌疑人是精神病人，不应当承担刑事责任的，可以直接向人民法院申请强制医疗。人民检察院在审查批捕或者审查起诉工作中，发现犯罪嫌疑人是精神病人，不应当承担刑事责任的，也应当作出不批捕、不起诉决定。此时犯罪嫌疑人如果被拘留、取保候审、监视居住，也是由公安机关执行的。因此，由公安机关提出对该犯罪嫌疑人适用强制医疗也是合适的。三是公安机关作为社会治安管理机关，易于发现和控制实施暴力行为的精神病人。由公安机关直接实施暴力行为的精神病人向法院提出强制医疗申请，可以节省诉讼资源，符合司法效率原则。

经研究认为，如果在侦查阶段经鉴定证明犯罪嫌疑人是精神病人的，公安机关也应当将相关材料移送检察院，由人民检察院对材料审核把关后，再向人民法院提出强制医疗的申请。这样有利于提高办案质量，防止类似将正常人"被精神病"现象发生。

3. 对实施暴力行为的精神病人可以采取临时的保护性约束措施。根据新刑诉法第285条的规定，对实施暴力行为的精神病人，在人民法院决定强制医疗前，公安机关可以采取临时的保护性约束措施。这样规定，一方面考虑到对精神病人的鉴定需要很长时间，且人民法院决定强制医疗也需要一定的时间，实施暴力行为的精神病人本身是非常危险的，如果不采取措施予以控制，放任其到社会上，可能会给社会和他人造成更大的危害，也可能危及其自身安全；另一方面考虑到对精神病人采取的措施应当以治疗和改善其精神状况为目的，不适合采用刑诉法规定的拘留、逮捕等强制措施，避免给精神病人带来更大的精神伤害和痛苦。

89. 强制医疗的审理程序和强制医疗决定的救济机制是怎样的？

新刑诉法第286条规定："人民法院受理强制医疗的申请后，应当组成合议庭进行审理。""人民法院审理强制医疗案件，应当通知被申请人或者被告人的法定代理人到场。被申请人或者被告人没有委托诉讼代理人的，人民法院应当通知法律援助机构指派律师为其提供法律帮助。"

强制医疗涉及对公民权利的限制，必须注意对公民合法权利的保护。因此，法律对强制医疗的审理程序，提出了两方面的要求：一是对强制医疗的申请，人民法院应当组成合议庭审理。这主要是考虑到强制医疗直接关系公民的人身自由、社会安全和公共秩序，且判断一个人的精神状况，以及是否符合强制医疗的条件，情况比较复杂、专业性较强，由合议庭决定更有利于保证案件的质量。二是赋予被申请人或者被告人必要的诉讼权利。这主要是考虑到精神病人不能正确辨认或者控制自己的行为，有必要通知其法定代理人到场，代行其诉讼权利。如果被申请人或者被告人没有委托诉讼代理人的，由于其无法正常行使法律赋予的诉讼权利，人民法院有必要为其提供法律援助，以便更好地维护被申请人或者被告人诉讼权利和其他合法权益，保证强制医疗的申请得到公正、准确的处理。

新刑诉法第287条规定："人民法院经审理，对于被申请人或者被告人符合强制医疗条件的，应当在一个月以内作出强制医疗的决定。""被决定强制医疗的人、被害人及其法定代理人、近亲属对强制医疗决定不服的，可以向上一级人民法院申请复议。"

在研究强制医疗申请的审理期限时，考虑到对精神病人的医学鉴定已由公安机关或人民检察院作出，如在审判阶段需要重新鉴定的，鉴定期限不计入审限，且被申请人或者被告人如果需要强制医疗的，应当尽快作出决定，及时进行治疗，更有利于他们恢复健康；如果不需要强制医疗的，也不宜久拖不决。因此，法律明确规定人民法院应当在一个月以内作出强制医疗的决定。同时，为了进一步保障被决定强制医疗人、被害人的诉讼权利，及时纠正错误的强制医疗决定，法律还规定了救济措施，赋予了被决定强制医疗人、被害人及其法定代理人、近亲属对强制医疗决定不服的申请复议权。

90. 对被强制医疗的人是否应当定期诊断评估和及时解除强制医疗？

新刑诉法第288条规定："强制医疗机构应当定期对被强制医疗的人进行诊断评估。对于已不具有人身危险性，不需要继续强制医疗的，应当及时提出解除意见，报决定强制医疗的人民法院批准。""被强制医疗的人及其近亲属有权申请解除强制医疗。"

强制医疗并不是对实施暴力行为的被强制医疗人的惩戒和制裁，而是对被强制医疗的人采取的保护性措施，并给予其必要的治疗，使其尽快解除痛苦，恢复健康，同时避免继续危害社会。因此，法律规定由强制医疗机构执行人民法院决定的强制医疗，强制医疗机构既要对被强制医疗的人实施必要的控制，防止其继续实施危害社会的行为，还应当本着治病救人的宗旨，根据被强制医疗的人的患病程度和人身危险性的不同，采用不同的治疗方法对其进行治疗，并定期进行诊断评估；对于已经恢复健康，不具有人身危险性，不需要继续强制医疗的，强制医疗机构应当及时提出解除强制医疗的意见，报请决定强制医疗的人民法院批准予以解除。同时，为了保障被强制医疗的人的合法权益，防止强制医疗措施被滥用或者不必要地延长强制医疗时间，法律还规定，被强制医疗的人及其近亲属有权申请解除强制医疗。

关于申请解除强制医疗，根据本条规定，被强制医疗的人认为自己不应当被强制医疗，或者经过强制医疗的治疗已经痊愈，符合解除强制医疗的条件，有权向强制医疗机构提出申请，要求强制医疗机构作出诊断评估，提出解除意见，报请决定强制医疗的人民法院批准；也有权直接向作出强制医疗决定的人民法院提出解除强制医疗的申请。被强制医疗人的近亲属如果认为被强制医疗的人不应当被强制医疗或者已经治愈，也有权申请解除强制医疗。

91. 人民检察院应当如何对强制医疗的决定和执行实行监督？

新刑诉法第289条规定："人民检察院对强制医疗的决定和执行实行监督。"人民检察院对诉讼活动实行法律监督，是法律赋予人民检察院的一项重要的职权。为了防止和及时纠正在强制医疗决定和执行环节中出现的错误和违法行为，正确应用法律，保障精神病人的合法权利，保证强制医疗程序的正确实施，这次修改刑诉法时在增加强制医疗程序的同时，规定人民检察院对强制医疗的决定和执行实行监督。

人民检察院对强制医疗的监督主要包括两个方面：一是对强制医疗的决定实行监督。在强制医疗的决定程序中，既包括公安机关的侦查活动，也包括人民法院的审理活动。人民检察院对公安机关在侦查阶段的监督，主要是通过审查公安机关提出的强制医疗意见及相关办案工作来实现监督的，包括侦查机关在收集精神病人实施暴力行为的证据材料，对精神病人进行鉴定的程序，对实施暴力行为的精神病人采取临时的保护性约束措施等是否合法等。人民检察院对人民法院在审理阶段的监督，主要通过审查人民法院审理强制医疗是否符合法律规定的程序，对强制医疗的决定是否正确、合法等来实现的。二是对强制医疗的执行实行监督，包括强制医疗机构的执行活动，也包括人民法院解除强制医疗的批准活动。人民检察院对强制医疗机构的执行活动进行监督，主要审查强制医疗机构是否对被强制医疗的人实施必要的治疗，是否按照要求定期对被强制医疗的人进行诊断评估，是否按照要求提出解除强制医疗的申请，是否保障被强制医疗的人合法权利等。人民检察院对人民法院批准解除强制医疗的监督，主要体现在人民法院解除强制医疗的批准程序和批准决定是否合法、是否存在徇私舞弊行为等。